Kerülj ki az adósságból
Örömmel

írta: Simone Milasas

Kerülj ki az adósságból *Örömmel*

Fordította: Pongrácz Rita és Zubreczki Anna

Szerzői jog © 2019 Simone Milasas

ISBN: 978-1-63493-285-1

Kiadó:
Access Consciousness Publishing, LLC
www.accessconsciousnesspublishing.com

Nyomtatva: Amerikai Egyesült Államok
Könnyedség, öröm és ragyogás

FIGYELMEZTETÉS

Ez a teljes pénzügyi valóságodat megváltoztathatja

Ez a könyv a királynő angoljával íródott.

(Végtére is ausztrál vagyok!)

Hála

Köszönöm minden embernek a bolygón, akikkel már találkoztam, és azoknak is, akikkel még csak ezután fogok.

Gary és Dain - az Access Consciousness sorsfordító eszközeiért, a barátságotokért, és azért, hogy megerősítettetek abban, hogy tudjam, bármi lehetséges.

Justine, a PR ügynököm - amikor valami nem jól sült el, mindig azt mondtad: „Ne aggódj, ez csak egy kis vihar a biliben!"

Moira - mert megváltoztattad a paradigmáimat, amikor megkérdezted tőlem, hogy: „Miért ne lehetne házad Brisbane-ben és a Sunshine Coaston is egyszerre?"

Brendon - mert az élvezetes másik felem vagy, napi inspiráció, aki mindig lát engem, és vezeti közös teremtéseink pénzügyeit.

Rebecca, Amanda és Marnie - ez nem jött volna létre a segítségetek nélkül. KÖSZÖNÖM.

Az üzlet öröme és az Access Consciousness - köszönöm a támogatásotokat, a hihetetlen kreativitásotokat, és azt, hogy annyira bulis veletek játszani/dolgozni!

Steve és Chutisa - köszönöm az összes Pénzügyi 1x1 teremtő alkalmat veletek!

Chris, Chutisa, Steve, Brendon, Gary és Dain - köszönet a történeteitekért a változásról, amelyek megmutatják az embereknek, hogy mindig van egy másfajta lehetőség.

Ne add fel. Ne szállj ki. Teremts folyamatosan és TUDD, hogy bármi lehetséges.

www.gettingoutofdebtjoyfully.com

Előszó

187 000 dollárnyi adósságom volt, mielőtt hajlandó voltam megváltoztatni a pénzügyi valóságomat. Ez nagyon sok pénz, és tulajdonképpen a másik oldalon semmit sem tudtam felmutatni. Számos különböző munkám volt, és körbeutaztam a világot. Üzleteket indítottam útjára, és közben nagyon jól éreztem magam. Pénzt kerestem, de nem volt saját lakásom, vagy befektetéseim, illetve bármiféle fogalmam arról, hogy valójában mekkora adósságban úszom. Kerültem, hogy ránézzek, és valahol azt reméltem, hogy ez egyszer csak magától megoldódik majd.

2002 júliusában találkoztam Gary Douglasszel, az Access Consciousness alapítójával (a cég, amelynek jelenleg is a globális koordinátora vagyok) a Mind, Body and Spirit (Tudat, test és lélek) fesztiválon, ahol volt egy kis standom az akkori üzletemmel, mely a „Good Vibes For You" (Jó rezgések neked) nevet viselte. Egy közös barátunk mutatott be Garynek. Gary megölelt, majd azonnal hátralépett. Azt mondta: „Tudod, sokkal jobban járnál, ha nyitott volnál a befogadásra. Boldogabb lennél és több pénzt is keresnél." Ez képtelenségnek hangzott. Hogy érti azt, hogy befogadás? Nem volt értelme. Azt hittem, hogy folyamatosan adnom és adnom kell, és ettől majd jobban fog működni az életem. Soha senki nem beszélt még nekem befogadásról! Azt hittem, hogy azért vagyok ezen a bolygón, hogy *adjak*.

Elmentem Gary egyik előadására a fesztiválon. A kapcsolatokról volt szó. Eredeti stílusa volt, káromkodott, fesztelen volt és vicces; és nem akarta megmondani az embereknek, hogy mit kellene, vagy nem kellene tenniük. Ő mondta elsőként azt, hogy jogodban áll azt választani, ami neked működik, és nem kell olyannak lenned, vagy azt tenned, amiről mások azt gondolják, hogy tenned vagy lenned kéne. Te vagy az egyetlen, aki tudja, hogy mi az igaz számodra, senki más.

Ez egy merőben más nézőpont és egyben rendkívüli megerősítés volt. Kíváncsivá tett. Használni kezdtem az Access Consciousness eszközeit és észrevettem, hogy az életem csodálatos módokon indult változásnak. Boldogabb lettem, és sok dolog könnyebbé és örömtelibbé vált az életemben.

Hallottam néhány előadást, ahol Gary és az üzlettársa, Dr. Dain Heer beszélt a pénzzel kapcsolatos eszközökről, de őszintén szólva nem igazán fogtam fel, amit mondtak, és nem is szenteltem túl sok figyelmet nekik. Ez így ment egészen a harmadik Access tanfolyamomig, amikor végre meghallottam, amit a pénzről és az eszközökről mondanak, amelyeket használva meg tudjuk változtatni a pénzügyi helyzetünket. Megkérdeztem magamtól: „Mi lenne, ha tényleg használnám ezeket az eszközöket?" Az életem összes többi része változásnak indult, amikor elkezdtem alkalmazni az Access eszközeit, lehet, hogy meg tudna változni a pénzügyi helyzetem is?

Nem mondtam el senkinek, hogy erre akarom használni az eszközöket, mert rájöttem, hogy ez ugyanolyan lenne, mint amikor a dohányzást akartam abbahagyni. Igazán senki sem támogatott benne. És egyébként is, hány ember van, aki tényleg támogatna abban, hogy hatalmas pénzeket keress? Szóval, csak úgy magamnak, elkezdtem használni egy-két eszközt, és a pénzügyi helyzetem elég gyorsan változásnak indult. A pénz látszólag véletlenszerű helyekről érkezve kezdett el megjelenni az életemben, és a hajlandóságom a pénz *befogadására* olyan dinamikusan növekedett, hogy egy idő után képes voltam *birtokolni* mindazt a pénzt, ami bejött, ahelyett, hogy folyamatosan azt kerestem volna, hogy hogyan tudnám elkölteni, vagy valamire kifizetni abban a pillanatban, hogy megjelent. Hmmm - megint ez a „befogadás". Lehet, hogy Gary mégiscsak tudott valamit, amikor azt javasolta, hogy legyek nyitott a befogadásra!

Két év alatt kikerültem az adósságból.

Lehet, hogy most arra számítasz, hogy azt mondom: csodálatos volt végre szabadnak lenni az adósságtól - de én nem így éreztem. Furcsa volt, hogy nem volt tartozásom. Sokkal kényelmesebb volt adóssággal rendelkezni, mint mentesnek lenni tőle. Egyrészről sokkal inkább volt ismerős érzés. Emellett passzolt a legtöbb barátom energiájához. És kétségtelenül egybevágott ennek a valóságnak az energiájával, ahol mindenki „tudja", hogy küzdeni kell a pénzért és a pénzzel. Az általános hiedelem az, hogy keményen meg kell dolgoznod a pénzért. A pénz nem jelenhet meg csak úgy könnyedén, örömmel és ragyogva. Mindezek fényében nem túlzottan meglepő, hogy rövid időn belül (nagyjából két hét alatt) újra adósságba keveredtem. Szerencsére hajlandó voltam felismerni, hogy mit is csinálok. Azt választottam, hogy éber leszek arra, amit épp teremtek, és az Accessben tanult eszközöket használva végre képes voltam megfordítani a pénzügyi helyzetemet.

Ebben a könyvben megosztom veled az eszközöket, és mindazt, amit én használtam arra, hogy az adósság választásából egy olyan térből való működésbe mozduljak, ahol hajlandó vagyok pénzzel rendelkezni, és használni is azt az életem és élésem kiterjesztésének örömteli hozzájárulásaként. *Ez a könyv valójában egy olyan pénzügyi valóság megteremtéséről szól, amely örömteli és működik számodra.* Ha ez valami olyan, amibe szívesen belevágnál, akkor hajlandónak kell lenned kíméletlenül őszintének lenni magaddal, és másfajta választásokat hozni. Kegyetlenül tisztában kell lenned azzal, amit *valójában* választani szeretnél, mert az igazság az, hogy *te* vagy az, aki mindazt megteremti, ami az életedben megjelenik.

Könnyen hiheted azt, hogy most csupán üres közhelyeket puffogtatok - „Mindent meg tudsz változtatni!" - és talán csábít is a gondolat, hogy mindezt átugord, vagy figyelmen kívül hagyd, de nézd csak meg még egyszer, amit mondani akarok: ha az a vágyad, hogy egy olyan pénzügyi valóságot teremts, amit igazán szeretsz, és ami igazán működik neked, akkor el kell ismerned, hogy egyedül *te* vagy az, aki meg tudja változtatni a dolgokat az életedben, senki más. Ez nem azt jelenti, hogy teljesen egyedül vagy a világban, ahol senki és semmi nem lehet a segítségedre, vagy hozzájárulás a számodra. Ez azt jelenti, hogy hajlandónak kell lenned elismerni, hogy minden, ami eddig megjelent az életedben, az azért van ott, mert *te oda teremtetted*. A legtöbb ember nem akarja ezt hallani, mert azt hiszi, hogy ez azt jelenti, hogy még inkább meg kell ítélniük azt, amit jelenleg nem szeretnek az életükkel kapcsolatban – még annál is jobban, mint ahogy jelenleg teszik. Kérlek, ezt ne csináld! Kérlek, ne ítélkezz magad felett! Nem vagy rossz. Csodálatos, fenomenális teremtő vagy. A felismerés, hogy a teljes valóságod teremtője te vagy, igazi megerősítés – mert ha te voltál az, aki ezt az egészet teremtette, akkor meg is tudod mindezt változtatni. És ennek messze nem kell olyan nehéznek és lehetetlennek lennie, mint ahogy gondolod. Ezzel együtt le kell tisztáznod magadban azt, hogy mit szeretnél pénzügyi világodként teremteni – és aztán használni az eszközöket, amelyek lehetővé teszik majd ennek a megteremtését. És ezért írtam ezt a könyvet – hogy átadjam neked az eszközöket, a kérdéseket, és hogy arra invitáljalak, hogy megteremts bármit, amire csak vágysz.

Ha bármit meg tudnál változtatni, ha bármit meg tudnál teremteni a pénzügyi világodban, mit választanál?

Egy fontos megjegyzés: Az összes eszköz ebben a könyvben az Access Consciousnessből van; a történetek az enyémek. Hatalmas köszönet Gary Douglasnek és Dr. Dain Heernek a folyamatos hozzájárulásukért, és hogy a soha véget nem érő változás forrásaként léteznek.

Tartalomjegyzék

ELSŐ RÉSZ: ÚJ PÉNZÜGYI VALÓSÁG 1X1 .... **13**

1. Fejezet: Mi teremt pénzt? 15

    Soha nem úgy jelenik meg, ahogyan számítasz rá
(avagy az ok és okozat mítosza) 16

    Kérd és megadatik 20

    A pénz az örömöt követi, nem fordítva 23

    „Mi okoz örömet neked?" 24

    Hagyd abba, hogy a pénzt jelentőségtelivé teszed 26

2. Fejezet: Mi változtatja meg az adósságot? 29

    A nézőpontod teremti a (pénzügyi) valóságodat 30

    Az adósság kényelmének feladása 34

    Légy hajlandó arra, hogy pénzed legyen 37

    Akkor mit is jelent rendelkezni a pénzzel? 39

    Hagyd abba a pénz elkerülését és elutasítását 42

    Hála 45

3. Fejezet: Hogyan teremts új pénzügyi valóságot, itt és most? 49

    Hajlandónak lenni megtenni bármit, ami szükséges 51

    Add fel a logikus és őrült okokat, hogy miért nincs pénzed 57

    Kíméletlen őszinteség önmagaddal
(kedvesebb, mint elsőre hangzik) 60

    Bízz abban, hogy tudod 65

MÁSODIK RÉSZ: PÉNZ GYERE, PÉNZ GYERE, PÉNZ GYERE! **69**

4. Fejezet: Tíz dolog, mi ráveszi a pénzt, hogy hozzád jöjjön
(És jöjjön, és jöjjön) 71

5. Fejezet: Tegyél fel olyan kérdéseket, amelyek meghívják a pénz . 73

6. Fejezet: Tudd pontosan, hogy mennyi pénzre van szükséged
ahhoz, hogy örömtelien élj! 78

7. Fejezet: Birtokolni a pénzt 81

1. Eszköz a pénz birtoklására: a 10% számla 82

2. Eszköz a pénz birtoklására: Mindig legyen nálad annyi
pénz, amennyit szerinted egy gazdag ember hord magával 84

3. Eszköz a pénz birtoklására: Vegyél olyan
dolgokat, amelyek értékállóak 85

8. Fejezet: Ismerd el magadat 87

9. Fejezet: Azt csináld, amit szeretsz 92

10. Fejezet: Légy tudatában annak, amit mondasz, gondolsz és teszel .. 98

11. Fejezet: Engedj el minden elképzelést a dolgok
végkimenetelével kapcsolatban 104

12. Fejezet: Add fel, hogy a sikerben, a bukásban,
a szükségletekben és akarásban hiszel 109

13. Fejezet: Megengedés 115

14. Fejezet: Legyél hajlandó kontrollon kívül lenni 119

15. Fejezet: Röviden a pénzáramlásról 123

HARMADIK RÉSZ: ÖSSZEGZÉS ÉS ESZKÖZÖK 127

A fejezetek, kérdések és eszközök összefoglalása 129

Két további Access Consciousness eszköz, amit
minden dolog felturbózására tudsz bevetni 165

Az Access Consciousness® tisztító mondata 167

Helyes és helytelen, jó és rossz 168

Hogyan működik a tisztító mondat 169

Hogyan használd a tisztító mondatot 171

Access Bars 171

Access Consciousness pénzes tisztítások 172

NEGYEDIK RÉSZ: TÖRTÉNETEK A VÁLTOZÁSRÓL 179

Történetek a változásról 181

Interjú Christopher Hughesszal 182

Interjú Chutisa Bowmannel és Steve Bowmannel 194

Interjú Brendon Watt-tal 209

Interjú Gary Douglasszel 223

Interjú Dr. Dain Heerrel 240

Első rész

Új pénzügyi valóság 1x1

1. Fejezet

Mi teremt pénzt?

Ha gyors megoldást keresel a pénzügyi problémáidra, akkor ez nem az.

Ha valami olyat keresel, ami új perspektívát és eszközöket ad neked, aminek a segítségével megváltozik az egész életviteled, a valóságod és a jövőd a pénzzel, és hajlandó vagy legalább 12 hónapot adni magadnak, hogy megnézd, ez idő alatt mi teremtődik, akkor ez a könyv nagy hozzájárulás lesz neked.

Szeretném, ha valóban megértenéd, hogy te vagy a pénz teremtésének forrása az életedben. Amikor hajlandó vagy minden lenni, ami vagy, akkor végtelenül kreatív forrásává válsz mindennek az életedben – beleértve a pénzt is. Határtalan (és többnyire nem kihasznált) képességed van arra, hogy egy olyan pénzügyi valóságot teremts, amely működik neked. Az a gond, hogy legtöbbünknek nagyon sok olyan dolgot tanítottak a pénzről, ami egyszerűen nem igaz. Amikor elkezdjük kibontani ezeket a téves elképzeléseket és félreértéseket, majd elkezdünk különböző perspektívákkal játszani, amiket aztán egyszerű és gyakorlatias eszközökké formálunk, akkor sokkal könnyebbé és örömtelibbé válik a dinamikus változások megteremtése a pénzügyi világodban.

Mi van, ha a pénz nem az, amit bevettél, tanultál, vagy amit mondtak róla? Mi van, ha a hajlandóságod arra, hogy kíváncsi, kérdésekkel teli és játékos legyél; hogy befogadd a véletlenszerűt, a váratlant és a kiszámíthatatlant sokkal több pénzt hozhat neked, mint valaha is gondoltad volna?

Hajlandó vagy részt venni a kalandban, ahol egy olyan életet és élést teremtünk, amely nagyon sok pénzzel van tele? Igazság? „Igen" -nel válaszoltál? Akkor vágjunk bele!

SOHA NEM ÚGY JELENIK MEG, AHOGYAN SZÁMÍTASZ RÁ (AVAGY AZ OK ÉS OKOZAT MÍTOSZA)

A legtöbb ember úgy gondolja, hogy a pénzügyek és a pénz lineáris dolgok. Újra és újra azt halljuk, hogy: „Ha pénzt akarsz keresni, akkor először ez, majd az, azután amaz kell lenned, és ezt, majd azt, azután amazt kell tenned." Ezen felfogás szerint éljük az életünket, és folyamatosan a tökéletes receptet keressük, amivel majd rengeteg pénzt kereshetünk. Folyamatosan úgy tekintünk a pénzre, mintha az csak akkor bukkanna fel, miután bizonyos dolgokat megcsináltunk (mint például keményen dolgoztunk, sok-sok órát belefeccöltünk, pénzt örököltünk vagy nyertünk a lottón). De mi van, ha a pénz teremtése nem feltétlenül az ok és okozat mintája mentén működik? Mi van, ha a pénz a legkülönfélébb módokon és a legkülönfélébb helyekről jelenhet meg?

Amikor megváltoztattam a pénzügyi valóságomat, akkor a pénz a legbizarrabb helyekről bukkant fel. Volt, hogy csak úgy pénzt adott valaki, illetve a legfurcsább és ugyanakkor legjövedelmezőbb munkák találtak meg. Sokkal könnyebb volt számomra felismerni és befogadni ezeknek a dolgoknak a megjelenését, mert addigra már használtam a kérdést: „Milyen végtelen módokon tud most megjelenni számomra a pénz?", és hajlandó voltam bármit megtenni és bármilyen munkát elvállalni, ami hozzáadott az életemhez és tágította a pénzügyi valóságomat. Nem utasítottam vissza pénzt vagy lehetőségeket. Ehelyett nyitottam feléjük, nézőpont nélkül arról, hogy hogyan néztek ki. Ez lehetővé tette azt, hogy a dolgok megjelenjenek és hozzájáruljanak az életemhez olyan módokon, amelyeket fel sem tudtam volna ismerni, ha a lineáris „ez, az, majd amaz" logika szerint vártam volna a pénzt az életembe.

Mi lenne, ha az a fura ember lehetnél, aki örökre megváltoztatja a valóságát a pénz és a pénzügyek tekintetében azáltal, hogy feladja a pénzzel kapcsolatos lineáris nézőpontjait? Mi lenne, ha végtelen bevételi forrásaid lehetnének? Mi lenne, ha úgy tudnál pénzt teremteni, mint senki más? Hajlandó lennél feladni a kényszeres kiszámítást, definiálást és számolgatást arról, hogy *hogyan* fog megjelenni a pénz, és ehelyett megengedni, hogy beáramoljon az életedbe véletlenszerű, varázslatos és csodálatos módokon? Akárhogyan is néz ki? Még akkor is, ha *teljesen* máshogy néz ki, mint ahogy azt valaha elképzelted?

„Hagyd abba, hogy a dolgok manifesztálódását kéred, és engedd, hogy az univerzum tegye a dolgát!"

Régen amolyan hippi voltam. Imádtam a spirituális cuccokat. Kiborultam, ha teliholdkor véletlenül elfelejtettem megtisztítani a kristályaimat. A barátaimmal gyakran beszélgettünk arról, hogy mit is szeretnénk „manifesztálni" az életünkben. Képzelheted, milyen meglepett voltam, amikor találkoztam Gary Douglasszel, és ő azt mondta: „A manifesztáció az,»ahogyan« megjelennek a dolgok – és ez az univerzum dolga. A te dolgod az aktualizálás: a te dolgod az, hogy kérd, és hajlandó legyél befogadni, *akárhogyan* is jelenik meg."

Összezavartalak? Rendben, nézzük meg ezt egy kicsit közelebbről. *A manifesztáció tulajdonképpen azt jelenti: „hogyan jelenik meg". Amikor azt mondod az univerzumnak, hogy: „Szeretném ezt manifesztálni", akkor azt mondod: „Szeretném a megjelenik ez", aminek semmi értelme. Ez zavaros és nem érthető az univerzum számára, tehát nem is tudja teljesíteni. Az univerzum minden vágya, hogy hozzájárulás legyen neked, bármit kérhetsz! De amikor ezt teszed, akkor légy tiszta és világos: kérd, hogy valami jelenjen meg az életedben, és ne azt, hogy hogyan jelenjen meg. Tedd fel a kérdést: „Mi kellene ahhoz, hogy ez megjelenjen? Mi kellene ahhoz, hogy ez most azonnal aktualizálódjon az életemben?" Alapvetően, amikor az univerzum segítségére vágysz, akkor kérd azt, AMIT szeretnél, ne azt, AHOGYAN szeretnéd; ez tulajdonképpen nem más, minthogy többé nem a dolgok „manifesztálódását" kéred. Legyél tiszta és világos az univerzummal – kérj dolgokat, hogy aktualizálódjanak és jelenjenek meg az életedben, és hagyd az univerzumot, hogy gondoskodjon a „hogyan" -ról.*

Mennyi időt töltesz azzal, hogy igyekszel a dolgok „hogyan" -ját irányítani?

Mennyi időt töltesz az energiád és erőfeszítéseid pocsékolásával, amikor próbálod elrendezni a dolgokat, és próbálsz bizonyos végeredményeket létezésbe kontrollálni? Mennyi energiát használsz arra, hogy kétségbeesetten igyekszel kitalálni, hogy hogyan és mikor fog mindez összejönni, ahelyett, hogy csak kérnéd, és egyszerűen hajlandó lennél felismerni és befogadni, amikor itt van? Az univerzumnak végtelen a manifesztációs képessége, és általában sokkal nagyszerűbb és varázslatosabb módon működik, mint ahogyan azt várnád. Hajlandó lennél feladni minden megfontolásodat arról, hogy hogyan kell megjelenniük a dolgoknak, és hagyni, hogy az univerzum zavartalanul végezhesse a munkáját? Csupán annyit kell tenned, hogy befogadod, és abbahagyod az ítélkezést önmagad felett.

Hajlandónak kell lenned arra, hogy abbahagyd a kontrollálást, a prognózisok gyártását, és az azon való agyalást, hogy hogyan (és mikor) fog megjelenni a pénz, és hajlandónak kell lenned aktualizálni azt. Ahhoz, hogy nagyobb könnyedséggel tudj aktualizálni, le kell venned a szemellenzőket, és megnyílni a tengernyi eshetőség felé, ahogyan az univerzum szeretne megajándékozni téged, hogy aztán ne mulaszd el, amikor megtörténik.

Néha az univerzumnak először át kell rendeznie a dolgokat ahhoz, hogy megteremtse azt, amire vágysz. Lehet, hogy ez nem történik meg azonnal, de ez nem jelenti azt, hogy semmi sem történik! Ne ítéld meg magad, hogy valamit rosszul csinálsz, mert ez megállítja azt, amit a kéréssel elindítottál. Légy türelmes, és ne korlátozd be a jövőbeni lehetőségeket.

Ne feledd: „Követeld meg magadtól és kérd az univerzumtól."

„A pénz nem csak készpénz."

Gary sokszor elmeséli annak a hölgynek a történetét, aki az egyik pénzes tanfolyamán vett részt. Néhány héttel a tanfolyam után Gary felhívta, hogy érdeklődjön a dolgai felől, és a hölgy azt mondta neki, hogy: „Semmi sem változott, ez nem működik nekem!" Amikor megkérdezte, hogy miért gondolja így, a nő azt felelte: „A bankszámlám egyenlege ugyanaz, mint korábban." Ezután Gary érdeklődött afelől, hogy egyébként hogyan mennek a dolgai, és a hölgy elmesélte, hogy: „Nos, az egyik barátom vett egy új autót, és csak úgy nekem adta a régit. Egy másik barátom nekem ajándékozta az összes sohasem viselt, divattervezőktől vásárolt ruháját, mert már nem volt rájuk szüksége. Ja, és épp a tengerparton lakom ebben a csodaszép lakásban, ingyen, amíg ugyanez a barátom 6 hónapig a tengerentúlon van."

Gary azt mondta neki: „Lett egy új autód, új ruháid, és egy csodálatos helyen laksz – és úgy gondolod, semmi sem változott! Épp több ezer dollár értékben kaptál dolgokat az elmúlt hetekben! Ez hogy *nem* több pénz az életedben?" A nő csak arra volt nyitott, hogy készpénzként lássa a pénzt az életében. De mennyibe került volna neki venni egy autót, márkás ruhákat, vagy kifizetni a bérleti díjat ott, ahol lakott?

Számos módja van annak, ahogyan a pénz és a pénzáramlás megjelenhet az életedben, de ha nem vagy hajlandó elismerni őket, ha azt hiszed, hogy egy bizonyos módon kell, hogy kinézzenek, akkor azt hiheted, hogy nem változtattál a dolgokon, pedig valójában nagyon is. Mi lenne, ha hajlandó lennél rendelkezni az összes úttal, ahol a pénz bejöhet az életedbe, és még annál is többel?

Hajlandó vagy feladni az összes jóslatot, kontrollálást és kombinálást, és elindulni az úton, ahol azt kéred, amit igazán szeretnél pénzügyi valóságodként, és befogadni a kalandot, amint ez olyan módokon jelenik meg, ahogyan most még elképzelni sem tudod?

Ha igen, akkor itt az idő, hogy megnézzünk egy másik alapvető eszközt a pénz teremtéséhez: kérd és megadatik.

KÉRD ÉS MEGADATIK

Az emberek folyamatosan ítéleteket mondanak és kijelentenek dolgokat a pénzről, de csak nagyon kevesen tesznek fel kérdéseket ezzel kapcsolatban.

Ha olyan vagy, mint a legtöbb ember ezen a bolygón, akkor hajlamos vagy megítélni magad aszerint, hogy mennyi pénzed van, vagy nincs. A vicc az, hogy nem számít, hogy sok vagy kevés pénzed van – a legtöbb ember ítéletek millióival rendelkezik a pénzről. Függetlenül attól, hogy mennyi pénz van a bankszámlájukon, nagyon kevés ember rendelkezik valójában könnyedséggel, békével és bőségtudattal a pénzügyeit illetően.

Lehet, már hallottad a mondást: „Kérd és megadatik." Kérted már valaha is úgy igazán a pénzt? Hajlandó voltál valaha is befogadni? A befogadás nem más, mint egyszerűen hajlandónak lenni végtelen lehetőségekkel rendelkezni valamivel kapcsolatban, ami az életedbe jön; nézőpontok nélkül annak tekintetében, hogy az mi, hol, mikor, hogyan, vagy miért jelenik meg. A képességed a pénz befogadására akkor nyílik ki, amikor elveszíted a pénzről alkotott ítéleteidet, és azokat az ítéleteket, amiket te és a pénzt kapcsolatáról alkottál.

Ha igazán vágysz a változásra a pénzügyi valóságodban, akkor az ítéletek feladása az egyik elsődleges lépés kell legyen ebben a folyamatban. Ez pont az ellenkezője annak, amit a világ mond nekünk – az ítéletek nem teremtenek többet az életedben. A helyes és helytelen, a jó és rossz, az igazodás és egyetértés, vagy ellenállás és reakció polarizált világának csapdájában tartanak. Az ítélet nem ad neked több szabadságot, választást, vagy lehetőséget, csupán azt, hogy mindig csak az érem egyik felét látod. Az ítélet visszatart a kéréstől és a befogadástól. Az ellenszer? A VÁLASZTÁS. Azt kell választanod, hogy megállítod magad abban a pillanatban, ahogyan ítélkezni kezdesz, és ezzel egy időben megköveteled magadtól, hogy nem ítélkezel, nem választasz korlátozott gondolatokat és konklúziókat többé. És aztán felteszel egy kérdést.

írta: Simone Milasas

Térjünk vissza a pénzzel kapcsolatos linearitáshoz egy pillanatra. Amikor a nagycsomó gondolat, érzés, ítélet és konklúzió alapján azt hiszed, hogy a pénz csak bizonyos módokon jelenhet meg, akkor a pénz nem tud semmilyen más módon megjelenni, mint amiről eldöntötted, hogy lehetséges vagy valószínű. Minden egyes ítélettel, ahol eldöntötted valamiről, hogy nem lehetséges, vakká teszed magad mindenre, ami a korlátozott nézőpontodon túl jelenhetne meg – pont úgy, mint a hölgy, akiről Gary mesélt, aki egy csomó dolgot megteremtett, amely nagy értékben jelentett pénzbeáramlást az életébe, de eldöntötte, hogy semmi sem változott, mert a bankszámlája ugyanúgy állt. Ha hajlandó vagy elengedni a pénzzel kapcsolatos ítéleteidet, akkor olyan lehetőségeket kezdesz el látni, amelyeket korábban lehetetlennek gondoltál, és egyre többet és többet invitálsz magadhoz.

És a pénz invitálásának egyik legegyszerűbb módja, ha kéred!

Úgy vettem észre, hogy általánosságban véve az emberek nem túl jók abban, hogy kérjenek dolgokat. Ha megnézed a kisgyerekeket, ők természetesen kíváncsiak, mindent tudni akarnak a dolgokról, és általában nagyon sok kérdést tesznek fel. És nagyon sok esetben ez rosszallás tárgyát képezi.

Amikor gyerek voltam, engem is csendre intettek, ha üzletről vagy pénzről kérdeztem a vacsoraasztalnál, mert az anyámat úgy tanították, hogy ez nem jól nevelt dolog. Mindig kíváncsi voltam az üzletre és a pénzre, ráadásul mind az apám, mind a testvérem könyvelő volt, és imádták az üzletet. Folyamatosan kérdezni akartam, főleg vacsoránál, amikor mindenki együtt volt, de nem engedték, mert ez illetlenségnek minősült.

Azt tanították neked, hogy nem illő, vagy éppenséggel faragatlanság a pénzről beszélni? Azt tanították neked, hogy helytelen dolog a pénzről kérdezni? Esetleg egyáltalán nem engedtek kérdéseket feltenni?

Sok embert ismerek, akiket kicsi koruktól fogva kritizáltak a kíváncsiságuk miatt. Van egy barátom, akinek egyszer leragasztotta az anyukája a száját, hogy csendben maradjon, mert túl sokat kérdezett! Egy másik

21

barátom, amikor gyerekként kérdezett, a családja mindig azt mondta neki: „Aki kíváncsi, az hamar megöregszik!"

Igazság szerint a legtöbb ember a világon azt tanulja, hogy nem szabad pénzt, vagy bármit is kérni, hacsak nem nyomós indokod vagy igazolásod van rá, mint például, hogy elég keményen dolgoztál, illetve ha bizonyítani tudod, hogy megérdemled.

Évekkel ezelőtt az én mesés indoklásom az volt, hogy: „Azért akarok sok pénzt, hogy jó dolgokat tehessek vele. Arra fogom használni, hogy segítsek az embereknek." Nos, alapvetően semmi rossz nincs ebben az elgondolásban, de ez azt jelentette, hogy nem tudtam megengedni a pénznek, ami bejött az életembe, hogy hozzájárulás legyen a saját életemhez. Én nem szerepeltem azoknak az emberek az egyenletében, akiknek segíteni tudtam volna vele. Ez alapvetően azt jelentette, hogy bármikor, amikor pénzt kaptam, meg kellett szabaduljak tőle. Nem tudtam a saját életemben rendelkezni vele, vagy megengedni, hogy közvetlen hozzájárulás legyen nekem, mert folyamatosan másoknak kellett segítenem. A vicc az, hogy amint megengedtem magamnak, hogy rendelkezzek pénzzel, hogy igazán jelen legyen az életemben, és megengedtem, hogy hozzájáruljon az életemhez, hogy élvezzem, hogy élvezzem az önmagamként létezést, erősebb lett a képességem mások segítésére – és azóta is folyamatosan erősödik – exponenciálisan.

A helyzet az, hogy a pénznek nincs nézőpontja, nem rendelkezik morális iránytűvel, ami azt mondaná: „Jó voltál, ezért most kaphatsz több pénzt", vagy, hogy: „Rossz voltál, ezért nem kapsz pénzt!" A pénz nem ítélkezik. A pénz azoknál jelenik meg, akik kérik és hajlandóak befogadni.

Nézd meg a világot – észrevetted, hogy egyaránt vannak kedves és nem kedves emberek, akik rendelkeznek pénzzel, és ugyanúgy vannak kedves, illetve nem kedves emberek, akik nem rendelkeznek pénzzel?

Nem kell bizonyítanod, hogy jó, avagy rossz vagy, illetve azt, hogy megérdemled a pénzt; hajlandónak kell lenned abbahagyni az ítélkezést, hogy vajon megérdemled-e a pénzt, és kérni azt, csak azért, mert megteheted. Csak azért, mert bulis pénzzel rendelkezni!

Mi lenne, ha kérhetnéd a pénzt csak azért, mert tudod, hogy az életed élvezetesebb lenne vele, mint nélküle? Mi van, ha az élet célja az, hogy jól érezzük magunkat? Te hogy vagy ezzel?

A PÉNZ AZ ÖRÖMÖT KÖVETI, NEM FORDÍTVA

Sok ember kérdezi tőlem, hogy miként tudnának több pénzt teremteni az életükben. Beszéltem emberekkel, akik fix, havi vagy heti fizetésért dolgoznak, és olyanokkal is, akik más módon teremtik meg a pénzt, ahol a bejövő összeg hétről-hétre, vagy hónapról-hónapra változik. A helyzetüktől függetlenül azt szoktam mondani az embereknek, hogy a több pénz bevonzása az általad létrehozott *generatív* energia függvénye.

Ezt egyszerűbben úgy mondhatnánk, ahogy Dr. Dain Heer elegánsan fogalmazott az alábbi idézetben: *„A pénz az örömöt követi, az öröm nem követi a pénzt."*

Néha azt hallom az emberektől: „Ha majd ennyi és ennyi pénzem lesz, akkor majd boldog, békés és könnyed leszek." Mi lenne, ha csak úgy boldogan ébrednél fel? Mi lenne, ha csak úgy békében lennél? Mi lenne, ha csak úgy rendelkeznél könnyedséggel? Mi lenne, ha csak úgy elkezdenél egy másfajta energia lenni, itt és most? Az az energia, ami meghívja a pénzt az életedbe?

„Ha az életed egy parti lenne, eljönne a pénz?"

Ha úgy tekintenél az életedre, mint ha az egy parti lenne, milyen invitálás lenne az a pénznek?

„Nos… lesz nálam ez a buli, de nem fogjuk jól érezni magunkat. Nem lesznek finom ételek és italok, nem fogunk csini ruhákat felvenni, és amikor jössz, akkor valószínűleg panaszkodni fogok, hogy nem vagy elég nekem, hogy sohasem maradsz sokáig, és hogy mennyire felkavar, valahányszor csak eszembe jutsz. És amikor elmész, akkor azért is meg foglak ítélni, ahelyett, hogy hálás lennék, hogy egyáltalán itt voltál. Ja, és folyamatosan morgolódni fogok a hátad mögött."

Ha egy ilyen meghívást kapnál egy buliba, el akarnál menni?

Ha meghívnának egy partira, ahol a házigazda így fogad: „Azta, annyira hálás vagyok, hogy itt vagy, köszönöm, hogy eljöttél!" Fantasztikus ételek, finom pezsgő, zene, emberek, akik valóban jól érzik magukat, és jól érzik magukat *veled*, akik nem ítélnek meg akkor, amikor hazamész a buliból, hanem arra invitálnak, hogy gyere vissza mihamarabb, és hozz magaddal annyi barátot, amennyit csak szeretnél – lehet, hogy ez egy olyan buli lenne, amiért jobban lelkesedne a pénz?

Mi lenne, ha akként az ünnepléskként kezdenéd el élni az életedet, ami az csak lehet? Mi lenne, ha nem várnál a pénz megjelenésére? Mi lenne, ha elkezdenéd azokat a dolgokat csinálni és olyannak lenni, ami örömet okoz neked?

„MI OKOZ ÖRÖMET NEKED?"

Az az energia, ami akkor jön létre, amikor jól érzed magad; amikor teljesen és örömmel belemerülsz valamibe, amit szeretsz, generatív. Nem számít, hogy hogyan hozod létre ezt az energiát. Nem kell, hogy közvetlenül kapcsolódjon ahhoz, amivel jelenleg pénzt keresel (ne feledd, itt elengedjük a lineárist és az ok-okozatot). A generatív energia (az öröm energiája) hozzájárul az életedhez és az üzletedhez, és nem számít, hogy mikor, hogyan, hol és miért teremted, vagy hogy mivel teremted.

Nem általános az embereknél, hogy tudják, mi is okoz nekik örömet, ahogy az sem, hogy utána elinduljanak felkutatni a számtalan eshetőséget, ahogyan ebből az örömből pénz jöhet – tehát időbe telhet, amíg tisztán látod, hogy mi is az, ami valójában örömet okoz neked. Hajlandó lennél ettől függetlenül elkezdeni kérdezgetni magad és választani, akármi is lesz az?

A partnerem, Brendon nagyon fiatal korától kezdve az építőiparban dolgozott. Burkoló volt. Nagyon sokáig abban a hitben élt, hogy csak a burkoláshoz ért az életben, miközben az igazság az volt, hogy a képességei alapján sokkal többre volt hivatott. Az idő tájt, amikor randizni kezdtünk, nem igazán élvezte a munkáját. Szóval én teret adtam neki ahhoz, hogy feltehesse magának a kérdést, hogy mi is az, ami igazán örömet okoz neki, és hogy valami mást válasszon. 18 hónapon keresztül én tartottam el Brendont és a fiát. Láttam a képességeit, és azt is, hogy térre van szüksége ahhoz, hogy meghozzon bizonyos döntéseket azzal kapcsolatban, amit kezdeni szeretne az életével. Ez idő alatt egyre jobban és jobban önmaga lett. Egyre inkább felfedezte, hogy miben jó, és hogy mi az, ami örömteli számára, legyen az csodás ételek készítése, házfelújítások megtervezése és kivitelezése, a tőzsde vagy az ingatlanbefektetések. Ha beleragadt volna abba az elképzelésbe, hogy egész életében burkolóként kell dolgoznia, akkor sohasem engedte volna meg magának ezt a változást.

Mi lenne, ha bárkinek megengedhetnéd (még magadnak is) azt a teret, hogy valami mást válasszon? Függetlenül attól, hogy mennyi idős vagy, függetlenül attól, hogy mennyi időbe telik, és még akkor is, ha fogalmad sincs, hogy hol kezdd el?

Ha 55 éves vagy, és erre a kérdésre az a válaszod, hogy: „Mindig is nagy vágyam volt cirkuszban dolgozni," akkor menj oda! Tedd azt, bármi is legyen az, amit igazán szeretsz, mert az több pénzt fog hozni neked. Ne teremts semmit igazolásként arra, hogy miért nem választasz egy adott dolgot.

„Az életed az üzleted, az üzleted az életed!"

Mit szeretsz csinálni, csak úgy, szórakozásként? Mi lenne, ha minden nap egy órát és minden héten egy napot ezzel foglalkoznál?

Van ez a mondásom: „Az életed az üzleted, az üzleted az életed."
Mi lenne, ha az életed üzlete volna az, amiben valójában benne
vagy, függetlenül attól, hogy igazából miből élsz? Milyen energiával
működteted az életed? Jól érzed magad közben?

Reggelente gyakran viszem el a kutyámat sétálni a tengerpartra. Minden
egyes alkalom olyan számára, mintha először járna ott. Túlcsorduló
energiával ugrál körbe, mintha csak azt mondaná: „Ez fantasztikus! Ez
csodálatos!" Végigfut a homokon, egyenesen be a vízbe, és nagyon jól
érzi magát. Sokszor ilyenkor jönnek a legkreatívabb és leggeneratívabb
ötleteim, amikor élvezem a tengerpartot, és azt, hogy a kutyámmal
vagyok. Az öröm terének megteremtése olyan hozzájárulás számunkra,
amit közel sem ismerünk el eléggé.

Nincs az a pénzösszeg a világon, ami megteremti a boldogságot. Te
teremted azt. Azáltal, hogy élvezed azt, amit csinálsz. Azáltal, hogy
ÖNMAGAD vagy. Tehát kérlek, kezdd el azt csinálni és az lenni, ami
igazán szeretnél lenni, és amit igazán szeretnél tenni. Kezdj el boldog
lenni. Csak kezdd el.

Ha több pénzt szeretnél az életedben, akkor hajlandónak kell lenned
jól érezni magad. Nem számít, hogy mi kell hozzá, nem számít, hogy
hogyan néz ki, és nem számít, hogy miként jelenik meg, mert sohasem
úgy jelenik meg, ahogyan elképzeled.

Hajlandónak kell lenned örömmel élni, és megengedni a pénznek,
hogy kövesse azt.

HAGYD ABBA, HOGY A PÉNZT JELENTŐSÉGTELIVÉ TESZED

Mit jelent neked a pénz? Nagy a jelentősége az életedben? Milyen
érzéseid vannak a pénzzel kapcsolatban? Öröm, boldogság,
könnyedség? Szorongás, stressz és nehézség?

írta: Simone Milasas

Bármi, amit jelentőssé vagy jelentőségtelivé teszel, az önmagad és az azon dolog megítélésének forrásává válik, amit jelentőségtelivé tettél.

Amikor valaminek jelentőséget tulajdonítasz, akkor nagyobbá és erőteljesebbé teszed magadnál. Bármi, aminek jelentősége van az életedben, *az* válik az erőteljes dologgá, míg *te* az erőtlen áldozat leszel. Valójában nem igaz, hogy az a dolog nagyobb nálad, vagy az, hogy te erőtlen lennél, de amikor így teszel, akkor olyan fontossá és jelentőségtelivé teszed magad számára az életedben, hogy eldöntöd: nem tudsz élni nélküle; és ezzel nem marad választásod ebben a helyzetben – egyedül az, hogy mindent megteszel azért, hogy megtartsd. Az a gond, hogy amikor ennyire erősen ragaszkodsz valamihez, akkor abból kimegy az élet. Amikor jelentőségteliséget hozol létre valami körül, akkor megfojtod nem csak azt a dolgot, de magadat is, és így nem marad hely arra, hogy bármi is növekedjen, lélegezzen, változzon vagy kiterjedjen.

Észrevetted már, hogy amikor jelentőssé, fontossá vagy szükségszerűvé teszel valamit, akkor onnantól kezdve gyakorlatilag lehetetlen lesz játékosnak, boldognak vagy könnyednek lenned az adott dologgal kapcsolatban? Lehetetlen lesz valójában többet teremtened belőle az életedben, mert túlságosan leköt az abbéli igyekezeted, hogy ne veszítsd el azt, amivel jelenleg rendelkezel. Pontosan ez az, amit sokszor a pénzzel teszünk.

Szinte lehetetlen kérésnek tűnik, de szeretném, ha egy pillanatra elképzelnéd az életedet úgy, hogy semmiféle jelentőségteliség nincs benne a pénzzel kapcsolatban. Ha a pénz nem lenne jelentőséggel teli, mennyi szabadságot adna ez neked? Mennyivel több választást? Mennyivel könnyedebb és boldogabb lennél az életed minden területén?

Mi lenne, ha ma azzal kezdenéd, hogy az életed minden részét örömteli ünneplésként teremted?

Sok évvel ezelőtt felismertem, hogy hosszú ideig be voltam ragadva

27

egy olyan nézőpontba, miszerint mindent aszerint tehetek, vagy nem tehetek, hogy mennyi pénz van a bankszámlámon. Számtalanszor feltettem a kérdést magamnak, hogy mi kellene ahhoz, hogy megteremtsem a pénzt a Costa Rica-i Access kurzusra. Emlékszem a pillanatra, nem sokkal azután, hogy egy nagycsomó pénzt teremtettem. Ott volt a pénz a kezemben, de mégis olyan gondolatokkal volt tele a fejem, hogy mit is kéne vele tennem, mit is tehetnék vele, és elkezdtem aggódni, hogy vajon jönni fog-e még több, vagy sem. Akkoriban mondta nekem valaki, hogy: „Mikor fogod abbahagyni azt, hogy a pénzt jelentőségtelibbé teszed önmagadnál?" És amikor lenéztem a készpénzre a kezemben, egyszer csak elkezdtem gyönyörű színes papírdarabokként látni azt. Ránéztem, és azt gondoltam: „Azta, tényleg jelentőségtelibbé teszem ezeket a papírdarabokat a kezemben a választásoknál, amiket az életemben hozhatok? Ez őrültség!" Onnantól kezdve megköveteltem magamtól, hogy a pénz nem ér többet, mint én. Azt kell észben tartanod, hogy a pénz nem a teremtés forrása. TE teremted az életedet!

Ahhoz, hogy örömteli pénzügyi valóságot teremts a pénzzel, fel kell adnod mindent, amiről eldöntötted, hogy jelentőséggel bír a pénzzel kapcsolatban, és hajlandónak kell lenned örömtelinek és boldognak lenni, pénzzel vagy anélkül. Mi lenne, ha úgy kezdenéd el teremteni az életedet, hogy az ellenállhatatlan invitálás legyen a pénznek arra, hogy jöjjön és játsszon veled? Milyen pénzzel kapcsolatos nézőpontokat kellene elveszítened ahhoz, hogy ezt könnyedén létrehozd?

2. Fejezet

Mi változtatja meg az adósságot?

Milyen nézőpontod van az adósságról? Az adósság normálisnak, szükségszerűnek tűnik számodra, vagy elkerülhetetlen? Abban a hitben neveltek, hogy az adósság hibás, helytelen, vagy egy szükséges rossz? Elkerülöd azt, hogy ránézz az adósságodra? Úgy vagy vele, hogy inkább nem is veszel tudomást az adósságról, remélve, hogy majd magától megoldódik?

Mi lenne, ha azt mondanám neked, hogy az adósság csak egy választás? Se nem jó, se nem rossz, se nem helyes vagy helytelen - csak egy választás.

Talán nagyon leegyszerűsítettnek hangzik, mégis a legalapvetőbb és legerőteljesebb eszköz az adósságból való kitörésre annak a felismerése, hogy az adósság csupán a te egyik választásod, amit kívánságod szerint meg is tudsz változtatni. Amint meghozod azt a választást, hogy kitörsz az adósságból, mindent képes vagy megváltoztatni.

Gyakran, amikor azt mondom az embereknek, hogy „Az adósság csak egy választás. A pénz csak egy választás.", ők nem igazán akarnak erről tudomást venni. Inkább választják azt, hogy megítéljék önmagukat, mintsem hogy egy pillantást vessenek arra, amit éppen saját valóságukként létrehoznak.

Megkérdezhetnéd magadtól: „Ha az adósság csak egy választás, miért van adósságom? Mit tettem helytelenül? Mit nem tettem helyesen?" Kérlek, ne ítélkezz önmagadon, ne hibáztasd önmagadat, vagy ne menj bele önmagad rosszá tételébe. Mi van akkor, ha semmi, amit valaha is tettél, vagy ami voltál nem rossz? Hiszen eljuttatott téged eddig a pontig, ahol valami mást keresel, ahol ezt a könyvet olvasod és másfajta lehetőségek után kutakodsz a pénzzel kapcsolatban, igaz-e? Nos, mi van akkor, ha most jött el a tökéletes idő valami újat választani?

És választhatsz valami újat, most azonnal. Abban a pillanatban, hogy valami mást választasz, megváltoztatod a pénzzel kapcsolatos valóságodat. Abban a pillanatban, hogy azt mondod magadnak: „Tudod mit? Nem számít, mibe kerül, meg fogom ezt változtatni!", azzal erőt adsz magadnak ahhoz, hogy elkezd levenni magadról az adóssággal kapcsolatos rózsaszín szemüveged és feltedd ezt a kérdést, hogy „Mi egyéb lehetséges?" és ezt, hogy „Mit tehetek, hogy ezt megváltoztassam?"

Mennyire teremtetted az életedet az eladósodottság teréből? Mi lenne, ha ahelyett, hogy abból a nézőpontból kiindulva választanál, hogy „Én ezt nem tudom megváltoztatni", ahelyett megízlelnéd azt a kérdést, hogy „Mi lenne, ha bármit választhatnék? Mi van akkor, ha magamért választok? Mit szeretnék létrehozni?"

Amikor megváltoztatod a nézőpontodat, megváltozik a valóságod. Milyen nézőpontod van, ami létrehozza a jelenlegi pénzügyi helyzetedet? Mi lenne, ha megengednéd magadnak ennek a nézőpontnak a megváltoztatását? Megadná azt a szabadságot, hogy valami mást válassz?

A NÉZŐPONTOD TEREMTI A (PÉNZÜGYI) VALÓSÁGODAT

Mi a különbség aközött, ami az életben valóságos és aközött, ami nem valóságos számodra? A választásod arról, ahogy ránézel. A mostanáig a pénzről alkotott nézőpontod hozta létre a jelenlegi pénzügyi helyzetedet. Hogyan működik ez neked?

A fogantatásunk pillanatától fogva magunkba szívjuk a szüleink valóságát, a közösségünk valóságát, a barátaink valóságát, a rokonaink valóságát, a vezető pozíciókban lévők, a tanáraink, a kultúránk és a társadalmunk valóságát a pénzről. Folyamatos kivetítés célpontjai vagyunk és elvárják tőlünk, hogy magunkévá tegyük ugyanazokat a nézőpontokat. Nem tanítják meg nekünk, hogy megkérdőjelezzük azok igazságát, valóságosságát vagy azt, hogy számunkra relevánsak-e. Azt tanuljuk, hogy: „Ez már csak így van, ez a valóságos helyzet." De mi van, ha mégsem?

Bevehettem volna a családom nézőpontját arról, hogy az ebédlőasztalnál nem illik beszélni a pénzről, és rosszá tehettem volna magamat, amiért vágytam arra, hogy a vacsoránál beszélgessünk a pénzről. Abba is hagyhattam volna ezt. Ehelyett rájöttem arra, hogy a nézőpontjuk az csak a nézőpontjuk, amelynek nem kell valósnak és igaznak lennie számomra. A partnerem és én szeretünk egy pohár bor és a vacsora mellett a pénzről beszélgetni. Szeretjük ezt csinálni, amit úgy neveztünk el, hogy „Pénzügyi 1x1", miközben az ínycsiklandó főztjében leljük kedvünket. Beszélgetünk arról, hol tartunk a pénzzel, mit szeretnénk teremteni a pénzzel egy év, öt év, tíz év múlva a jövőben, és játszadozunk azzal a gondolattal, hogy mi más lehetséges, amire még nem gondoltunk. Jól érezzük magunkat, rengeteg lelkesedést és örömöt generálunk az életünkben, remek ötletekkel állunk elő, és új célokat állítunk fel. Ha bevettem volna mások nézőpontjait úgy, mintha számomra is igazak lennének, nem tudtam volna megteremteni a valóságomnak ezt a bámulatos részét, amit együtt élvezünk a partneremmel, és ami mérhetetlen hozzájárulás az életünkhöz és a pénzügyeink megteremtéséhez.

Ha „kirögzítenéd" a pénzzel kapcsolatos nézőpontjaidat, ha nem lenne ítéleted a pénzről, milyennek teremtenéd a pénzügyi valóságodat? Komoly és problémás lenne, amilyenről gyakran beszéltek nekünk? Vagy valami nagyon-nagyon másfajtát hoznál létre?

„Eldöntötted, hogy a szilárd, nehéz dolgok valóságosak az életben?"

Beszélgettem egy hölggyel, aki az üzletét szerette volna kiterjeszteni, de belement abba a következtetésbe, hogy ha a terve szerint haladna előre, nem lenne elég pénze a túléléshez. Ez megbénította. Elmondása szerint tudta, hogy egy olyan energia működteti őt, ami se nem valós, se nem igaz, mégis valahogyan ez tartotta őt egyfajta kereten belül. Azt kérdeztem tőle, hogy: „Valóssá teszed a következtetéseidet? Van körülöttük egyfajta nehézség, amit ezzel a valósággal társítunk. De mi van, ha semmi nem társul hozzájuk? Mi van, ha ezek csak érdekes nézőpontok?"

A hölgy azt kérdezte, hogy: „De az nem valóságos, hogy szükségem van pénzre ahhoz, hogy kifizessem a számláimat? Az nem valóságos, hogy szükségem van pénzre ahhoz, hogy ételt vegyek? Ezek mind nem valóságosak?"

Azt feleltem, hogy: „Mindenki azt mondja neked, hogy „Fizetned kell a számláidat és meg kell venned az ételedet.", de ezek következtetések. Nem kell ezeket a dolgokat megtenned. Akár tönkre is mehetsz. Megteheted, hogy nem fizeted a számláidat. Akár egyszerűen ki is szállhatsz. Beugorhatsz a barátaidhoz, és megeheted az ő ételüket. Milliónyi különféle dolgot csinálhatsz. Akár azt is választhatnád, hogy valami egészen mást hozol létre. „Igazából elérkezünk a választáshoz. Választanod kell. Mit választasz?"

Sok évvel ezelőtt, nehéz időszakot éltem át, és felhívtam egy barátomat. Amikor elmeséltem neki, hogy mi van velem, azt mondta: „Na igen, Simone, de ez nem valóságos." Ott álltam a konyhámban és azt gondoltam, hogy „Ez valóság. Ez valóságos." Elnevettem magam azon, hogy annyira szerettem volna, ha ez a barátom elhiszi azt, amiből működtem. Azt akartam, hogy igazodjon hozzám, és értsen egyet a következtetéseimmel és a korlátozásaimmal, és hogy azt mondja nekem: „Tudod mit? Igazad van, ez valóságos."

Miről döntötted el, hogy valós vagy nem valós számodra? Miért döntötted el, hogy az valós? Mert ez volt a múltbeli tapasztalatod? Mert: valósnak, nehéznek, szilárdnak, létezőnek vagy elmozdíthatatlannak

„érződik"? Ami igaz számodra, az tényleg egy tonnányi téglának érződne, vagy inkább könnyedebbé és boldogabbá tenne?

Ránézel valamire, ami szilárd – mint egy tégla, vagy egy épület. A tudomány elénk tárta, hogy még a legszilárdabb dolgoknak is valójában a 99.99%-a tér. Mi van, ha amiről eldöntötted, hogy valós, szilárd és elmozdíthatatlan, az valójában nem az, és azt csupán megtanultad, hogy így tekints rájuk? Mi változhatna, ha azt választanád, hogy ránézel arra, hogy talán minden, amire így gondoltál, nem szükségszerűen az?

„Egy nagyszerű eszköz arra, hogy könnyedséget teremts minden nézőponttal, hogy érdekessé teszed a valóságos helyett."

Ez az egyik kedvenc Access Consciousness eszközöm: a következő három napban, minden gondolatra, érzésre és érzelemre, ami felbukkan (nem csak a pénzzel kapcsolatban, hanem mindennel kapcsolatban) mi lenne, ha azt mondanád magadnak: „Érdekes nézőpont, van egy ilyen nézőpontom?" Mondd el párszor és vedd észre, ha valami változik. Próbáljuk ki: Mi most a pénzzel kapcsolatos legnagyobb problémád? Maradj ezzel a gondolattal és minden érzéssel vagy érzelemmel, ami ezzel kapcsolatban megjelenik. Most nézz rá és mondd: „Érdekes nézőpont, van egy ilyen nézőpontom." Változott valami? Ha nem, mondd ki megint. Mondd ki még háromszor, még 10-szer. Észreveszel valami különbséget? Nehezebbé vált, hogy a gondolattal maradj? Kevésbé létezővé vagy szilárddá vált? Amikor abbahagyod, hogy bármilyen nézőpontot valóságosnak vagy feltétlennek higgy, és mindössze érdekesnek látod – elkezd könnyebbé válni és kevesebb hatással bír az univerzumodban. Amikor ezt mondod egy gondolatra, érzésre vagy érzelemre, hogy: „Érdekes nézőpont, van egy ilyen nézőpontom", és az eltűnik vagy megváltozik, az az jelenti, hogy valójában nem igaz számodra.

Most gondolj valakire, akinek igazán hálás vagy az életedben. Keresd meg annak az energiáját, hogy az életedben vannak, nézz rá és mondd: „Érdekes nézőpont, van egy ilyen nézőpontom." Eltűnik és eloszlik? Vagy valami más történik?

Amikor valami igaz számunkra, és azt elismerjük, akkor az a *könnyebbség, kiterjedtség* érzetét kelti a világunkban. Amikor valami nem igaz, mint például egy ítélet vagy egy következtetés, amire valamivel kapcsolatban jutottunk, az nehéz, és összehúzódottnak vagy szűkösnek érződik. Amikor azt mondod, hogy: „Érdekes nézőpont, van egy ilyen nézőpontom", akkor, ami számodra igaz, az kiterjed és növekszik, és ami nem, az kevésbé létezővé válik és eloszlik.

Ahogy haladsz előre ebben a könyvben, egy másik módja is van az „Érdekes nézőpont" használatának. Minden gondolatra, érzésre és érzelemre, ami az olvasás közben a pénz körül megjelenik benned, állj meg egy percre és ismerd el azt a nézőpontot, aztán használd az „Érdekes nézőpont"-ot. Lehet, hogy azon kapod magad, hogy leginkább minden, amiről azt gondoltad, hogy szilárd és abszolút értékű a jelenlegi pénzügyi helyzeteddel kapcsolatban, az csak érdekes, és egyáltalán nem valós. Az „Érdekes nézőpont"-tal minden képlékennyé válik. Választanod kell aközött, hogy megtartod, megváltoztatod vagy egy teljesen más nézőpontot alakítasz ki.

Mit szeretnél ma létrehozni és választani?

AZ ADÓSSÁG KÉNYELMÉNEK FELADÁSA

Gyakran beszélek olyan emberekkel, akik eladósodtak, kijöttek belőle, és aztán újra visszacsúsztak az adósságba. Ezt én magam is csináltam. Nemrég beszélgettem valakivel, aki azt mondta: „Adósság-mentes voltam és életemben először volt pénzem a bankszámlámon, de most megint 25 000 dollár adósságban vagyok. Ez már a negyedik alkalom! Mi van ezen minta mögött? Nem szeretem, ha adósságom van, vagy ha küzdenem kell a pénzkeresetért, amivel visszafizethetem az adósságot, de azt a megkötést sem szeretem, amikor csak azért nem választhatok valamit, mert nincs rá pénzem."

Megkérdeztem tőle: „Tényleg hajlandó lennél adósság-mentesnek lenni?", és rájött arra, hogy valójában nem tudott „Igen!"-nel válaszolni. Számára volt valami kényelmesebb abban, hogy adóssága van, mint ha nincs. Tudom, hogy ez számomra is igaz volt, amikor először jöttem ki az adósságból, és ez talán számodra is igaz. Amikor először jöttem ki az adósságból, valójában csalódott voltam. Azt gondoltam: „Hol vannak a harsonák és a tűzijáték és a nagy utcai parádé, ami azt hirdeti, hogy „Igen Simone, elképesztő vagy!"? Egy kissé lehúzó volt. Idegennek és ismeretlennek tűnt az, hogy nem volt adósság az életemben. Hányótok számára ismerős ez az érzés?

Sok oka lehet annak, hogy komfortosabban érezzük magunkat adósságban, mint azon kívül. Talán hozzászoktál ahhoz, hogy olyan legyél, mint mindenki más. Talán nem szeretnél magas pipacs lenni (ezt a megnevezést használjuk Ausztráliában olyan személyekre, akik eredetiek, tehetségesek, akiket megbántanak, megtámadnak, lenyomnak, vagy kritizálnak, és akik a tehetségük vagy érdemeik alapján kitűnnek a tömegből), vagy talán nem tetszik az az elképzelés, hogy megítélnek azért, mert az egyetlen ember vagy az ismerőseid között, akinek nincsenek hitel-, vagy pénzgondjai.

Ha állandóan egy bizonyos összegű adósságban találod magad, és igazán szeretnéd megváltoztatni, akkor muszáj, hogy legyen bátorságod szembenézni magaddal és azzal, amit jelenleg választasz, és egy másik választást hozni. Hajlandó lennél a kényelmetlenségre annak érdekében, hogy szabadságot teremts ezen a területen? Ha igen, váltsunk egy kis őrültségre: nézzük meg, valójában mit *szeretsz* az adósságban.

„Mit szeretsz abban, hogy adósságod és nem pénzed van?"

Furcsa kérdésnek tűnhet, de amikor valami jelen van az életükben, amiről azt mondjuk, hogy utáljuk, sokszor van benne valami olyan, amit titkon szeretünk benne, és amire nem nézünk rá. Ha hajlandó vagy feltenni néhány kérdést, elismerheted azt, ami beragadva tart. Ha nem ismered el, megváltoztatni sem tudod.

- Mit szeretsz abban, hogy ilyen összegű adósságban vagy? Ez a számodra kényelmes összegű adósság? Beragadva tart-e egy korlátozott pénzügyi valóságban? Benne tart abban, hogy mindenki máshoz hasonló maradj?

- Mit szeretsz abban, hogy nincs pénzed? Biztosítja, hogy nem lógsz ki a családtagjaid közül? Ha lenne pénzed, azt hiszed, a családod megkövetelné, hogy odaadd nekik?

- Mit szeretsz annak utálatában, hogy nincs pénzed? Ad valamit, amiről panaszkodhatsz, egy történetet vagy igazolást, amelynek nekitámaszthatod a hátadat, ahelyett, hogy egyszerűen megváltoztatnád?

- Mit utálsz a pénztelenség szeretetében? Mondták neked valaha, hogy a pénzt szeretni rossz? A pénz minden „gonosz melegágya"? Megítéled azt a választásodat, ami által nincs pénzed? Megfontolnád azt, hogy nem ítéled meg magadat, és ráébrednél arra, hogy most van más választásod?

- Milyen választást hozhatsz ma, ami több dolgot teremtene most és a jövőben?

Talán nem túl kényelmes ezeket a kérdéseket feltenni magadnak. Talán még több önvádaskodásra késztet. Kérlek, ne tedd. Mi van, ha elismerjük az összes őrültséget, amikről eldöntöttük, hogy szeretjük az adósságban, és valójában ez a kulcs a megváltoztatásához – azáltal, hogy ítélet nélkül nézünk rá, és felismerjük, hogy néha egyszerűen cukik vagyunk és nem annyira okosak – és aztán elismerjük, hogy hozhatunk egy másik választást? Mi van, ha ez nem rossz? Mi lenne, ha hálás tudnál lenni azért a bátorságodért, hogy ránézel erre?

írta: Simone Milasas

Elmesélek egy történetet az egyik elmeroggyant nézőpontomról a pénzzel és az adóssággal kapcsolatban, amit arra használtam, hogy távol tartsam magam a pénztől. Szeretem apukámat. Nagyon kedves ember volt. Gyakran mondta, hogy nem hal meg addig, amíg biztos nem lehet abban, hogy a családja a megfelelő oktatásban részesül, és pénzügyileg biztonságban van. Minden, amit férfiként tett arról szólt, hogy egy biztonságos és védett életet teremtsen a feleségének és az utódainak. Nem akartam, hogy apukám meghaljon, mert annyira szerettem. Nos, az anyukám és a testvéreim mind stabilak voltak pénzügyileg, és mindannyian megfelelő oktatásban részesültünk. Az egyetlen, akinek nem álltak össze a dolgai, én voltam. Rájöttem, hogy annak ellenére, hogy tökéletesen képes voltam egy nagyszerű pénzügyi jövőt teremteni, egy pénzügyi rumlit hoztam létre magamnak, mert azt gondoltam: „Ameddig adósságom és pénzgondjaim vannak, az apukám nem hal meg." Nos, logikusan nézve, ez egy igencsak őrült nézőpont, igaz? De ezt csináltam. Szerencsére, az apukám ezen a pontom még mindig élt, és beszéltem neki erről. Azt mondta nekem litván akcentusával: „Ah Simone, ez őrület, amit csinálsz", és én azt mondtam: „Tudom!" És attól a ponttól kezdve elkezdtem megváltoztatni az adósságomat. És elkezdtem észrevenni az öröm és a boldogság növekedését a világában, ahogy egy nagyszerűbb pénzügyi valóságot kezdtem magamnak teremteni. Rövidre fogva: *Elkezdtem befogadni.*

Hajlandó vagy ébernek lenni arra, amilyennek igazán szeretnéd az életedet? Hajlandó vagy túlmenni a komfortzónádon az adóssággal és a pénzzel, és elkezdeni gyarapodni ahelyett, hogy csak túlélsz?

LÉGY HAJLANDÓ ARRA, HOGY PÉNZED LEGYEN

Egy barátom egyszer azt mondta nekem: „Igazán jó vagyok abban, hogy pénztelenséget teremtsek. És amikor pénzt teremtek és generálok, akkor a vagyonos élet egy hamis érzete jelenik meg bennem. Sokat költök. Sok adósságot kell visszafizetnem, de ezt nem teszem prioritássá. Helyette költöm a pénzt, minél gyorsabban, annál jobb, és aztán megint visszakerülök a csapdába. Mi ez, és hogyan tudom megváltoztatni?"

Sok ember van ezzel így. Jobban szeretik *költeni a pénzt*, mint *birtokolni a pénzt*. Élvezed birtokolni a pénzt? Vagy az elköltése a legfontosabb dolog az életedben? Mindig megtalálod azt, ahol elköltheted a pénzedet? Visszafizeted a hitelkártyáidat és azt gondolod, hogy „Nagyszerű! Újra van 20 000 dollár (vagy amennyi a hitelkereted), amit elkölthetek?"

Azt tanultuk, hogy a pénz birtoklásában annak elköltése az értékes, vagy hogy félretesszük későbbi költésekre. De ritkán beszélünk a pénz *birtoklásáról*, és arról, hogy milyen különbséget eredményezhet a pénzügyi világunkban.

> *„Különbség van a pénz birtoklása, elköltése és megspórolása között."*

Gary Douglas azt mondja, hogy olyan embereket alkalmaz, akik hajlandóak birtokolni a pénzt, attól függetlenül, hogy éppen van-e pénzük vagy nincs. Tudja, hogy azok, akik hajlandóak pénzzel rendelkezni (függetlenül attól, hogy éppen sok pénzük van vagy nem) azok pénzt fognak teremteni maguknak és az üzletnek is, de ha nem hajlandóak rendelkezni a pénzzel, akkor nem fognak.

Időbe telt, hogy tényleg hajlandó legyek pénzzel rendelkezni. Nagyszerűen tudtam pénzt teremteni. Voltak olyan üzleteim, amelyek pénzt vesztettek és olyan üzleteim is, amelyek pénzt csináltak. Mindig is képes voltam mindentől függetlenül teremteni a pénzt, még akkor is, amikor adósságom volt. Tudtam pénzt csinálni, összespórolni, és elkölteni is.

Az egyetlen dolog viszont, amire nem voltam hajlandó, képezni magam a pénzről. Azt gondoltam, hogy a tudatlanság áldásos. Ismerősen hangzik?

Egyszer egy barátommal egy éjszaka alatt hoztam létre egy vállalkozást, csillogó zseléből készült korsók eladására, csak azért, hogy a Sydneyben megrendezett Mardis Gras esemény (melegek és leszbikusok fesztiválja, a szerk.) összes buliján részt vehessünk. Amikor elhatároztam, hogy szeretnék a tengeren túlra menni, keményen dolgoztam, három állásom volt, és összespóroltam minden pénzemet, hogy utazhassak; és bárhová mentem, mindenféle munkát végeztem, hogy tovább utazhassak. És mégis, nem engedtem meg magamnak igazán, hogy pénzzel *rendelkezzek*.

Nem voltam takarékoskodó, költöttem azokra a dolgokra, amiket élveztem, nem mondtam volna nemet egy melbourne-i hétvégére a barátokkal, nagylelkű voltam és azt is élveztem, amikor mások számára vettem dolgokat. Nem voltam az a fajta sem, akit panaszkodni hallanál a pénzügyi helyzetéről, de még mindig nem engedtem meg magamnak, hogy pénzzel rendelkezzek.

AKKOR MIT JELENT RENDELKEZNI A PÉNZZEL?

Pénzzel rendelkezni az, amikor hajlandó vagy arra, hogy megengedd a pénznek, hogy olyan módon legyen az életedben, hogy mindig rendelkezel vele, és hozzájárulás az életed kiterjesztéséhez. Nem arról szól, hogy jelentőségtelivé teszed. Arról szól, hogy játszol a pénzzel és megengeded a hozzájárulását, és arról, hogy hajlandó vagy a befogadásra.

Erre egy nagyszerű példa, hogy régen élénk divatékszereket hordtam. Ragyogóan néztek ki, volt pár bulis darabom, azonban az áruk 50%-t elvesztették abban a pillanatban, amint kisétáltam velük a boltból. Egy nap vettem egy nyakláncot egy Mabe típusú (a kagyló külső héján tenyésztett gyöngy, a szerk.) gyönggyel. Ezek a gyöngyök ma már különösen ritkák, mert az óceán már nem termeli őket. A nyakláncnak a természetéből adódó értéke miatt, és mert ritka a világban, folyamatosan emelkedik az értéke. Nagyon jó, hogy ez a nyaklánc az életem része, nem csak a pénzbeli értéke miatt – ami több, mint amit fizettem érte – hanem mert egy csodálatos és gyönyörű ékszerdarab is. Esztétikailag gyönyörű, és csodálatosan érzem magam, amikor viselem. Ezt az energiát teremti, amikor pénzzel rendelkezel az életedben.

Az, hogy pénzzel rendelkezel az életedben, nem csak arról szól, hogy megteremted és sosem költöd el. Amikor tényleg hajlandó vagy arra, hogy pénz legyen az életedben, akkor hajlandó vagy arra is, hogy több teremtésére használd.

Az egyik barátom folyamatosan megpróbál pénzt *spórolni* a vállalkozás számára, ahol dolgozik. Briliáns a technológia területén, és egy nagyvállalatnak dolgozott, együtt utazott velük és felügyelte a hang,- és képtechnikai igényeiket bárhol, ahova utaztak. Minden egyes esemény után elpakolta a felszerelést, elindította a következő ország és város felé, és ez rengeteg munkával járt. Egyszer a vállalat tulajdonosa azt mondta neki, hogy: „Azt szeretném, hogy vegyél több felszerelést, hogy legyen külön Európában, Amerikában, Ausztráliában és Ázsiában is. Így nem kell majd magunkkal vinni mindenhova, ahova utazunk, és nem kell majd ezzel foglalkoznunk." Két év elteltével még mindig nem vett semmit. Senki nem vette észre, amíg egyik nap a tulajdonos azt nem mondta, hogy: „Két éve megkértelek rá, hogy vegyél több felszerelést. Mi történt?"

Azt válaszolta, hogy: „Próbáltam neked pénzt megtakarítani, mert minden felszerelés nagyon drága."

Nézd meg annak az energiáját, amikor úgy próbálsz pénzt megtakarítani, hogy utaztatod a felszerelést mindenfelé ezekbe az országokba. És aztán nézd meg annak az energiáját, hogy minden egyes országban rendelkezel felszereléssel. Melyik energia az előremozdító az üzlet könnyed növelésére és kiterjesztésére?

Azok közé tartozol, akik azt kérdezik: „Hogyan takaríthatok meg pénzt?" Milyen az energiája ennek a kérdésnek? Van benne generatív energia?

Inkább kiterjeszti a választásaidat vagy korlátozza őket? Most nézz rá ezeknek a kérdéseknek az energiájára: „Mi kellene ahhoz, hogy több pénzt generáljak?" „Milyen energia kell legyek ahhoz, hogy könnyedséggel teremtsem?"

Van olyan terület, ahol megpróbálsz pénzt megtakarítani? Próbáld meg ezt a kérdést: „Ha elkölteném ezt a pénzt, amit próbálok megspórolni, többet teremtene mára és a jövőre?" Nem azt mondom, hogy menj és szerezz egy új kabrió BMW-t, már persze, ha szeretnél egyet. Azt tanácsolom, hogy nézz rá arra, hogy mi fog neked többet generálni. Ha valami megteszi ezt, akkor menj és költsd el rá a pénzt.

Milyen lenne, ha lenne olyan pénz az életedben, ami ezért van ott, hogy hozzájárulás legyen számodra? Milyen lenne, ha lennének olyan dolgok az életedben, amik természetüktől fogva értékesek, és az idő növeli az értéküket?

Képzelj el két házat: az egyik mindennel be van rendezve egy olcsó, modern bútoráruházból. Tiszta és modern és épp úgy néz ki, mint a katalógusban, és minden 50%-kal ér kevesebbet, mint amennyiért megvették.

A másik ház mindenféle gyönyörű tárggyal van berendezve - ezüst, kristály, antik darabok, festmények, bútordarabok - amelyeknek nem csak egyedi és esztétikai értékük van, de valóban megvan az a hozzáadott bónusz, hogy legalább annyit érnek, amennyit fizettek értük, és még többet. Melyik ház teremtené egy nagyszerűbb szépség és gazdagság érzetét az életedben?

Mi lenne, ha azt, amit az esztétika, és amit a mindenféle dolog birtoklása teremtene az életedben, azt olyan módon tudnád használni, ami hozzáadna ahhoz, hogy több pénzed legyen most és a jövőben? Ez nem az ítélkezésről szól, ez az éberségről szól, és egy olyan jövő teremtéséről, amire vágysz.

Megengednéd a pénznek, hogy folyamatosan az életedben legyen, és hogy folyamatosan gyarapodjon?

A könyv második részében több gyakorlatias eszközt adok arra, hogy pénzzel rendelkezz az életedben. Pénzzel rendelkezni valójában nagyon egyszerű. Hajlandó vagy arra, hogy pénzed legyen, és arra, hogy megengedd, hogy egy teljesen más módon legyen számodra hozzájárulás?

HAGYD ABBA A PÉNZ ELKERÜLÉSÉT ÉS ELUTASÍTÁSÁT

Van olyan terület az életedben, ahol elutasítod vagy elkerülöd, hogy ránézz a pénzügyi helyzetedre? Tényleg jó indokaid vannak arra, hogy elkerüld egyszerű és könnyű dolgok megtételét a több pénz teremtésére? Minden terület, ahol elkerüljük a teljes őszinteséget, ott vágjuk el magunkat attól, és ott utasítjuk el azt, ami több lehetőséget és könnyed változást adna nekünk.

Beszélgettem egy klienssel, aki azt mondta: „Szinte minden nap az adósságomra gondolok, és aztán magam mögé teszem, és azt remélem, hogy eltűnik." Sokunk működik így.

Amikor adósságom volt, kitartóan és következetesen kerültem, hogy ránézzek arra, ami a pénzügyi helyzetem körül történt, ameddig azt nem választottam, hogy hallgatok Garyre és Dainre, és elkezdtem használni az Access Consciousness eszközeit.

A pénzzel való éberség elkerülése sohasem teremti meg azt a teret, ahol rá tudsz nézni azokra a választásaidra, amikkel valóban rendelkezel, ehelyett mindig ezt a bizonytalan és homályos teret teremti, ahol nem hatalmazod fel magadat arra, hogy lásd, mi történik, vagy hogy mit tehetsz ahhoz, hogy megváltoztasd.

Egy barátom igazán kitűnően tanítja a gyerekeit a pénzről. Egy alkalommal adott a 10 éves fiának és barátainak 20 dollárt ebédre. Később kiderült, hogy az ebédet végül a másik gyermek anyukája fizette. A barátom megkérdezte a gyermekét, hogy miért nem ő fizetett, és a fiú bevallotta, hogy még az ebéd előtt elvesztette a pénzt. Aztán megkérte

írta: Simone Milasas

a fiát, hogy mondja meg a másik anyukának, hogy neki kellett volna az ebédet fizetnie, de elvesztette a pénzt. Tudta, hogy az anyukának nem volt gond fizetnie, ez nem arról szólt, hogy bárkit hibáztasson. Arról volt szó, hogy megtörténjen annak az elismerése, ami történt – nem azért, hogy egy nézőpontot vagy egy ítéletet alakítsanak ki a helyzetről, azért, hogy a gyermeke eljusson annak az elismeréséig, amit teremtett, ahelyett, hogy úgy tenne, mintha nem történt volna meg. El kell ismerned, nem pedig elrejteni vagy elkerülni a dolgokat. Nem az ítélkezésről van szó. Ha hajlandó vagy nem figyelmen kívül hagyni, hajlandó leszel a jövőben éberebb lenni. És ezzel az éberséggel megerősíted magadat abban, hogy olyan választásokat hozz, amiket igazán szeretnél, amik többet teremtenek az életedben, és nem kevesebbet.

„Egy »nincs-választás univerzumában« élsz?"

Évekig elkerültem a párkapcsolatot. Azt mondtam, hogy: „A párkapcsolat nem nekem való, én nem leszek párkapcsolatban, sohasem megyek férjhez, sohasem lesznek gyermekeim." Körbenéztem a környezetemben és egy párkapcsolatot sem láttam, ami működött volna. Nem láttam olyanokat, akik ránézésre jól érezték magukat a párkapcsolatukban, ezért a nézőpontom (a következtetésem) az volt, hogy: „Nem hozok létre párkapcsolatot!"

Ezzel a döntéssel kizártam minden más lehetőséget. Egy nincs-választás univerzumot hoztam létre és egy nincs-választás valóságot. Egy nap felismertem ezt a választásomat és elkezdtem megkérdezni magamtól, hogy: „Mi lenne, ha hajlandó lennék benne lenni egy párkapcsolatban? Mi lenne, ha hajlandó lennék befogadni ezt a lehetőséget?" Elengedtem mindent, amit eldöntöttem és kikövetkeztettem a párkapcsolatokról, mert rájöttem arra, hogy az összes feltételezés hatalmas korlátozásokat teremt nekem. Mindenhol, ahol következtetésekbe megyünk, korlátozásokat teremtünk, ami elválaszt minket a végtelen lehetőségektől, amik elérhetőek. A vicces az, hogy most párkapcsolatban vagyok egy mesés

43

partnerrel, aki egy kutyával és egy gyermekkel együtt érkezett – instant család. És ők mind hozzájárultak az életemhez olyan módokon, amiket sohasem tudtam volna elképzelni. Ha folytattam volna a párkapcsolat lehetőségének elutasítását az életemben, nem tudtam volna befogadni azt a számos hozzájárulást, nagylelkűséget és energiát, amikké ők váltak számomra, beleértve a hozzájárulásukat a több pénz és gazdagság megteremtéséhez.

Amiről itt beszélek, az az, hogy ránézz arra az energiára, amit az önmagadnak megadott választás hoz létre az életedben.

Amikor valamit elkerülsz, elutasítasz, vagy nem vagy hajlandó valamivel rendelkezni, az nem engedi meg neked, hogy több választásod legyen vagy többet teremts. Hajlandónak kell lenned ránézni arra, hogy hol teremtesz egy nincs-választás univerzumot, és hajlandónak kell lenned azt megváltoztatni.

„Mi lenne a legrosszabb, ami történhetne, ha nem kerülnéd el a pénzt?"

Elkerülöd, hogy új dolgokba kezdj, amik pénzt hozhatnának neked? Hány helyzet bukkant fel, amiben pénzt kereshettél volna, és te azt mondtad, hogy: „Nem, erre nincs időm. Nem tudnék odamenni. Nem tudnám megcsinálni?" Volt már valaha, hogy megkértek valami elvégzésére és azt gondoltad, hogy: „Nincs most kapacitásom ennek az elvégzésére", így visszautasítottad és elkerülted, ahelyett, hogy esélyt adtál volna neki? Mi lett volna, ha megkérdezed magadtól, hogy: „Mi a legrosszabb, ami történhet, ha nem kerülöm ezt el, és csak választanék?" A választás éberséget teremt.

Tegyük fel, hogy kerülöd azt, hogy emberek előtt kelljen beszélned, ez esetben mi lenne, ha feltennéd a kérdést: „Mi a legrosszabb dolog, ami történhet, ha egyébként néha felállnék, és meg mernék szólalni mások előtt?" Talán megkérdezheted, hogy: „Lehet, hogy lefagynék és elfelejteném, amit mondani készültem. Ez tényleg annyira rossz lenne?" És akkor talán azt mondanád: „Ha ez történne, csak állhatnék ott, nézném a tömeget és mosolyognék." Az emberek szeretik a sebezhetőséget, amikor te önmagadként létezel, és ha nem kerülsz el semmit, akkor könnyebb önmagadnak lenni bármilyen helyzetben.

Többet kapsz önmagadból, bármi is történik, mert nem kell megcsavarnod és kifordítanod vagy elrejtened önmagadat, hogy bármit is elkerülj. Ami határozottan több pénzt fog teremteni az életedben az az, ha jobban önmagaddá válsz.

Elkerülöd az adósságodat? Hol kerülöd el a pénzt? Milyen csodálatos, nagyszerű és kreatív részeidnek a világban való megjelenését utasítod vissza ezzel az elkerüléssel? Miről döntötted el, hogy az a legrosszabb dolog, ami történhet, ha nem lennél elkerülésben? Mi változhatna, ha hajlandó lennél rendelkezni a teljes éberséggel a pénzügyi valóságodról?

HÁLA

Az egyik legvarázslatosabb eszköz a dolgok megváltoztatására az életedben, a hála.

A hálán sokszor átsiklanak, de megvan az ereje ahhoz, hogy dinamikusan megváltoztassa a nézőpontodat. A hálának megvan az a természetes hatása, hogy kiszed az ítélkezésből. A hála és az ítélkezés nem tudnak együtt létezni. Nem tudsz egyszerre ítélkezni és hálásnak lenni. Észrevetted valaha, mennyire lehetetlen hálásnak lenni, amikor valakit vagy valamit éppen megítélsz? Amikor hálás vagy, kijössz az ítélkezésből. És ahogy már az előbb megbeszéltük, az ítélkezés által hozzuk létre a legnagyobb korlátainkat.

Amikor pénzt kapsz, mi az azonnali nézőpontod? Hálás vagy minden egyes dollárért, minden centért, ami bejön az életedbe, vagy inkább azt gondolod: „Ez nem túl sok." „Ez pont elég lesz a számlákra." „Bárcsak többem lenne?" Mi lenne, ha amikor pénz érkezik, és amikor pénz távozik, hálás lennél – önmagadnak, azért, hogy megteremtetted, a pénznek, hogy megjelent, és annak, amire költötted? Milyen lenne, ha tényleg több hálád lenne a pénzért?

Mi lenne, ha minden pénzért, ami bejön, gyakorolnád, hogy azt mondd: „Köszönöm, annyira boldog vagyok, amiért ez megjelent! Kaphatnék többet, kérem?" És mi lenne, ha minden pénzért, amit elköltesz, és minden számláért, amit kifizetsz, ugyancsak hálás lennél, és hajlandó lennél többet kérni: „Nagyszerű, annyira örülök, hogy van áramom a következő hónapra! És mi kellene ahhoz, hogy ez a pénz tízszeresen jöjjön vissza hozzám?"

Szeretem ezt a kérdést feltenni! Egyszer fizettem egy hölgynek, aki hihetetlen lábmasszázst adott nekem. Annyira hálás voltam és megköszöntem neki. Ahogy átnyújtottam a pénzt, játékosan kimondtam, „Mi kellene ahhoz, hogy ez tízszeresen jöjjön vissza hozzám?" A hölgy kissé furcsán nézett rám. Később odajött hozzám és azt mondta, „Nem hiszem, hogy meg tudnám kérni a pénzt, hogy jöjjön vissza hozzám, amikor kiadom. Azt gondoltam, hogy ezt tiszteletlen lenne vagy ilyesmi. De ahogy te mondtad, az olyan hálával és örömmel teli volt, olyan meghívás volt. Mostantól ezt mindennel kapcsolatban használni fogom!"

Amikor hajlandó vagy játszani a pénzzel, legyél hálás a pénznek és legyél hálás azért, amit teremtettél, és ne ítéld meg, akkor több megjelenhet.

„Mi lenne, ha hajlandó lennél önmagadnak is hálás lenni?"

Amikor nem ismered el és nem vagy hálás a pénznek, ami beérkezik az életedbe, és távozik az életedből, igazából elutasítod önmagad elismerését és a hálát önmagadért. Mi lenne, ha elkezdenéd elismerni önmagadat, azokért, amiket teremtettél, amid van, ahelyett, hogy arra fókuszálnál, amid nincs? Amikor arra fordítod a figyelmedet, ami működik az életedben, többet tudsz teremteni belőle, és elkezd több helyen is megjelenni. Ha arra fordítod a figyelmedet, amit hiányként látsz, akkor csak hiányt fogsz látni, és a szűkösség fog növekedni.

Hálásnak kell lenned mindenért, amit teremtesz, a jóért, a rosszért és a csúfért. Ez azt jelenti, hogy sohasem mész következtetésbe, nem számít, mi jelenik meg. Hány választásodat ítélted meg, mert eldöntötted, hogy pénzt vesztettél vagy rossz választást hoztál? Honnan tudod, hogy az a választás nem pontosan az a dolog volt, ami lehetővé teszi neked, hogy valami sokkal nagyszerűbbet hozz létre a jövődben? Ha megítéled, nem leszel képes látni a választásod ajándékát, és nem fogod megengedni magadnak, hogy befogadd azokat a lehetőségeket, amik emiatt váltak elérhetővé. Ha hálás vagy, egy teljesen más valóságod lesz.

Én hálás vagyok minden emberért, akik Az üzlet örömével dolgoznak (az egyik tulajdonomban lévő vállalkozás, ami pénzt hoz nekem, és megváltoztatja a világot). Az üzletet az örömből és az arra való kíváncsiságból generáljuk, hogy minek a létrehozása lehetséges, nem pedig a helyes választás meghozatalából vagy a helytelen választás elkerüléséből fakadóan.

Amikor valaki egy olyan választást hoz, ami nem működik olyan jól, mint szeretnénk, nem adjuk fel az üzletben való teremtés örömét és az egymásért való hálát, csak azért, mert ez nem úgy jelent meg, mint ahogy azt reméltük. Megkérdezzük, hogy „Mi a helyes ebben?", és ránézünk arra, hogy mi más lehetséges, amire még nem gondoltunk. Abban a pillanatban, hogy ítélkezünk, az beszűkíti a lehetőségeket. A hála azonban megnöveli őket.

Ha hála van benned azért, amit az emberek teremtenek, több jelenhet meg a te, és az ő életükben is. Ha: örömödet leled abban, amit teremtesz és csinálsz, több pénz fog megjelenni.

„Hálás vagy, amikor túl könnyű?"

Néhány éve egy barátom által működtetett antikvitás bolt eseményén vettem részt. Felajánlottam, hogy segítek beszedni az emberektől a tárgyak megvásárlásából befolyt pénzt, megírni a számlákat, és az általános adminisztrációban. Azért csináltam, mert szerettem volna hozzájárulás lenni a barátom számára és az üzlete növekedéséhez.

Az esemény után kaptam tőle egy emailt arról, hogy az eladásokból százalékot fizetne nekem. Azt válaszoltam: „Köszönöm, de nem akarok pénzt ebből. Komolyan, örülök, hogy hozzájárulás lehettem."

A barátom azt írta vissza az emailben, hogy: „Légy hálás a pénzért."

Azt gondoltam: „Nos, én hálás vagyok a pénzért," de azt is láttam, hogy volt egy nem-hajlandóságom a befogadására, és felismertem, hogy az volt a nézőpontom, hogy nem dolgoztam elég keményen azért, hogy pénzt fogadjak el. Olyan volt ott lennem, mintha egy buliban lennék. Ezüst pezsgős pohárból ittam a pezsgőt, a vásárlásokat egy kártyalehúzón futtattam át, és számlákat írtam. Élvezetes időtöltés volt. És fizetséget kapok érte?

Szóltam Gary Douglasznek a hozzáállásomban történt változásról és hogy mennyire látszik, hogy sokkal többet nyitott meg a világomban, és azt felelte: „Amikor a pénz könnyen jön és hálás vagy, olyankor rajta vagy egy több lehetőséggel teli jövő felé vezető úton."

Milyen nagyszerű lehetőségeket tudnál teremteni az életedben azzal, ha megengednéd a pénznek, hogy könnyedén és örömtelien jöjjön be az életedbe, és azzal, ha hálás lennél minden egyes centért, ami megjelenik?

3. Fejezet

Hogyan teremts új pénzügyi valóságot, itt és most?

Mi lenne, ha nem lenne nézőpontod a pénzről? Mi lenne, ha nem lennének ítéleteid? Pénzügyi kríziseid? Korlátozott pénzügyi valóságod? Mi lenne, ha minden reggel tiszta lappal indulhatnál? Mit teremtenél? Mit választanál?

Ha igazán szeretnél egy olyan pénzügyi valóságot teremteni, ami más és nagyobb, mint amivel jelenleg rendelkezel, akkor rá kell nézned a jelenlegi választásaidra, és ha ezek nem abba az irányba vezetnek, amerre menni szeretnél – akkor változtasd meg őket! Minden választásod teremt valamit. Mit szeretnél teremteni a választásaiddal?

Fontos észben tartanod, hogy ez nem arról szól, hogy jó vagy rossz választásokat hozol. Ez arról szól, hogy *más* választásokat hozol.

Sokszor beszélgetek az emberekkel üzletről a világ minden táján. Amikor az üzlettel kapcsolatos választásokról van szó, én tényleg abból működöm, hogy „nincs jó vagy rossz választás, csak választás." A legnagyobb „hibáim" az üzletben sokszor a legnagyobb ajándékok voltak számomra, mert lehetővé tették, hogy meglássam, hogy mi más lehetek, és mi mást tehetek, ami működne a jövőben, és amire sokkal tovább tartott volna ráébrednem, ha nem hoztam volna meg azt a döntést. Látom az összes választásom hozzájárulását, amint egy nagyszerűbb jövőt teremtenek nekem, mert nem ragadok be az „ó, ez a választás rossz volt, egy másik választás jobb lett volna" nézőpontjába. Mi van, ha soha többé nem kell jól csinálnod, vagy a rosszat elkerülnöd?

Ahogy bölcs barátom, Gary szokta mondani: „Mit szeretnél inkább, hogy igazad legyen, vagy azt, hogy szabad legyél? A kettő együtt nem megy!"

Ha hajlandó vagy tévedni, és feladni annak a szükségét, hogy igazad legyen, akkor bármit választhatsz és bármit megteremthetsz.

„Küszködni, vagy nem küszködni?"

Évekkel ezelőtt ebédelni mentünk néhány barátommal, és épp eléggé nyűgös és rosszkedvű voltam. Ahogy az étteremhez közeledtünk, az egyik barátom megkérdezte: „Miért választod ezt?" Mire én: „Én nem választom ezt!" Sétáltam tovább és arra gondoltam: „Én nem választom ezt! Én nem! Várjunk csak, én tényleg ezt választom? Meg tudom változtatni?" Egyből megkönnyebbült a világom. Mire az étterembe értünk, azt mondtam a barátomnak: „Azta, most már értem. Én választom ezt. Én választom a nyűgösséget."

Nagyon sok ember nem is gondol arra, hogy van választásuk azzal kapcsolatban, hogy szomorúak, boldogak, nyűgösek, vagy nyugodtak lesznek. Azt tanultuk, hogy a külső körülmények határozzák meg azt, ahogyan érezzük magunkat, de ez valójában csak egy választás. Meg kell tanulnod felismerni, hogy van választásod, még olyan szituációkban is, ahol eleve biztosra veszed, hogy nincs. Mi lenne, ha elkezdenél ránézni minden olyan területre, ahol azt hitted, nincs választásod, és megkérdeznéd: „Oké, ha megfeszíteném a „választó izmaimat" ebben a helyzetben, ahelyett, hogy úgy csinálok, mintha nem lennének, mit választhatnék itt és most?"

Ugyanez van a pénzzel is. Ha épp nehézségeid vannak a pénzzel, vagy küszködsz a pénzzel, tudd, hogy ez a te választásod, te teremted így. *És választhatsz valami mást is!*

Nem számít, hogy egy jól menő vállalkozásod van, vagy éppenséggel fizetésből élsz, a gyerekekkel vagy otthon, munkát keresel, esetleg nyugdíjas vagy. Nem kell sok (vagy semennyi) pénzzel rendelkezned ahhoz, hogy elkezdd megváltoztatni a pénzügyi valóságodat, és nem kell különleges előkészületeket tenned, csak el kell kezdened. Csak választanod kell.

Ebben a fejezetben ránézünk azokra a lépésekre, amelyek segítenek majd félreállni a saját utadból, és lehetővé teszik, hogy tisztánlátással és könnyedséggel rendelkezz a pénzügyi választásaiddal kapcsolatban: önmagad támogatása, a történeteid és az okok feladása arról, hogy miért nincs pénzed, őszinteség és a bizalom a tudásodban.

HAJLANDÓNAK LENNI MEGTENNI BÁRMIT, AMI SZÜKSÉGES

Az ebben a könyvben található pénzes eszközök fantasztikusak, de ahhoz, hogy hatékonyan használd őket minden olyan dolog megváltoztatására, ami jelenleg nem működik, háromféle módon kell támogatnod önmagadat:

1. El kell köteleződnöd az életedhez.

2. Meg kell követelned magadtól, hogy az leszel, és azt teszed, ami csak szükséges.

3. Hajlandónak kell lenned bármit választani, elveszíteni, teremteni és megváltoztatni.

„Mi van, ha az elköteleződés, hogy sosem mondasz le önmagadról, a legkedvesebb dolog, amit tehetsz?"

Az életedhez való elköteleződés nem azt jelenti, hogy kényszerzubbonyba kerülsz, vagy hogy egy bizonyos utat kell járnod az örökkévalóságig. Azt jelenti, hogy sohasem adod fel, sohasem hátrálsz meg, és sohasem szállsz ki. Hajlandó vagy elköteleződni önmagadhoz? Hajlandó vagy sohasem lemondani önmagadról?

A társam, Brendon és én mindketten elkötelezettek vagyunk az életünk iránt, és ahhoz, hogy egy olyan kapcsolatot teremtsünk, ami működik számunkra. Ezt úgy tesszük, hogy minden nap választjuk a kapcsolatunkat ahelyett, hogy egy olyan elköteleződéssé tennénk, amit örökre fenn kell tartanunk. Olyan választásokat hozunk, amelyek nagyszerűbb jövőt teremtenek mindkettőnknek, de sosem azzal az elvárással, hogy a választásaink szilárdak és megváltoztathatatlanok lesznek. Amikor elkezdtünk házvásárláson gondolkozni, akkor én először ellenálltam, mert kikövetkeztettem, hogy az életünk hátralévő részét szükségből kell majd együtt töltenünk. Brendon azt mondta. „Bármikor eladhatjuk a házat", mire én: „Ó, igazad van!" Az, hogy van egy házunk, nem jelenti azt, hogy örökké együtt kell maradnunk, ez továbbra is egy választás, egy üzleti egyezség. Az önmagunkhoz való elköteleződés nem arról szól, hogy sosem változtatjuk meg a választásainkat. Ez az elköteleződés arról szól, hogy tiszteletben tartjuk magunkat és egymást annyira, hogy megengedjük magunknak a választásaink megváltoztatását, amikor valami nem működik többé.

Az önmagadhoz való elköteleződés nem más, mint a hajlandóság az élet kalandjára, arra, hogy folyamatosan azt választod, ami működik neked, még akkor is, ha az épp kényelmetlen, és még akkor is, ha ez olyan változásokkal és választásokkal jár, amit senki más (még a barátaid vagy a családod sem) ért. Az önmagadhoz való elköteleződés túl tud vinni a komfortzónádon, főleg, hogy legtöbbünk nagyon jól tudja feladni azt, amit valóban választani szeretne, azért, hogy ne lógjon ki a sorból. Hajlandónak kell lenned annyira másnak lenni, mint amennyire vagy, függetlenül attól, hogy más mit gondol, mond, vagy tesz.

író: Simone Milasas

„Senkitől és semmitől nem tudsz megkövetelni semmit, csak saját magadtól."

A saját magadtól való megkövetelés nem más, mint amikor ráébredsz arra, hogy nem számít, mi történik, mindened meglesz, amire csak vágysz az életedben.

Akkor kezded el teremteni az életedet, amikor végre megköveteled, hogy: „Nem számít, mibe kerül, és hogyan néz ki, teremteni fogom az életem. Nem fogom más nézőpontját, vagy valóságát élni. A sajátomat fogom kialakítani!"

Évekkel ezelőtt, amikor elkezdtem Access tanfolyamokra utazni, nem mindig tudtam megengedni magamnak a szállást, ezért sokszor másoknál szálltam meg. Egyszer, amikor valakinek a házában – ami nem volt túlzottan tiszta – a zuhany alól kilépve máris úgy éreztem, hogy még egyszer le kéne zuhanyoznom, megköveteltem: „Ez így nem mehet tovább. Képesnek kell lennem több pénzt teremteni, hogy meg tudjam választani, hol szállok meg."

Elkezdtem hotelekben megszállni, ahol más emberekkel együtt osztoztunk a költségeken. Aztán elismertem, hogy ez sem az, amire vágyom. Szerettem, ha megvolt a saját terem. Van egy energiája annak, amikor megkövetelsz valamit, és nem mész bele a hiány és a kétely szűkösségének valóságába.

Sokszor volt, hogy megköveteltem dolgoktól, hogy jelenjenek meg, de nem igazán tudtam, hogy miként fognak kinézni. De akkor is megköveteltem minden alkalommal, hogy: „nem számít, mi kell hozzá" és „nem számít, hogyan fog kinézni". Nem tudtam, hogy pontosan miként fogom előteremteni a pénzt ahhoz, hogy egyedül vegyek ki szobát egy hotelben az utazásaim során, de tudtam, hogy hajlandó vagyok megtenni bármit, ami csak szükséges ahhoz, hogy megteremtsem.

„*Légy hajlandó bármit választani, elveszíteni, teremteni és megváltoztatni.*"

Amikor hajlandó vagy mást választani, akkor hajlandó vagy ébernek lenni és információt befogadni a körülötted lévő emberektől és dolgoktól, és megvan a képességed, hogy egy szempillantás alatt változtass, ha épp az teremti számodra a többet. „Ó, több információ! Oké, csináljuk!" Ahogy a választásokat hozod, lehet, hogy a dolgok mások lesznek, mint ahogyan azt eredetileg elképzelted. Hajlandó lennél ébernek lenni az új információra, a változtatás szükségességére, vagy igyekszel az eredeti választásodhoz ragaszkodni, még akkor is, ha az már nem működik? Vagy változtatsz rajta ezt-azt, és aztán azon tűnődsz, vajon miért nem változik?

A kis változtatások, miközben alapvetően ugyanazt csinálod (ez olyan, mintha ugyanazt a pólót viselnéd minden nap, és csupán megpróbálnád úgy igazítani, hogy másképp nézzen ki ahelyett, hogy lecserélnéd magát a pólót) nem fognak eltérő eredményt hozni.

Einstein definíciója szerint az őrültség nem más, mint ugyanazt tenni újra és újra, és várni, hogy az eredmény más legyen. Meg kell változtatnod azt, ahogyan jelenleg működsz ahhoz, hogy más eredményeket kapj.

Amikor úgy tekintünk egyes dolgokra az életünkben, mintha azok szilárdak és változás nélküliek lennének, akkor tulajdonképpen megállítjuk magunkat és nem vagyunk hajlandóak megtenni bármit, amire csak szükség van egy másfajta valósághoz és pénzügyi valósághoz. Akkor teremtünk megváltoztathatatlan dolgokat, amikor ilyeneket mondunk, hogy: „Ez így van."

Mit teremtettél megváltoztathatatlannak? Számodra mi van kőbe vésve? Mit látsz értékesnek, állandónak és tartósnak? Hogy saját lakásod van? Hogy régóta házas vagy? Hogy saját céged van? Hogy kitartasz a munkahelyed mellett? Hogy adósságban vagy?

Ragaszkodsz-e olyan módon az életed bármelyik részéhez, mintha az állandó lenne? Én ezt az egyik cégemmel csináltam. Egy általam létrehozott céghez ragaszkodtam, amelynek addigra már régóta nem akartam a része lenni. A cég hanyatlásnak indult, én pedig próbáltam változtatni a dolgokon, de nem voltam hajlandó valami teljesen mást csinálni és eladni a céget, mert azt hittem, hogy azt kell tennem, amit mindenki más mond, és fenn kell tartanom a céget, ameddig csak lehet.

Miről döntötted el, hogy nem vagy képes megváltoztatni? Úgy érzed, nincs választásod a pénzügyi helyzeteddel kapcsolatban, a pénzhiánnyal kapcsolatban, az adóságoddal kapcsolatban, vagy a pénzügyi kilátásaiddal kapcsolatban? Elköteleződtél az általad teremtett pénzügyi struktúrák fenntartására a saját univerzumodban ahelyett, hogy valami teljesen mást csinálnál? Folyamatosan próbálsz változtatni, de nem megy? Mit nem teszel, amit ha másképp tennél, mindent megváltoztatna? Ezt a kérdést egyszer feltettem egy tanfolyamon, és valaki azt válaszolta: „Legtöbbször csak akkor cselekszem, amikor már tényleg fáj, és amint elmúlik a fájdalom, megállok. Rájöttem tegnap, hogy a pénz, amit keresek, nem elég arra, hogy kifizessem a számláimat. Hirtelen rám tört a sürgetettség érzete, és eldöntöttem, hogy valamit tennem kell. Mindig is így működtem. Nem cselekszem addig, amíg nem *kell*. Olyan, mintha csak a fájdalom tudna igazán motiválni." Ha ez az ember hajlandó lenne más lenni és mást tenni a választásaival kapcsolatban, akkor rá tudna nézni arra, hogy ő teljesen a „hiány motivációja" nézőpontból működik, és aztán feltenni a kérdést: „Várjunk csak, ez az, ahogyan mindig is csináltam a dolgokat. Mi lenne, ha elkezdenék teljesen más módon működni? Mi teremtene többet számomra?" De ha csak azt a kérdést hajlandó feltenni, hogy: „Mit kell tennem ahhoz, hogy ki tudjam fizetni a számlákat ebben a hónapban?", anélkül, hogy ránézne a struktúrára, amiből működik, akkor csak kicsit fog változtatni azon, ahogyan a dolgokat csinálja, és nem lesz képes hosszú távon megváltoztatni a valóságát a pénzzel.

Egy másik résztvevő azt mondta: „Nehezen tudom kontrollálni a hitelkártya költéseimet. Olyan, mintha a kártya használata lenne az egyetlen módja annak, hogy pénzzel rendelkezzek. Olyan, mintha egyébként nem lenne választásom." Ha ez az ember ehelyett azt mondaná: „Ma nem használhatom a hitelkártyámat, kölcsönt kell felvennem", az ugyanaz lenne, csak másképpen. Ha megkövetelné, hogy: „Most már tényleg több pénzt fogok teremteni, most és a jövőben. Nem élek így tovább. Mit kell tennem itt és most ahhoz, hogy ez megváltozzon?", akkor egy másfajta választást hozna, ami lehetővé tenné számára, hogy túlteremtsen azon a korlátozott nézőponton, amibe addig bele volt ragadva.

Hajlandónak kell lenned elveszíteni mindent, az összes struktúrát, és mindent, amit jelenleg állandónak és megváltoztathatatlannak hiszel. Igazság szerint semmi sem megváltoztathatatlan.

Tudom, hogy bárhol, ahol állandóságot teremtek az életemben, megvan a lehetőségem mást választani és azt mondani: „Ez nem működik nekem. Ezt nem választom többé."

Hajlandó vagy feladni mindazt, amiről eldöntötted, hogy rendelkezned kell vele, tenned kell, vagy nem veszítheted el? Mi van, ha a hajlandóság ezek elvesztésére valójában a totális választás kezdete? Mi lenne, ha hajlandó lennél elveszíteni minden forintodat, amid csak van? Mi van, ha sokkal több pénzt teremthetnél, mint amennyid valaha is volt, teljes könnyedséggel?

Ha egy ideje próbálsz valamit megváltoztatni az életedben, de nem változik, akkor nézz rá arra, hogy hol csinálod ugyanazt másképp, ahelyett, hogy valami teljesen mást választanál. Mi másnak kéne lenned és mi mást kéne tenned ahhoz, hogy igazán megváltoztasd a pénzügyi valóságodat?

írta: Simone Milasas

ADD FEL A LOGIKUS ÉS ŐRÜLT OKOKAT, HOGY MIÉRT NINCS PÉNZED

Valószínűleg feltűnt, hogy már többször használtam itt olyan szavakat, mint a „következtetés", „döntés" és „ítélkezés". Tudtad, hogy a *következtetés* egy olyan szóból származik, ami azt jelenti, hogy „bezárni és bekeríteni"? Pontosan ez az, amit a következtetések tesznek az életünkben. Bezárnak téged egy ítéletbe, egy döntésbe, amit hoztál és kizárnak abból, hogy más lehetőségeket fogadj be és más választásokat láss meg. Ez olyan, mintha belelépnél egy vödör nedves cementbe, és aztán ezzel megpróbálnál valahova máshova eljutni. Nem fog menni. Kikövetkeztetted, hogy ez az, ahol vagy, és ezt nem fogod tudni megváltoztatni addig, amíg el nem engeded ezt a nézőpontot.

Ezernyi történetet vettünk be és adtunk be másoknak. Ezen történetek többségét valóban helyesnek és valósnak hisszük, és pontosan ezek azok a történetek, amikhez szeretünk visszatérni, és újra és újra elmesélni magunknak, ahelyett, hogy egyszerűen megkérdeznénk: „Azta, ez egy igazán érdekes történet, amit most épp beveszek. Mi van, ha nem igaz? Vajon mi más lehetséges itt?"

Amikor az egyik barátom gyerek volt, a szülei sokszor vetítették ki rá, hogy a gazdag emberek boldogtalanok. Elvitték őt a város gazdag kerületeibe, ahol a szép házakat látva megkérdezte: „Átköltözhetnénk ide?", mire a szülei azt válaszolták: „Nem, ezt nem engedhetjük meg magunknak. És a gazdagok amúgy sem boldogok." Az ő válasza erre az volt, hogy: „Azért nem próbáljuk ki?" Azt is sokszor elmondták neki, hogy azért nem mehet át az utcában lakó mexikói családhoz vacsorára, mert nekik kevesebb pénzük van, mint az ő családjának. Természetesen, amikor ez a család később megvette a mellettük lévő üres telket, hogy több kis lakást alakítsanak ki rajta, a barátom rájött, hogy az anyja a származásuk alapján ítélte meg őket szegényként, és azért, mert csirkéket tartottak, és maguk termesztették a zöldséget és gyümölcsöt.

Szinte mindenki tudna mesélni ilyen történeteket és egyéb őrült nézőpontokat, amik folyamatosan a fejünkben vannak, és megakadályozzák, hogy egy másfajta pénzügyi valósággal rendelkezzünk.

57

Emlékszel a történetre az apukámról? Mindig azt mondta nekünk, hogy akkor hal meg boldogan, ha tudja, hogy mi (a bátyám, a mostohatestvéreim, az anyám és én) már pénzügyi biztonságban vagyunk. Nem akartam, hogy az apám meghaljon, és valahol a világomban azt hittem, hogy ha adósságot hozok létre, akkor ő nem fog elmenni. Ez egy eléggé őrült nézőpont volt, és amikor felismertem, hogy ezt csinálom, akkor feladtam ezt, és megváltoztattam azt, ahogyan a pénzzel bánok, és a pénz a legbizarrabb és legváratlanabb módokon kezdett el megjelenni az életemben.

Milyen pénzügyi valóságot vetítettek ki rád gyermekként? Milyen őrült nézőpontokat vettél magadra és vettél be arról, ha van pénzed, ha nincs pénzed, a pénz teremtéséről, a pénz elvesztéséről és bármi másról? Mi van, ha választhatnád azt, hogy elengedsz mindent, amit a múltban tapasztaltál, vagy hittél a pénzről és nem kellene többé kivetítened ezt a jövődbe?

„Itt az idő abbahagyni önmagad pénzügyi bántalmazását?"

Az egyik barátom szülei három-négy éves korától kezdve folyamatosan azt mondogatták neki, hogy az ő hibájából nincs pénzük. Abban a tudatban nőtt fel, hogy pénzt kell teremtenie a szülei és a testvérei számára. A gyerekek éberek, és szeretnének hozzájárulás lenni. Amikor otthon veszekedés, aggodalom, rejtett energetikai ellenáramlatok vannak a pénzzel kapcsolatban, nem beszélve az otrombán bántalmazó megjegyzésekről, a gyerek felveszik ezeket.

A pénzügyi bántalmazás sokféle formában megjelenhet, de eredményeként gyakran érzi magát úgy az ember, mintha a legalapvetőbb dolgokat sem érdemelné meg az életben. Megjelenhet az élet hiányként való megélésben, vagy egyfajta pénzügyi fájdalom és korlátozás érzésében.

A pénzügyi bántalmazás megjelenhet úgy is, hogy a szülő folyamatos függésben és kontroll alatt tartja a gyermekét. Egyszer beszéltünk erről egy tanfolyamon, és valaki azt mondta: „Most jöttem rá, hogy az anyám pénzügyi függésben akar tartani, hogy jó anyának érezze magát. Látom, hogy a pénzzel kapcsolatos valóságom mennyire arra a vágyra és törekvésre épül, hogy teljesítsem az ő vágyát, hogy hasznosnak és nélkülözhetetlennek érezhesse magát ebben a szerepben. És ahhoz, hogy így érezze magát, hasztalannak és függőnek kell lennem."

Ha valaki az akarja, hogy függjél tőle pénzügyileg, az nem a bántalmazás egyik formája? De, az. Továbbra is ezen történet alapján kell éljél? Nem, nem kell. Van más választásod. Felismerheted, hogy a múltban pénzügyi bántalmazásban volt részed, és választhatod azt, hogy ez nem irányítja többé az életed. Nem kell valóssá tenned, millió egyéb választásod van a pénzügyi valóságod tekintetében – minimum! És nagyjából mindegyik bulisabb is. Mi lenne, ha választanád valamelyiket?

„Használod-e a kételyt, a félelmet és a bűntudatot arra, hogy megzavarjon a pénz teremtésében?"

Kételkedsz abban, hogy képes vagy pénzt teremteni? Félsz attól, hogy elveszted? Van-e bűntudatod, vagy hibáztatod-e magadat az adósságodért? Dühös vagy-e a jelenlegi pénzügyi helyzeted miatt? Gyötröd-e magad, megrekedsz-e a problémákban, ahelyett, hogy a lehetőségeket néznéd, amikor a pénzről van szó? Ezek mind a *megzavarások* közé tartoznak, amikkel kivesszük magunkat abból, hogy jelen legyünk a különböző választásokkal és lehetőségekkel. Minden „megzavarás", amit teremtünk, ragacsos negatív érzelmek formájában jelenik meg, és ezekbe ragadva töltjük az időnket, miközben arra vágyunk, hogy kikerüljünk belőlük, ám közben meg vagyunk győződve arról, hogy nincs menekvés. Mindezt még megszilárdítjuk egy jó kis történettel, ami elmagyarázza, hogy miért is történik ez velünk, hogy sose kelljen ezt megváltoztatnunk. Ilyenkor olyan dolgokat mondunk, hogy: „Félek ettől, mert...", vagy „Kétlem, hogy ezt meg tudnám csinálni, mert..." Minden „mert" rafinált módon vesz rá, hogy bevedd a megzavarásodat egy jó kis történettel párosítva, hogy aztán feladhasd, hogy aztán ne kelljen megváltoztatnod azt, ami az életed azon területén zajlik.

Amikor megakadsz, vagy úgy érzed, hogy felülkerekednek rajtad ezek a megzavarások, akkor csupán választás kérdése, hogy megítéled-e magad ahelyett, hogy egy másik lehetőséget választanál. Mi lenne, ha elkezdenéd felismerni, hogy a megzavarások az életben pont ezt teszik, megzavarnak az életedben és abban, hogy valami mást teremts? Ezt úgy tudod elkezdeni megváltoztatni, hogy elismered a megzavaró gondolatokat és érzelmeket abban a pillanatban, ahogy megjelennek, és amikor ez történik, akkor csak válassz újra, válaszd a kérdéseket, válaszd a hálát az ítélkezés helyett, válaszd azt, hogy elismered: ez nem valós és nem igaz, ez csupán egy érdekes nézőpont. Nem kell újra és újra lejátszanod a fejedben, vagy az életedben, természetesen ha csak nem bulisabb számodra a megzavarás, mint az életed és a pénz teremtése úgy, ahogyan azt te szeretnéd.

KÍMÉLETLEN ŐSZINTESÉG ÖNMAGADDAL (KEDVESEBB, MINT AHOGYAN ELSŐRE HANGZIK)

Kérheted, hogy jelenjen meg valami más, kérheted, hogy te teremtsd a saját pénzügyi valóságodat, kérhetsz több pénzt, több pénznemben, nagyobb pénzáramlást, többet mindenből, de ha annyi energiát fordítasz önmagad tagadására, megítélésére, és nem vagy hajlandó elismerni a hozzájárulást, ami te vagy a világnak, akkor nem vagy őszinte magaddal. Hatalmas hazugságokat gyártasz magad ellen, hogy bebizonyítsd, te nem vagy olyan nagyszerű, mint amilyen valójában vagy.

Alapvetően bárhol, ahol úgy gondolod, hogy rossz vagy, ott elutasítod, hogy erős legyél. Nem igaz, hogy rosszak vagyunk, hiányzik belőlünk valami, vagy ne lennénk képesek bármire, hanem az igazság az, hogy visszautasítjuk, hogy az az erő és potenciál legyünk, ami valójában képesek vagyunk lenni.

Egyszer Garyt és Daint vittem kocsival egy tanfolyamra, és épp nagyon mérges voltam, de úgy tettem, mintha nem lennék az. Elég durván vezettem, gyorsan hajtottam át a bukkanókon és úthibákon, szóval Gary és Dain minden ilyen alkalommal beverte a fejét a kocsi tetejébe. Nem voltam hajlandó beszélni róla, de aztán másnap reggel 6-kor felhívott Gary, és azt mondta: „Gyere át hozzánk, a hotelbe és beszéljük ezt meg." Hosszasan beszéltem nekik arról, hogy mi miatt vagyok ennyire mérges. Folyamatosan azt hajtogattam, hogy: „Megítélem magamat, mérges vagyok magamra." De semmi sem változott, vagy lett könnyebb. Ahogy tovább beszélgettünk, rájöttem, hogy valójában rájuk vagyok mérges. Eldöntöttem, hogy hülyeség volt a részükről, hogy felvettek engem. Amint hajlandó voltam sebezhetőnek lenni (és igen, ez akkor kényelmetlen volt, de nagyon örülök, hogy megtettem), képes voltam meglátni, hogy mi az, amit épp csinálok, és képes voltam kijönni a haragból, és mindez sokkal könnyebbé tette számunkra a dolgot. Azáltal, hogy hülyének ítéltem meg őket, nem csak nem voltam hajlandó befogadni azt a hozzájárulást, amik ők szerettek volna lenni számomra, hanem azt a hozzájárulást sem voltam hajlandó látni, ami én voltam számukra; nem engedtem meg, hogy növekedjen az üzlet. Amint abbahagytam az ítélkezést felettük, sokkal több minden vált lehetségessé.

„Hajlandó vagy korlátok nélkül létezni?"

Ezután a beszélgetés után leginkább nagyon kényelmetlenül éreztem magam. Elmondtam Garynek, hogy: „Most teljesen elkülönülve érzem magamat tőled és Daintől." Gary megkérdezte: „Lehetséges, hogy a velünk való kapcsolatodat az ítélkezésre alapozva teremtetted meg?" És rájöttem, hogy igen. Aztán azt mondta: „Nos, most lehetőséged van arra, hogy a velünk való kapcsolatodat az egységközösségre alapozva teremtsd meg."

A legtöbben az ítéleteikre alapozva teremtik meg a kapcsolataikat. Az ítéletek korlátokat és falakat hoznak létre, ami lehetővé teszi, hogy elrejtőzzünk magunk és mások elől.

Az egységközösség tulajdonképpen az ítéletmentesség tere. És ez teljesen más. Számomra rendkívül kényelmetlen volt elsőre. Nagyon sebezhetőnek éreztem magam. Minden falam lenn volt, olyan volt, mintha egyenesen átlátnának rajtam.

Azt tanították nekünk, hogy elhiggyük: az ítéletek, a korlátok és a falak, amiket magunk köré húzunk, majd megvédenek minket, de valójában elrejtenek minket magunk elől. Ha hajlandó vagy ítéletek és korlátok nélkül, teljes sebezhetőséggel lenni, akkor elkezded meglátni, hogy mi lehetséges számodra, amit addig nem voltál hajlandó elismerni.

Hajlandónak kell lenned kíméletlenül őszintének lenni mindennel kapcsolatban, amit az életedben teremtesz. Az egyetlen útja annak, hogy bármit meg tudj változtatni, az a bátorság annak a felismerésére, hogy: „Rendben, ez nem működik." Hajlandónak kell lenned ébernek lenni arra, hogy mi is történik az életedben. A saját pénzügyi valóságod teremtése arról szól, hogy éber vagy arra, ami éppen van, és aztán pedig azt választod, ami többet teremt számodra.

Mi van, ha a kíméletlen őszinteség magaddal tulajdonképpen nem más, mint sebezhetőnek lenni önmagad előtt, hogy soha többet ne hazudhass magadnak?

A félelem az egyik legnagyobb hazugság, amit elkövetünk magunk ellen. Tényleg vannak félelmeid a pénzzel kapcsolatban, félsz pénzt veszíteni, vagy csődbe menni? Tényleg félsz ettől? Vagy amikor valamilyen vészhelyzet áll elő, akkor kezeled, és csak utána omlasz össze, hogy bebizonyítsd, mennyire szörnyűséges is volt ez számodra?

Ha hajlandó vagy őszintén ránézni arra, hogy mi is történik éppen, és meglátni, hogy mi igaz számodra, függetlenül attól, hogy mennyire intenzív, vagy kihívást jelentő, vagy hogy mit is beszéltél be magadnak az adott helyzetről, akkor az hihetetlen mennyiségű szabadságot teremt.

Az igazi sebezhetőség nem azt jelenti, hogy teljesen elgyengülsz, vagy hogy kiteszed magad a támadásoknak. A sebezhetőség olyan, mint nyílt sebként létezni, ahol nincsenek korlátok senki és semmi ellen, beleértve magadat is. Amikor nincsenek korlátaid és nem védekezel, akkor semmilyen jó vagy rossz nem tud beragasztani. Legtöbbször azért húzzuk fel a korlátokat, mert azt gondoljuk, hogy majd megvédenek minket, de legtöbbször csapdába ejtjük magunkat e falak mögött. Amikor ezek a falak jelen vannak, akkor nem csak másoktól különülünk el, hanem attól is, ami valójában igaz számunkra. Ha igazán leengednéd a korlátaidat, mennyi, a korlátozottságod mértékéről jelenleg meglévő hiedelmeddel kapcsolatban kellene elismerned, hogy egyáltalán nem igazak?

Ki lennél valójában, ha többé nem kéne védekezned semmi ellen, vagy bizonyítanod bárkinek bármit? Amikor megítéled magad, és elhiszed, hogy kevesebb vagy a fenomenálisnál, ki vagy ilyenkor? Önmagad vagy? Vagy az vagy, akinek mások szeretnék, hogy legyél? Mi van, ha nem vagy annyira elcseszett, mint gondolod? Mi van, ha nincs benned semmi rossz, amit el kellene rejtened, amit le kellene küzdened, elkerülnöd, vagy védekezned ellene? Mi van, ha valójában briliáns vagy? Hajlandó vagy látni ezt? Hajlandó vagy elismerni ezt, és ekként létezni a világban?

Önmagadként létezve a legvonzóbb lény vagy a világban. És ezt már felismered, mert az emberek, akikhez vonzódsz az életben, mind önmagukként léteznek, sebezhetőek, és hajlandóak arra, hogy jelen legyenek veled. Nem színlelnek semmit, nincsenek korlátaik, és nem védekeznek semmi ellen. Nem bizonygatnak semmit. Ilyen az, amikor önmagadként létezel. Amikor önmagadként létezel, mindenki a közeledben akar lenni.

És ők sokkal inkább hajlandóak lesznek arra is, hogy pénzt adjanak

63

neked, csak azért, hogy az energiáid közelében lehessenek, csak azért, hogy részesülhessenek abból, ami neked van. Hajlandó lennél ennyire ellenállhatatlan lenni mások számára?

Mi lenne, ha megkövetelnéd a kíméletlen őszinteséget magadtól és feltennéd a kérdést: „Ki vagyok ilyenkor? Ha önmagam lennék, mit választanék? Mit teremtenék?"

„Mit szeretnél valójában?"

A sebezhetőség részben azt jelenti, hogy kíméletlenül őszinte vagy azzal kapcsolatban, amit az életedben szeretnél. Ha elrejted és titokként őrzöd még magad előtt is, vagy úgy teszel, mintha nem is vágynál arra, amit valójában szeretnél, akkor esélyed sincs arra, hogy nagyobbat teremts és válassz, és hogy olyan életed legyen, amit igazán élvezel. Hajlandónak kell lenned arra, hogy ne legyenek titkaid magad előtt.

Ránéztél-e már valaha is arra, hogy mit szeretnél teremteni az életedben? Mi van, ha semmi sem lehetetlen? Mi van, ha bármid lehet, bármi lehetsz, bármit megtehetsz és bármit megteremthetsz? Hajlandó voltál-e már valaha olyan őszintének lenni magaddal, hogy beismerted, hogy mi az, amit igazán szeretnél ez életben, még akkor is, ha ez teljesen érthetetlen mások számára?

Mi lenne, ha írnál egy listát mindarról, amit az életedben szeretnél? Szeretnél takarítónőt fogadni? Egy új házat? Felújítani a konyhát? Elutazni valahova? Belevágni egy üzletbe? Mennyi pénzt szeretnél az életedben?

Mi az, amit magadnak szeretnél, és mi kellene ahhoz, hogy mindezt könnyedén generáld és megteremtsd?

Hajlandó lennél kérni mindezt, akkor is, ha nevetséges, lehetetlen vagy teljesen elképzelhetetlen? Hajlandó lennél megkövetelni magadtól ennek a megteremtését, még akkor is, ha fogalmad sincs, hogyan és mikor fog aktualizálódni? Ne feledd, ha nem kérsz, akkor nem kapsz. Szóval miért ne kérnél mindent, amit csak szeretnél és még annál is többet, hogy aztán megnézd, mi jelenhet meg, csak a buli kedvéért?

Mi az, amit kérni szeretnél az univerzumtól és megkövetelni magadtól? Kezdd el leírni, hogy milyennek szeretnéd az életedet és a pénz áramlását látni. Mi az, amit teremteni és generálni szeretnél?

BÍZZ ABBAN, HOGY TUDOD

Volt olyan ember az életedben, aki megerősített téged a pénzzel és a pénzügyekkel kapcsolatban? Megkérdezték tőled, hogy mit tudsz? Biztattak arra, hogy bízz magadban és játssz a pénzzel? Valószínűleg nem. Legtöbbünket nem igazán biztattak arra, hogy felfedezzük, kik is vagyunk, és hogy mire is vagyunk képesek azzal, amiben olyan egyediek vagyunk. Nem mondták nekünk, hogy bízzunk önmagunkban, és hogy tudni fogjuk, mit kell tennünk. Arra tanítottak, hogy azt nézzük, amit mindenki más tesz, és hogy csatlakozzunk hozzájuk.

Amikor először utaztam, csupán hat hónapnyi távollétre készültem. Aztán nagyjából három évvel később tértem vissza Ausztráliába. Ekkor mindenki azt mondta: „Rendben Simone, most már kalandoztál eleget, ideje letelepedned, egy biztos állást szerezned, férjhez menned és családot alapítanod."

Számomra ez a legrosszabb opció volt. Úgy éreztem, hogy még csak most kezdtem bele!

Nem voltam hajlandó követni azt, amit a többiek mondtak. Tudtam, hogy valami más is lehetséges, ezért nem azt választottam, amit a többiek javasoltak nekem. Bíztam abban, hogy habár nem volt meg a pontos képem arról, hogyan is fog kinézni az életem, tudtam, hogy képes vagyok valami mást teremteni. Tudtam, hogy imádok utazni, tudtam, hogy szeretnék saját céget, tudtam, hogy szeretnék pénzt, és hogy ez most csupán választás kérdése.

„Mindig tudod, még akkor is, amikor valami nem úgy sül el."

Amikor találkoztam Gary Douglasszel és az Access eszközeiről hallottam beszélni, tudtam, hogy ez egybevág azzal, amiről tudtam, hogy lehetséges a világban. Eléggé megbíztam magamban ahhoz, hogy bármi is történjék, kövessem ezt, és rendkívül hálás vagyok, hogy így tettem, mert nem csak megváltoztatta az életem, hanem folyamatos dinamikus változásban is tartja azt.

Mit tudsz a pénzről, aminek még esélyt sem adtál, hogy elismerd, vagy amiért rosszá tettek?

Az egyik legnagyszerűbb ajándékunk, és amit a legtöbbször figyelmen kívül hagyunk, az a saját éberségünk arról, hogy mi fog és mi nem fog működni az életünkben.

Voltál már úgy, hogy tudtad, hogy valami nem igazán úgy fog elsülni, ahogyan szeretnéd, de ennek ellenére megcsináltad? Voltál már úgy, hogy lefeküdtél valakivel, akiről tudtad, hogy nem jó ötlet, majd felébredtél másnap, és azon tűnődtél, miért is hoztad meg azt a nem túl jó választást? De amikor valami nem jött össze, akkor ahelyett, hogy feltetted volna a kérdést: „Azta, de hát *tudtam*, hogy ez nem fog működni, mennyire zseniális vagyok már?", inkább megítélted és rosszá tetted magad azért, mert nem jött össze. Azt gondoltad, hogy felfordulást okoztál, ahelyett, hogy felismerted volna, hogy igazából mindvégig tudtad, hogy nem fog jól elsülni, de mégis megtetted azt gondolván, hogy talán megúszhatod! Határozottan tudtad, egyszerűen csak nem követted az éberségedet.

Mi lenne, ha elkezdenéd elismerni ezt, és bízni ebben a tudásban, és elkezdenéd követni az éberségedet arról, ami működik számodra, ahelyett, hogy azt választod, amiről tudod, hogy nem fog működni? Sikerként teremted az életed, vagy dicsőséges elbukásként?

írta: Simone Milasas

Sokatok úgy élt egészen eddig, hogy nem bízott magában. Amikor elköteleződsz az emberek általad vélt igényeinek és szükségleteinek kielégítése felé, akkor elveszíted a kapcsolatot azzal, amire igazán vágysz. Üresnek érzed magad, vagy úgy, mintha nem is tudnál semmit igazából. Ahogy ránézel majd erre, eleinte valószínűleg kissé üresnek fogod érezni magad, mert az életed során még soha senki nem kérdezte meg tőled, hogy mi is az, amire igazán vágysz.

De kérlek, bízz abban, hogy igenis *tudod*. Valahol, ott mélyen bent, tudod. Lehet, hogy hosszú ideig rejtegetted, de igenis tudod.

„Ha a pénz nem számítana, mit választanál?"

Ha a pénz nem számítana, milyen életet szeretnél? Hogyan telnének a napjaid, mit szeretnél teremteni a világban? Ezek közül mi az, amit elkezdhetsz itt és most intézményesíteni? Kivel kéne ehhez beszélned? Mit kéne ehhez tenned? Hova kéne ehhez menned? Milyen választásaid lehetnek ma, amik elkezdik teremteni a saját pénzügyi valóságodat?

Ezek azok a kérdések, amiket minden nap felteszek magamnak. Minden nap új számomra. Megnézem, hogy mi az, amit teremteni szeretnék, megnézem, amit épp teremtek, és hogy mi más lehetek, és mi mást tehetek, hogy még inkább azt a jövőt teremtsem, amit szeretnék.

Erre te is képes vagy. Képes vagy elkezdeni megteremteni a valóságot, a pénzt, az üzletet, az éberséget, a tudatosságot, az örömöt, az életet és az élést, amire igazán vágysz. Bízz magadban. Légy hajlandó felismerni, hogy még ha 10 000 éve is volt utoljára, hogy éberséget kértél arról, amire vágysz, igenis tudsz, és meg tudod teremteni, sokkal könnyedebben, mint gondolnád!

Második rész

Pénz gyere, pénz gyere, pénz gyere!

4. Fejezet

Tíz dolog, ami ráveszi a pénzt, hogy hozzád jöjjön (És jöjjön, és jöjjön)

Mostanra remélem elkezdted eloszlatni a ködöt azokról a helyekről, ahonnan működtél a pénzzel, és elkezdtél ránézni a pénzügyi valóságodra egy olyan helyről, amiben több a tér és a lehetőség, mint ahonnan elkezdtük.

Az, hogy olyan pénzügyi valóságod van, ami működik neked, azt jelenti, hogy igazán bizalmas kapcsolatba kerülsz azzal, amit valójában létre szeretnél hozni, és nem csupán azzal a pénzösszeggel, amit a bankszámládon szeretnél látni, hanem az életeddel. Amikor tisztábba kerülsz azzal a jövővel, amit teremteni szeretnél, a pénznek könnyebb lesz hozzád jönnie. A nézőpontod megváltoztatása, és ahogyan energetikailag működsz a pénzzel, van annyira fontos, mint a „cselekvés" részek, ezeket szintén mind meg kell tenned ahhoz, hogy egy más valóságod legyen a pénzzel.

A következő 10 eszköz segít közelebbről ránézni a pénzügyi valóságod megváltoztatásának pragmatikus és gyakorlatias lépéseire. Ha követed ezeket, működni fognak. Azonban tényleg csinálnod kell őket - választanod kell.

Jusson eszedbe - ha nem köteleződsz el önmagadhoz, és nem követeled meg azt, hogy bármibe is kerül, az sem számít, hogyan néz ki, de megteszed, amit kell, akkor sokkal nehezebb lesz megváltoztatni a dolgokat. Végtére is, mit is veszíthetsz? A korlátozásaidat a pénzzel kapcsolatban? A szorongásodat a pénzzel kapcsolatban? A pénzhiányodat?

71

Kezdjük is el. Itt van 10 dolog, amiket megtehetsz az életedben, ami ráveszi a pénzt, hogy hozzád jöjjön, és jöjjön, és jöjjön:

1. Tegyél fel olyan kérdéseket, amik meghívják a pénzt

2. Tudd pontosan, hogy mennyi pénzre van szükséged ahhoz, hogy örömtelien élj

3. Birtokold a pénzt

4. Ismerd el magadat

5. Tedd, amit szeretsz, és ami örömöt hoz neked

6. Légy tudatában annak, amit gondolsz, mondasz és teszel

7. Hagyd abba, hogy ragaszkodsz a végeredményhez

8. Add fel a sikerbe, bukásba, szükségbe és akarásba vetett hitedet

9. Legyen megengedésed

10. Legyél hajlandó kontrollon kívül lenni

A könyv Első részében már sokat bemutattam ezen fogalmak közül, hogy megismerkedhess a működésükkel, mire az adósság megváltoztatására és a pénzzel való működésed mikéntjére kerül a sor. A következő fejezetekben belemegyünk ezek gyakorlatába, és alkalmazni fogjuk ezt a 10 fogalmat eszközökkel és technikákkal együtt, hogy valóban változást teremtsünk ezeken a területeken, és szabadon választhass, teremthess és élvezhesd a pénzt, a félelmeid és küzdelmed helyett a pénzzel.

5. Fejezet

Tegyél fel olyan kérdéseket, amelyek meghívják a pénzt

Valószínűleg mostanra feltűnt neked, hogy ebben a könyvben folyamatosan arra invitállak, hogy rengeteg kérdést tegyél fel magadnak a pénzzel kapcsolatban. Ennek az az oka, hogy a kérdés invitálás a befogadásra, amely lehetővé teszi, hogy megjelenjen a pénz. Ha nem kérsz, akkor nem tudsz befogadni.

Van egy „aranyszabály", amiről érdemes tudnod a kérdések feltevésével kapcsolatban: az igazi kérdés nem arról szól, hogy választ kapj, illetve hogy helyesen vagy helytelenül csináld. Arról szól, hogy megnyílj egy *másfajta lehetőség* energiája felé.

Azt tanultuk, hogy a kérdéseket abból a nézőpontból tegyük fel, hogy megtaláljuk a helyes választ, ahogy azt is megtanították nekünk, hogy mondjunk számtalan kijelentő mondatot, tegyünk kérdőjelet a mondatok végére, és csináljunk úgy, mintha kérdeznénk, miközben valójában nem. Ezek egyike sem igazi kérdés. Alapvetően, ha felteszel egy kérdést, és az egyből egy válaszhoz, ítélethez, vagy következtetéshez vezet, illetve ha megpróbálsz megszerkeszteni egy bizonyos végkimenetet, ahelyett, hogy kíváncsiságból és abból a vágyból kérdeznél, hogy nagyszerűbb lehetőségeket generálj magadnak, akkor az *nem* kérdés.

Például nézd meg ezeket a kijelentő mondatokat, amelyek kérdéseknek néznek ki, de nem azok: „Hogy történhetne ez pont úgy, ahogyan én szeretném?" „Miért történik ez velem?" „Mit csinálok rosszul?" „Miért ilyen gonoszak velem?" „Miért nem kaptam még fizetésemelést?"

„Mi a f*&$sz?" Ezek mindegyike kijelentés, és már eleve valamiféle feltételezés, kikövetkeztetés és ítélet van bennük, leginkább arról, hogy te hol csináltál rosszul valamit, vagy hogy mi nincsen rendben. Egy előre kivetített válasz van bennük a lehetőség helyett. Mi lenne, ha megkérdeznéd: „Milyen lehetőségek állnak rendelkezésemre, amelyeket még nem kértem?" „Mit választottam ennek a teremtésével, és milyen egyéb választásaim vannak?" „Mi a jó ebben, amit nem veszek észre?" „Mi lenne, ha az, hogy ez a személy azt választotta, hogy gonosz lesz velem, annak semmi köze nem lenne hozzám, így mit választanék?" „Mi kellene ahhoz, hogy hajlandó legyek fizetésemelést kérni, és mit teremthetek, amivel ettől függetlenül pénzt generálok?" „Mire vagyok éber, amit még nem voltam hajlandó elismerni?"

A másik fontos dolog a kérdések feltevésével kapcsolatban, hogy egyszerűek legyenek. Kinyitni az ajtót egy új lehetőség felé nem más, mint hogy eltűnődsz azon, hogy milyen egyéb lehetőségek lehetségesek. Ha, mondjuk, ma úgy járnál-kelnél egész nap, hogy ezt a két kérdést teszed fel mindenre, ami megjelenik: „Mi más lehetséges?" „Hogyan lehetne még ennél is jobb?", akkor a lehetőségek és választások olyan végtelen bőségét invitálnád meg, amelyekkel még nem rendelkeztél akkor, amikor nem tettél fel kérdéseket.

„A kérdések kéz a kézben járnak a választással, a lehetőséggel és a hozzájárulással."

Amikor felteszel egy kérdést, akkor elkezdesz éber lenni azokra a lehetőségekre és különböző választásokra, amelyek a rendelkezésedre állnak. Amikor egy másfajta választást hozol, akkor még több lehetőségre és választásra leszel éber. Amikor egy igazi kérdést teszel fel, akkor kinyitod az ajtót az univerzumnak, hogy hozzájárulás tudjon lenni neked.

Gondolj úgy az univerzumra, mint a legjobb barátodra: „Hé, gyere, játsszunk!" Az univerzum pontosan azt szeretné neked megadni, amit kérsz, és hajlandó hozzájárulás lenni, bármit is teremtesz az életedben.

Az univerzumnak nincs nézőpontja arról, amit választasz. Ha a választásaid azt üzenik, hogy előnyben részesíted a küszködést, a korlátozásokat és a pénztelenséget, akkor az univerzum ezt fogja megadni neked. Ha elkezded kérni a hozzájárulását, játékosan és kíváncsian, akkor ezeket az energiákat, lehetőségeket és választásokat fogja megmutatni neked.

A választásaid és a lehetőségeid, amiket választasz, mutatják meg az univerzumnak az irányt, amerre haladni szeretnél. Mit üzennek a választásaid? Milyen más választásokat kezdhetsz el itt és most meghozni? Hajlandó vagy non-stop játszani az univerzummal?

Ha több éberségre vágysz azzal kapcsolatban, hogy mi lehetséges, tedd fel a kérdést: „Mi más lehetek és mi mást tehetek minden egyes nap, hogy jobban éberré váljak a választásokra, a lehetőségekre és a hozzájárulásokra, amelyek elérhetőek számomra minden egyes pillanatban?"

„Kezdd el kérni a pénzt, most!"

Legtöbbünket nem tanították meg arra, hogy kérje a pénzt, főleg nem nyíltan kimondva, és főleg nem anélkül, hogy rendkívül kényelmetlenül és kínosan ne érezzük magunkat. Szóval lehet, hogy gyakorolnod kell. Állj be a tükör elé, és tedd fel a kérdést: „Megkaphatnám a pénzt most?" Mondogasd újra és újra. Gyakorold a kocsiban vezetés közben. Kérdezgesd folyamatosan. Ha van egy ügyfeled, akinek fizetnie kellene neked, vagy tartozik neked egy kifizetetlen számlával, kérdezd meg: „Hogyan szeretnél fizetni ezért?" Lehet, hogy először kényelmetlen lesz, de el kell kezdened kérdezni, különben nem fogsz tudni befogadni!

Képzeld el, ha teljes könnyedséggel tudnád elkérni a pénzt bárkitől, bármikor. Mennyivel több szabadságot adna az neked ahhoz, hogy azt válaszd, ami működik neked? Mennyivel több békét? Mennyi *buliban* lehetne részed, ha a pénzt mindenféle módon kérnéd?

„Naponta használd a kérdéseket a pénz invitálására."

Itt egy sor nagyszerű kérdés, amelyeket naponta használva pénzt invitálhatsz az életedbe:

- *Mi más lehetséges, amit még nem kértem?*

- *Milyen lehetőségek elérhetőek, amelyeket még nem intézményesítettem?*

- *Ha én választanám meg a pénzügyi valóságomat, mit választanék?*

- *Milyennek szeretném a pénzügyi valóságomat? Mi másnak kell lennem és mi mást kell tennem, hogy ezt megteremtsem?*

- *Mi más lehetek és mi mást tehetek ma, hogy több pénzt generáljak itt és most?*

- *Mire összpontosítsam ma a figyelmemet, ami növeli a pénz beáramlását?*

- *Mit adhatok hozzá ma az életemhez, hogy több bevételi és teremtési forrást teremtsek itt és most?*

- *Ki vagy mi lenne hozzájárulás nekem ahhoz, hogy több pénzzel rendelkezzek az életemben?*

- *Hol használhatom a pénzem, hogy több pénzt teremtsen nekem? Ha a pénz nem számítana, mit választanék?*

- *Mit tehetek meg ma ahhoz, hogy megváltoztassam a pénzügyi valóságom?*

- *Ha csak magamért választanék, csak buliból, mit választanék?*

- *Ki más? Mi más? Hol máshol?*

- *És ne feledd… Megkaphatnám a pénzt most?*

írta: Simone Milasas

Emlékezz arra, hogy pénzzel rendelkezni az életedben arról szól, hogy egy olyan életet és teljes pénzügyi valóságot teremtesz, ami működik neked. Kezdd el feltenni ezeket a kérdéseket minden nap, és vedd észre, hogy milyen más dolgok kezdenek el megjelenni. Lehet, hogy váratlan lehetőségek bukkannak majd fel, lehet, hogy a korábbiakhoz képest kevésbé ugrasz majd bizonyos szituációkban, lehet, hogy a körülötted lévő emberek kezdenek el megváltozni. Bármi is az, vedd észre és ismerd el, légy hálás érte és ne menj bele következtetésekbe. Folyamatosan kérdezz. Bármi is jelenik meg, kérj belőle többet, kérj nagyszerűbbet. Mi lenne, ha a kérdések feltevése olyan természetessé válna számodra, hogy megállíthatatlanná, a pénzzel való lehetőségek két lábon járó invitálásává válnál?

6. Fejezet

Tudd pontosan, hogy mennyi pénzre van szükséged ahhoz, hogy örömtelien élj!

Amikor az emberek arról kérdeznek, hogyan tudnának kikerülni az adósságból és annyi pénzzel rendelkezni, amennyivel szeretnének, az első kérdésem az, hogy tudják-e pontosan, hogy mennyi pénz előteremtésére van szükségük minden hónapban ahhoz, hogy ez megtörténjen? A legtöbben hajlamosak azért adósságot létrehozni, mert nem igazán éberek arra, mennyire van valójában szükségük ahhoz az élethez, amit szeretnének. Arra bátorítom az embereket, hogy tegyék fel a kérdést: „Mi szükséges ahhoz, hogy megnövekedjen a havi bevételem? Mi kellene ahhoz, hogy a bevételem nagyobb legyen, mint a kiadásaim?"

Van itt valami, amit erősen ajánlok, hogy megcsináld: Nézz rá részletesen arra, mennyibe kerül az életed finanszírozása. Ha van vállalkozásod, csináld ezt meg az üzleted számára is.

Ha van nyereség,- és eredmény kimutatásod vagy valamilyen típusú beszámolód a könyvelődtől, használd azt, hogy kiszámold, mennyibe kerül a vállalkozásod vagy az életed fenntartása minden hónapban. Ha nincs kimutatásod, írd le az összes életviteli költségedet. Írd össze, hogy mennyit fizetsz az áramért és minden közüzemi és kényelmi szolgáltatásért, mennyi költsége van a kocsid fenntartásának, mennyi költséggel jár a lakásod, az albérleted, a jelzáloghiteled, az iskolai költségek, mindent.

Ezután add össze az összes jelenlegi adósságodat. Ha az adósság 20 000 dollár összeg körüli vagy kevesebb, oszd el 12-vel és írd ezt is a listába. Ha az adósság összege 20 000 dollár felett van, oszd el 24 hónappal, vagy ha szeretnéd akár többel. Csak legyen része a listának (ez az az összeg, amit szeretnél visszafizetni minden hónapban az adósságodból).

Aztán írd le, mennyibe kerülnek azok a dolgok, amiket az élvezet kedvéért csinálsz. Ha szeretsz masszázsra járni minden hónapban vagy minden második héten, legyen az is benne. Ha jársz kozmetikushoz és fodrászhoz, írd le ezeket. Mennyit fizetsz a ruhákért, a cipőkért és a könyvekért, amiket veszel? Mennyit költesz, amikor elmész vacsorázni? Ezeket mind írd össze. Ha szeretnél többet utazni, meglátogatni a családodat, egy párszor vakációzni az évben, azokat is írd ide. Engem pár üveg remek bor vagy pezsgő látványa a hűtőmben boldoggá tesz, így biztosan ezt is beleírom, amikor a havi kiadásaimat megtervezem.

Amikor minden örömteli dolgot összeírtál, add őket össze. Ha megvan a végösszeg, add hozzá a keresetednek – bármennyi is az – a tíz százalékát saját magad számára. Ez képezi a 10 százalékos számládat. A következő fejezetben megosztom veled, hogy egy 10 százalékos számla létrehozása miért csodálatos és nélkülözhetetlen eszköz, egyelőre csak tedd meg, hogy minden egyes befolyó dollárnak félreteszed a 10 százalékát. És aztán tegyél hozzá még egy másik 20 százalékot, csak a buli kedvéért, mert sohasem tudhatod, mi bukkan fel, és az elképzelés az lenne, hogy bármire felkészüljél, és ne korlátozd a választásaidat.

Mi a végösszeg? Ez az a valós összeg, amire szükséged van minden hónapban az életed finanszírozásához. Az esetek többségében – és lehet ez rád is igaz lesz, ez végül általában egy kicsit több, mint amennyit most keresel.

Amikor először csináltam meg ezt, az a pénzösszeg, amire az életem teremtéséhez szükségem volt, dupla akkora összeg volt, mint amennyit akkoriban kerestem, így azonnal megsemmisülve azt gondoltam, hogy: „Oh! Sosem tudnék ennyi pénzt keresni!" De nem maradtam benne ebben a helyzetben. Megköveteltem magamtól, hogy nem számít, hogyan néz ki, nem számít, mi kell hozzá, meg fogom teremteni azt az összegű pénzt és többet is, így azt kérdeztem, hogy mi kellene ahhoz, hogy megteremtsem ezt és még többet, teljes könnyedséggel? Mára bőven több pénzt keresek, mint amennyi az a kezdeti sokkoló összeg volt, amit akkor kiszámoltam. Manapság ezt körülbelül hat havonta megcsinálom. Az életem állandóan változik, a kiadásaim megváltoztak és arra vágyom, hogy teljes éberségem legyen azzal, amit teremtek, hogy megkövetelhessem a több felbukkanását.

Ez a gyakorlat nem arról szól, hogy megpróbáld lefaragni a kiadásaidat, vagy hogy bármilyen módon korlátozd magadat. A legtöbb pénzügyes vagy könyvelő ránézve az adatokra azt mondaná, hogy: „Túl magasak a kiadásaid. Magasabbak, mint a bevételed. Miből tudnánk lefaragni?" Ez nem az én megközelítésem. Az én nézőpontom a: Mi mást adhatsz hozzá az életedhez? Még mi mást teremthetsz? Ezért is ajánlom neked, hogy végezd el ezt a gyakorlatot minden 6-12 havonta, mert amiképp az életed változik, a pénzügyi kiadásaid, a vágyaid és a szükségleteid szintén változni fognak.

Mi lenne, ha ez lenne a kezdete az örökké táguló pénzügyi univerzumodnak? Oda kell adnod magadnak az éberség ajándékát arról, hogy pontosan hol állsz most, és pontosan hol szeretnél lenni, különben nem tudod megtenni a következő lépést előre, mert sosem leszel tisztában azzal, ahol a pénzügyeid tartanak.

Mi lenne, ha ezt az éberséged növelése gyanánt végeznéd el? Mi lenne, ha a buli kedvéért végeznéd el? Mi lenne, ha egyszerűen azért végeznéd el, hogy éberré válj arra, hogy miből szeretnél többet az életben, és hogy meglásd, hogy mi egyebet teremthetnél? Mi lenne, ha kijönnél a nincs pénz traumájából és drámájából, és elkezdenéd egy merőben más valóság megteremtését? Ez a te életed. Te vagy az, aki teremti. Boldog vagy azzal, amit jelenleg teremtesz vagy szeretnéd megváltoztatni?

7. Fejezet

Birtokolni a pénzt

A második fejezetben beszéltem arról, hogy ha meg akarod teremteni a saját pénzügyi valóságodat, akkor hajlandónak kell lenned birtokolni a pénzt, és hogy ha ezt megteszed, az mit kezd el teremteni az életedben.

Amikor megengeded magadnak, hogy igazán birtokold a pénzt, akkor az a folyamatos bőség és gazdagság érzetét teremti meg az életedben, ami aztán hozzájárul majd ahhoz, hogy egy nagyszerűbb pénzügyi jövőt teremts.

Van ez a furcsa megszállottságom a vízzel kapcsolatban, szeretem, ha mindig van nálam egy üveggel. Szoktam is mondani, hogy valamelyik előző életemben biztos szomjan halhattam, mert amikor van nálam víz, akkor nem vagyok szomjas, még akkor sem, ha egyáltalán nem iszom belőle! Ha nincs nálam víz, akkor egyből szomjas leszek. Mi van, ha ugyanez a helyzet a pénzzel? Mi van, ha a pénz birtoklása a béke érzetét teremti meg a pénzzel kapcsolatban, ami lehetővé teszi számodra, hogy túlmenj a hiány bármiféle érzetén?

Hogyan kezded el birtokolni a pénzt az életedben, és egyúttal megteremteni a bőség és gazdagság érzetét?

Íme, három módja annak, ahogyan megvalósíthatod a pénz birtoklását az életedben. Ezek egyszerű, mégis hatásos Access Consciousness eszközök, néhány azok közül, amiket először használni kezdtem, hogy megváltoztassam a pénzügyi valóságomat (és igen, először én is ellenálltam nekik, aztán arra jutottam, hogy végül is mi a legrosszabb dolog, ami történhet, ha adok nekik egy esélyt?). Használd őket, és figyeld, ahogyan a pénz kiterjed az életedben és tovább gyűrűzik a jövődbe. Azt javaslom, hogy mindegyiket csináld, és tényleg köteleződj el hozzájuk legalább hat hónapra, és nézd meg, mi változik.

1. ESZKÖZ A PÉNZ BIRTOKLÁSÁRA: A 10% SZÁMLA

Az egyik első fontos pénzes eszköz, amit szeretnék átadni neked, az nem más, mint a 10 százalék elrakása mindenből, amit keresel, 10% minden egyes forint, dollár, font, vagy bármilyen pénznem után, amit teremtesz. Ezt nem azért teszed félre, hogy kifizesd a számlákat. Ezt nem a nehezebb napokra tartogatod. Ez nem arra van, ha elfogyna a pénzed. Nem arra van, hogy egy közelgő nagyobb kiadást fedezz belőle. Nem is arra, hogy kisegíts egy barátot. Nem a karácsonyi ajándékokra. Ezek közül egyikre sem!

Ezt saját magad megbecsüléseként teszed el.

Az emberek azt szokták mondani: „Be kell fizetnem a számlákat! Hogyan tudnám eltenni a bevételem 10%-át? Először be kell fizetnem a számlákat!" Nos, az a helyzet, hogy ha először a számlákat fizeted be, akkor mindig csak több számlád lesz. Amikor előreveszed a számlákat, akkor az univerzum azt mondja: „Aha, rendben. Ez az ember a számláit becsüli meg. Adjunk neki még több befizetendő számlát." Ha megbecsülöd magad azzal, hogy először a 10%-ot teszed félre, akkor az univerzum azt mondja: „Aha, ő hajlandó megbecsülni magát. Hajlandó többet birtokolni", és erre reagál. Még többet ad neked.

A 10% félretétele ajándékozás *magadnak*. Arról szól, hogy hálás vagy magadért.

Amikor először kezdtem el félretenni a 10%-omat, akkor vonakodva csináltam, mert ugye Gary javasolta, hogy így tegyek. A 10% félretétele nem fog működni, ha abból a nézőpontból csinálod, hogy: „Ez a könyv, vagy ez az ember javasolta, hogy ezt tegyem." Magadért kell csinálnod. Azért kell csinálnod, hogy megváltoztasd az energiádat a pénzügyek körül, és az energiáidat a pénz körül. Nem csak azért, mert én mondtam, vagy azért, mert ezt olvastad itt ebben a könyvben. Kezdd el megkövetelni egy másfajta valóság teremtését.

Tedd fel a kérdést: „Mi kellene ahhoz, hogy ez egy választás legyen számomra, és ne valami muszáj dolog?" Mi a legrosszabb dolog, ami történhet? Elköltöd? De ezt nem teheted abból a nézőpontból, hogy el fogod költeni. Három-négy hónappal azután, hogy elkezdtem a 10%-ot félretenni, megváltozott a pénz energiája számomra. Nem volt többé bennem ez a pánik a pénzzel kapcsolatban. Hányan pánikoltok vagy stresszeltek a pénzzel kapcsolatban, ami már inkább megszokott számotokra, mint sem? Ha ránézel ennek az energiájára, ez összehúz; ez olyan, mint az a depresszív buli, ahova nem akar eljönni a pénz. A pénz az *örömöt* követi. Az öröm nem követi a pénzt.

Azt javaslom, hogy ma kezdd el. Még akkor is, ha épp egy nagy halom számlát kéne befizetned. Még akkor is, ha csak 100 dollár van a tárcádban, és épp azon gondolkozol, hogy be kell vásárolnod és hasonlók. Kezdd el ma. Az a helyzet, hogy ez nem logikus vagy lineáris. Kimatekozhatod, de erre nem tudsz számításokat végezni. Energetikai szempontból az univerzum is elkezd hozzájárulás lenni számodra, és a pénz a legváratlanabb helyekről kezd el megjelenni.

Valaki azt mesélte nekem, hogy folyamatosan félreteszi a 10%-ot, de aztán, amikor megjönnek a számlák, azokat abból a pénzből fizeti be. Azt mondta: „Minden számlámat befizetem, ami szuper, de a prioritást meg akarom változtatni a számlák befizetéséről a 10% félretételére, és ott is hagyni azt, önmagam megbecsüléseként." Megkérdezte: „Hogyan tudom megszüntetni azt, hogy állandóan hónapról hónapra élek?"

Azt mondtam: „A kérdésem az lenne, hogy mennyi következtetésbe mentél bele arról, hogy nem lesz pénzed a számlák kifizetésére, ha nem használod fel a 10%-odat?"

A logikus nézőpont az lehet, hogy: „Nos, be kell fizetnem a számlákat, és az egyetlen pénz, ami rendelkezésemre áll, az a félretett 10%, szóval azt fogom felhasználni." Kérlek, hogy *ne* ebből a logikus nézőpontból működj. Itt jön be a választás. Arra invitállak, hogy legyen meg benned a kurázsi megkövetelni, hogy: „Tudod mit? Nem fogom elkölteni a 10%-omat!" És fedezd fel, hogy mi más teremtése lehetséges számodra

Egy adott ponton extrém mód magas volt a tartozásom az egyik hitelkártyámon. A kifizetendő összeg háromszorosa volt már addigra a 10%-os számlámon, tehát tudtam, hogy ki tudnám fizetni a tartozásomat, ha azt választanám. Nem ezt tettem. Inkább ránéztem, hogy milyen energiát teremtene, ha felhasználnám a 10%-omat. Érzékeltem azt az energiát, aztán ránéztem, hogy mit teremtene, ha nem tenném, és ehelyett megkövetelném annak a pénznek a megteremtését és generálását, ami a hitelkártya tartozás kifizetéséhez szükséges. Számomra a második energia, a pénz megteremtése a tartozás kifizetésére sokkal bulisabbnak érződött.

Tehát ezt választottam.

2. ESZKÖZ A PÉNZ BIRTOKLÁSÁRA: MINDIG LEGYEN NÁLAD ANNYI PÉNZ, AMENNYIT SZERINTED EGY GAZDAG EMBER HORD MAGÁVAL

Mennyire lenne más az életed, és hogyan éreznéd magad, ha egy nagy köteg pénzt látnál minden egyes alkalommal, amikor kinyitod a pénztárcádat és nem az ürességet, vagy néhány összegyűrt blokkot? Mi lenne, ha élveznéd, hogy ott van a pénz? Mindig legyen nálad annyi pénz, amennyit szerinted egy gazdag ember hord magával.

Sokat utazom, és nagyon élvezem, hogy sok különböző pénznem van nálam. Egy arany érmét is hordok magammal a tárcámban. Boldoggá tesz, hogy ott van. A bőség érzetét adja nekem a pénzzel kapcsolatban. Nekem ez működik. Mi működne neked? Mi lenne bulis neked? Mi adja meg neked a jólét érzetét?

Szeretem, ha mindig van nálam legalább 1 000 dollár. Szeretem, ha mindig van nálam egy üveg víz. Szeretem, ha mindig van otthon egy behűtött üveg bor a hűtőben. Ezek a dolgok boldoggá tesznek; örömtelik számomra. Azt az érzetet adják meg nekem, hogy én teremtem az életem. Mi adja meg neked azt az érzetet, hogy te teremted az életed, amit ha valójában választanál, az egy teljesen más pénzügyi valóságot teremtene számodra is?

Néhányan ódzkodnak ettől a gondolattól, mert attól tartanak, hogy: „Mi van, ha kirabolnak, vagy ha elveszítem a pénztárcámat?" Van egy fiatal barátom, aki nagyjából 1 800 dollárt hordott mindig magánál, és elveszítette a tárcáját. Nem esett túl jól neki, de utána sokkal hajlandóbb volt éber lenni a pénzére!

Ha aggódsz, hogy veled is valami hasonló történik majd, akkor a kérdésem a következő: „Mennyi pénznek kellene nálad lennie ahhoz, hogy hajlandó legyél folyamatosan ébernek lenni rá?" Amikor a nálad lévő összeg elég nagy, akkor hirtelen hajlandóvá válsz sokkal inkább ébernek lenni a pénzedre; tudatában leszel, hogy hol van, és hogy mire kell figyelned ahhoz, hogy ne veszítsd el, vagy ne lopják el. Ha elkerülöd azt, hogy pénz legyen nálad, vagy az életedben, mert azt hiszed, hogy el fogod veszíteni, vagy el fogják lopni tőled, akkor sohasem fogod megengedni magadnak, hogy egyáltalán pénzed legyen. Hajlandónak kell lenned pénzzel rendelkezni, és hajlandónak kell lenned élvezni, nézőpontok nélkül.

3. ESZKÖZ A PÉNZ BIRTOKLÁSÁRA: VEGYÉL OLYAN DOLGOKAT, AMELYEK ÉRTÉKÁLLÓAK

Sok aranyat és ezüstöt vettem a 10%-omból, és ez nagyon bulis számomra. Van egy széfem otthon, ahol sok aranyat és ezüstöt tartok. Ha bármikor úgy érzem, hogy nincs pénzem, akkor odamegyek, belenézek a széfbe és rájövök, hogy: „Ó, dehogynem, van nekem pénzem!" Ez az, amire például jó lehet a 10%.

Amikor értékálló, valódi értékkel rendelkező dolgokat veszel (tehát amelyeknek a pénzbeli értéke az anyaguk minőségén és milyenségén alapul), az elvezet a pénz birtoklásának öröméhez, ezzel együtt rendelkezz likvid elemekkel is (a likvid azt jelenti, hogy könnyen eladható készpénzért) az életedben, amelyek tartják vagy növelik az értéküket az idő elteltével. Az olyan dolgok, mint az arany, az ezüst, a platina megvásárolható grammonként, kilónként vagy érmékként. A régiségek és antik ékszerek megvásárlása is jó befektetés lehet. Ezek a dolgok az idő elteltével is tartják az értéküket, ellentétben a modern bútorokkal és a divatékszerekkel, amelyek lehet, hogy jól néznek ki, de egyből veszítenek a kereskedelmi értékükből, amint kilépsz velük a boltból. Az olyan dogok, mint a sterling ezüst evőeszközök nagyszerű likvid eszközök, mert egyrészt esztétikailag gyönyörűek, másrészt használni is lehet őket, ami hozzájárul majd a jómód és a luxus érzéséhez az életedben. Hát nem jobb egy kristály vagy sterling ezüst talpas pohárból inni, mint egyszerű üvegből vagy műanyagból? Számomra tudom, hogy az!

Nem kell, hogy több ezer dollár legyen a 10%-os számládon ahhoz, hogy elkezdj belső értékkel rendelkező dolgokat venni. Elkezdheted akár azzal is, hogy veszel egy ezüst kiskanalat, amivel kevered a kávédat, és aztán onnan adsz majd hozzá. Az egyetlen fontos dolog, hogy bármit is teszel vagy veszel, kövesd azt, ami örömteli *neked*. Nézz utána az értékes dolgoknak, amiket bulis lenne számodra az életedben tudni.

A 10%-omból gyémántokat és gyöngyöket is vettem. Arra mindig ügyeltem, hogy legyen elég pénz is a 10%-os számlámon ahhoz, hogy folyamatosan meglegyen bennem a béke érzete, és az az érzés, hogy van pénzem.

Mennyi pénzzel kellene rendelkezned az életedben ahhoz, hogy nagyobb legyen a béke és a bőség érzete számodra a pénz körül? És mi mást adhatsz még hozzá az életedhez, hogy megteremtsd az esztétika, a bőség, a luxus és a jólét érzetét, ami az életed és élésed minden területére kiterjed?

8. Fejezet

Ismerd el magadat

Hajlandónak kell lenned önmagad elismerésére, ha szeretnéd, hogy az életed és a pénzáramlásaid könnyedebbé és örömtelibbé váljanak. Amikor nem ismered el azt, ami valóban igaz számodra, megsemmisíted magadat. Ha nem ismered fel, hogy már teremtettél valamit az életedben, el fogod pusztítani annak érdekében, hogy továbbra is elhihesd, hogy semmit nem valósítottál meg, vissza fogsz fordulni, és az egészet az elejéről fogod kezdeni. Egy sokkal könnyebb út az életben való előrejutásra annak az elismerése, ami van, elismerni azt, amit elértél, tágra nyitni a szemed önmagad nagyszerűségére, és nem figyelmen kívül hagyni azokat a dolgokat, amiket már létrehoztál és megváltoztattál. Ez nagyon fontos, főként, ahogy majd ezeket az eszközöket használod és minden elkezd számodra megváltozni. El kell ismerned magadat, el kell ismerned azt, ami megjelenik, még akkor is, ha teljesen másképp néz ki, mint ahogy elképzelted.

Három módja van annak, hogy hatékonyabban kezd el elismerni magad:

1. Ismerd el az *értékedet*
2. Ismerd el, mi az, amit *könnyedén* csinálsz vagy ami *könnyedén* vagy
3. Ismerd el azt, amit *teremtesz*

„Ne várj arra, hogy mások meglássák az értékedet."

Másokra vársz, hogy elismerjenek téged, hogy végre tudd, hogy értékes, amit nyújtasz? Mi lenne, ha te lennél az, aki elismeri, hogy értékes vagy, függetlenül attól, más mit gondol? A legtöbb ember nem is lát téged ahhoz, hogy elismerhessen, mert önmagukat sem látják vagy ismerik el! Ha hajlandó vagy látni önmagad nagyszerűségét, ha hajlandó vagy elismerni magad, látni fogod mások nagyszerűségét, és képes leszel arra invitálni őket, hogy önmagukban is lássák, csupán azáltal, hogy önmagad vagy.

Talán azt gondolod, hogy ha megtalálnád a megfelelő párkapcsolatot, több elismerést kapnál a munkádban, vagy rá tudnád venni a nehézkes apukád vagy anyukád, hogy végre elismerjen, akkor végre értékesnek éreznéd magad. Ez azért nem működött eddig, mert igazából senki más nem adhatja ezt meg neked. Ha nem érzed magadat már most értékesnek a saját életedben, bármennyien mondhatják neked, hogy mennyire csodálatos vagy, az nem fog eljutni hozzád. Először neked kell látnod önmagad értékét, aztán könnyebb lesz meghallani és befogadni mások elismerését. Mi lenne, ha minden napodat azzal a kérdéssel kezdenéd, hogy: „Mi a nagyszerű bennem, amit még sosem ismertem el?" „Minek az elismerését utasítottam el magammal kapcsolatban, amit ha elismernék, az életemet sokkal több könnyedséggel és örömteliséggel töltetném meg?"

Tudnod kell, hogy te vagy az értékes termék az életedben – nem azért, mert mások ezt mondják neked, hanem mert egyszerűen tudod, hogy az vagy. Elsőre talán ez lesz az egyik legnehezebb dolog, mert fel kell adnod az önmagadon való ítélkezést, annak érdekében, hogy igazán értékelhesd magad. Hálásnak, és őszintének lenned magaddal, be kell fogadnod önmagad nagyszerűségét falak nélkül.

Lehet, hogy először erőt kell venned magadon, hogy lásd az értékedet. Fogj egy jegyzetfüzetet, és írd össze, miért vagy hálás önmagaddal kapcsolatban – adj hozzá minden nap legalább három különböző dolgot. Követeld meg, hogy érzékeld, tudd, létezd és befogadd önmagad nagyszerűségét több könnyedséggel. Kötelezdj el önmagadhoz, és legyél önmagad támasza ebben a folyamatban.

„Mi könnyű számodra, amit sohasem ismertél el?"

Mindenkinek van egy terület az életében, ahol könnyedséggel csinálja a dolgokat, anélkül, hogy gondolkodna rajta, anélkül, hogy nehéznek ítélné meg. Csak csinálja. Ez szuper könnyű. Van ítéleted azokról a dolgokról, amiket könnyűnek találsz az életben, például az autóvezetésről? Vagy egyszerűen csak elismered, hogy nagyszerű sofőr vagy, és hogy bármit kezelni tudsz, és hogy egyszerűen lehetsz az, és választhatod azt?

Mindenkinek van valami (és az esetek többségében, jó néhány dolog) amilyennek igazán könnyű lenniük, vagy amit könnyű csinálniuk. Ha találsz valami ilyet az életedben, akkor valószínűleg látni fogod, hogy nincs róla vagy magadról ítéleted, sem arról, ahogyan azt csinálod. És valószínűleg senki máshoz nem viszonyítod azt sem, hogyan kellene csinálnod. Egyszerűen csinálod; egyszerűen az vagy! Most mi lenne, ha fognád ezt az energiát és megkérdeznéd: „Mi kellene nekem ahhoz, hogy a pénzzel is ez az energia legyek?"

Az üzlet számomra egyik azok közül a dolgok közül, ami könnyen megy nekem. Tényleg élvezem. Számomra az üzlet egyike a legkreatívabb dolgoknak, amit tehetsz. Nem ítélem meg azt, ami az üzletben történik, egyszerűen újra választok. Még akkor is, ha egy üzlet nem jött be, sohasem zavart annyira, hogy megítéljem magam miatta. Nem vettem észre, hogy ez egy mennyire más nézőpont volt, mindaddig, amíg nem beszéltem egy barátommal egy kollegáról, aki épp egy őrült választást készült hozni az üzletével kapcsolatban, amelyben amúgy semmi örömét nem lelte. A barátom azt mondta: „Simone, senki sem az öröm kedvéért csinálja az üzletet!", ami engem teljesen lesokkolt. El kellett ismernem, hogy mennyire más vagyok. Addig a pontig azt hittem, hogy az üzletet mindenki annak öröméért csinálja.

Rájönni arra, hogy számomra az üzlet könnyű és szórakoztató, de mások számára nem szükségszerűen az, lehetővé tette számomra, hogy elkezdjem látni, hol tudnék mások számára hozzájárulás és meghívás lenni arra, hogy örömük legyen az üzletükben. Kitártam a kapukat a több teremtésére az életemben – több örömre, több könnyedségre és több pénzre! Létrejött „Az üzlet öröme" üzletem, és hozzájárulás lehetett egy másik lehetőséghez az üzlettel emberek ezreinek világszerte. Minden nap többen lépnek kapcsolatba velem, hogy elmondják, mennyire hálásak az üzlet öröme facilitátorokért, kurzusokért és könyvekért. Mindannyian lehetünk ennyire potensek a világban, egyszerűen azáltal, hogy önmagunk vagyunk, és hajlandóak vagyunk a könnyed területeinket elismerni, és azokkal teremteni.

Mit könnyű csinálnod? Mi könnyű számodra, amiről azt gondolod, hogy nincs értéke? Nem gyakran értékeljük azt, ami könnyű számunkra, mert abban hiszünk, hogy akkor van bárminek is valós értéke az életünkben, ha nehéz megszereznünk. Vagy azt gondoljuk, hogy csak nekünk könnyű, mert azt hisszük, hogy mindenki meg tudja csinálni. Ezek közül semelyik nézőpont nem igaz. Ha számodra könnyű, az nem azért van, mert mindenki más meg tudja csinálni, vagy mert nem értékes, hanem mert te te vagy, és képességgel rendelkezel azon a területen.

Kezd el összeírni azokat a dolgokat, amiket könnyűnek találsz, és vess egy közeli pillantást rájuk. Fogd meg az energiáját annak, hogy milyen, amikor ezeket a számodra könnyű dolgokat csinálod. Ismerd el milyen briliáns vagy!

Most mi lenne, ha megkérnéd azt az energiát, hogy mutatkozzon meg minden olyan helyen, ahol eldöntötted, hogy nem annyira könnyűek? Ha elismered azt az energiát és megkéred arra, hogy növekedjen az életedben, akkor megteheti és megteszi. Ha nem ismered el, nem tudsz többet választani belőle.

Mi lenne, ha ez ennyire egyszerű lenne? Az egyetlen módja, hogy tudd, ha megpróbálod és magad látod meg. Mire vársz? Mi mást ismerhetsz el önmagadról, amiről nem gondoltad, hogy értékes?

„Elismered a teremtéseidet, vagy figyelmen kívül hagyod azokat?"

írta: Simone Milasas

Volt egy barátom, akinek a szülei mindig azt mondták: „A pénz nem a fán terem, tudod-e!" Egy gyümölcsöskert tulajdonosai voltak. Pedig nekik a pénz a fákon termett. De nem látták. Nem tudták befogadni az abból fakadó örömöt, ami abban rejlett, hogy olyan emberekként léteztek a világban, akiknek a pénzük valóban a fán termett.

És a pénz teremtése kapcsán, milyen gyakran ítéled meg vagy hagyod figyelmen kívül azt az összegű pénzt, ami felbukkan az életedben, és ami nem, ahelyett, hogy felvennél minden dollárt, elismernéd és megkérdeznéd, hogy: „Oh, nahát, ez annyira szuper, mennyi buliban lehet részünk?"

Egy barátom nemrégiben nyert 20 000 dollárnyi összeget egy 200 dolláros összeggel való fogadással egy híres lóversenyen Ausztráliában. Annyira izgatott lettem ettől. Amikor erről beszéltem vele, az első dolog, ami tett, hogy elkezdte keresni, hogy kinek ajándékozhatná, és mire költhetné. Megkérdeztem tőle: „Mi lenne, ha csupán befogadnád ezt a csodálatos teremtést? Mi lenne, ha egyszerűen csak birtokolnád a pénzt?" Nem volt se helyes, se helytelen, hogy oda szerette volna ajándékozni és elkölteni. De nem igazán állt meg, hogy elismerje magát. Vedd észre az energiáját és annak a lehetőségnek az érzetét, ami egy olyan elismerés által jöhetett volna létre az életében, mint: „Ma valami igazán csodálatosat teremtettem. Mi lenne, ha igazán befogadnám ezt a pénzt az életemben, és teljes hálával lennék vele és magammal? Mi lenne, ha igazából élvezném a teremtésemet? Mennyi buliban lehetne részem, és mi mást teremthetek most?"

Nem engedjük meg magunknak, hogy igazából ámuljunk és bámuljunk a teremtési képességeinken. Mi lenne, ha minden egyes darabka bejövő pénzzel is ezt csinálnád – teljes hálával lennél és teljes elismeréssel önmagad iránt? Amikor élvezed a teremtési képességedet, több jön majd eléd.

Mennyire teremtesz valójában az életedben, amit aztán figyelmen kívül hagysz? Mi lenne, ha teljesen jelen lennél mindennel, ami történik és mindennel, ami teremtődik az életedben és mindet befogadnád, hálával?

9. Fejezet
Azt csináld, amit szeretsz

Az életem során megfigyeltem, hogy vannak emberek, akik a pénzért csinálnak dolgokat, és vannak olyan emberek, akik azért csinálnak dolgokat, hogy valami mást hozzanak létre a világban.

Például ismerek valakit, aki rendkívül kreatív és jó képességekkel rendelkezik, de folyamatosan azt mondogatja, hogy: „Nos, ezt csak akkor csinálom meg, ha ennyi és ennyi pénzt kapok érte. Én ennyit kérek." És ez nem kis összeg. Megköveteli a sok pénzt, de nem csinál semmit. Nem hajlandó semmit teremteni addig, amíg valaki nem fizet neki egy nagyobb összeget, még azelőtt, hogy az a személy láthatta volna, hogy mit is tud. Szívem szerint megkérdezném tőle, hogy: „Mi lenne, ha egyszerűen teremtenél és megnéznéd, hogy mi jelenik meg?" Ezzel nem azt akarom mondani, hogy nem kereshetsz sok pénzt, vagy azt, hogy amikor kezdő vagy, akkor csak kevés pénzt kérhetsz. Mi lenne, ha soha nem hagynád, hogy bármi is visszatartson attól, hogy azt csináld, amit szeretsz? Mi lenne, ha egyébként is csinálnád, a pénztől függetlenül?

Ne a pénzért teremts, kezdj el teremteni és engedd meg, hogy megjelenjen a pénz. És amikor megjelenik, ünnepelj. Légy hálás.

És ne állj meg itt, folyamatosan adj hozzá az életedhez. Tegyél bele többet abból, amit imádsz csinálni. És folyamatosan kérd a pénzt, hogy jöjjön és játsszon veled!

„Mi az, amit imádsz csinálni?"

Az egyik barátnőm, aki kozmetikus, egyszer a további jövedelemforrások teremtéséről kérdezett, és én feltettem neki a kérdést: „Mi az, amit igazán szeretsz csinálni?" Azt válaszolta: „Imádok vezetni."

Kaliforniában él, ahol az autópályák nyolcsávosak és mindig őrült nagy a forgalom, de ő imád vezetni. Így amikor arra volt dolgom, elkezdtem őt hívni, hogy hozzon el a reptérről Los Angelesből, és vigyen el Santa Barbarába. Olyan jó érzés, amikor valaki felvesz a reptéren egy tizennégy órás repülőút után. Mostanra már egyéb kliensei is vannak, akiket így fuvaroz. Azt csinálja, amit imád csinálni, és teremtett egy újabb jövedelemforrást. Erre sok ember azt mondaná: „Szeretek vezetni, de hogy fogok ezzel pénzt keresni? Nem akarok taxisofőr lenni!", ahelyett, hogy egyszerűen ránéznének, hogy mi az, amit szeretnek, és hajlandóak lennének valami örömtelit létrehozni önmaguk számára, mint ahogy ez a kozmetikus barátnőm is tette. Ez a választásról és a lehetőségről szól, illetve a befogadásra való hajlandóságról.

El kell kezdened ránézni azokra a dolgokra, amiket igazán szeretsz csinálni. Vegyél elő egy jegyzetfüzetet, és kezdj el leírni mindent, amit szívesen csinálsz. Nem számít, hogy mi az. Főzés, kertészkedés, olvasás, kutyasétáltatás, emberekkel beszélgetés. Ne gondolkodj azon, hogy vajon van-e ennek értéke ebben a világban (mert, ahogy már tudjuk, ha könnyű és bulis, akkor automatikusan azt gondoljuk róla, hogy nincs értéke), és csak írd le. Ha bulis neked, ha imádod, akkor írd bele a listába. A következő napokban és hetekben bővítsd tovább a listádat. Aztán nézz rá – elég olyan dolgot csinálsz, amit igazán szeretsz? Ne feledd – a pénz az örömöt követi! Emellett kezdd el feltenni a kérdést: „Ezek közül melyik tudna bevételi forrást teremteni itt és most?", és vedd észre, ha valamelyik, vagy valamelyikek kiugranak a sorból. Mi van, ha pont ezek a számodra könnyű és bulis dolgok azok, amelyek több pénzt hozhatnának, mint amit el tudsz képzelni? Mit kéne tenned és kivel kéne beszélned és hova kéne menned, hogy elkezdd ezt valóságként létrehozni itt és most? És mennyi örömben lehet részed a teremtés közben?

„Mi mást adhatsz hozzá?"

James Hester: *The Penny Capitalist* (A filléres kapitalista) című könyve az egyik legújabb kedvencem a jólét teremtéséről. Hester nem mond olyat, hogy: „Vegyél vissza a kiadásaidból." Olyat sem mond, hogy: "Ne költs." Megkérdezi: „Hogyan tudnál több pénzt teremteni a pénzből, amit keresel?" A könyv nagy része arról szól, hogy miként teremts pénzt abból a pénzből, amid van, legyen az öt dollár, ötven dollár, ötezer dollár, vagy ötvenezer dollár.

Gary Douglas zseniális ebben. Az Access Consciousness egy hatalmas, nemzetközi üzlet, és ő, miközben utazgat a világ körül, még abban is örömét leli, hogy antik tárgyakat és gyönyörű ékszereket vesz, és eladja őket a régiségboltjában Brisbane-ben. Ez egy másik jövedelemforrás számára. Bevétele van ebből, mert ez élvezetes számára és zseniálisan csinálja.

Hány jövedelemforrást teremthetsz még ma? Nem kell csak egy irányban gondolkodnod. Lehet több forrásod és több csapásirányod is egyszerre. Mi van, ha annyit teremthetsz ezekből, amennyit csak szeretnél? Mi van, ha képes vagy pénzt teremteni abból a pénzből, amid van? Jelenleg számos jövedelemforrásom van. Az Access Consciousness világszintű koordinátora vagyok, van egy üzletem, Az üzlet öröme, amelyből egy könyv is született 12 nyelvre lefordítva, tanfolyamaim, telecalljaim és egyéni konzultációkat is tartok. Van egy tőzsdei portfólióm, ami szélsebesen növekszik, és jelenleg egy befektetési célú ingatlanunk is van a Noosa folyónál Ausztráliában. Csupán kedvtelésből befektettünk két versenylóba a Gai Waterhouse-nál (Ausztráliában ők az egyik legjobbak a lovak versenyre való felkészítésében). Alapvetően végtelen mennyiségű bevételi forrásod lehet. Mi kellene ahhoz, hogy befogadd őket, és mindez még bulis is legyen?

Hányszor utasítod vissza a pénz teremtését, mert eldöntötted, hogy: „Ez túl kevés." „Ez túl nehéz." „Ez nem az az irány, amerre jelenleg tartok."

Mi van, ha ennek nincs jelentősége? Az a lényeg, hogy élvezetes-e számodra. Az öröm messzebbre visz az életben, mint azt valaha is gondoltad volna.

Ha több ügyfelet szeretnél az üzletedben, vagy kezded unni a munkádat, akkor tedd fel a kérdést: Mi mást adhatok még hozzá itt? Én mindig hozzáadok valami újat, ami érdekes számomra, mert többnyire nem szeretjük újra és újra ugyanazokat a dolgokat csinálni. Nem szeretjük az ismétlődést. A legtöbb ember, amikor nincs jelen elég dolog az életében, akkor elkezd unatkozni, és úgy érzi, hogy túl sok minden történik egyszerre. Hogyan lehetséges egyszerre érezni azt, hogy unatkozol, *és* hogy túl sok minden történik egyszerre? Lehet, hogy furcsán hangzik, de sok ember, akivel beszéltem, pontosan ebben a helyzetben van. Úgy érzik, hogy túl sok minden történik egyszerre az életükben, de közben végtelenül unják is az egészet. Az első reakció a legtöbb embernél ilyenkor az, hogy megpróbálnak leadni dolgokat és egyszerűsíteni. De segített ez valaha bárkinek is? Mi lenne, ha most kipróbálnál valami mást? Ha azt hiszed, hogy túl sok minden zajlik az életedben, akkor tévedsz. Meg is duplázhatod. Triplázhatod. Mi mást tudsz teremteni?

Ha elkezdesz többet hozzáadni az életedhez, különösen, hogy ha azokkal a dolgokkal teremtesz, amiket igazán szeretsz, akkor mind az unalom, mind a túlterheltség eltűnik, és az élet egy örömteli kalanddá válik.

Amikor elkezdtem az Access Consciousness világszintű koordinátoraként dolgozni, öt országban voltunk jelen. Nyolc-tíz évvel később negyven országban, most pedig 173 országban. Számtalanszor dönthettem volna úgy, hogy ez túl sok, vagy túlságosan megterhelő, de rájöttem, hogy amikor hajlandó voltam madártávlatból ránézni az üzlet egészére, és kérdéseket feltenni azzal kapcsolatban, hogy mi mást adhatnék még hozzá az üzlethez és mi más és ki más lehetne hozzájárulás, akkor mindig tudtam, hogy mi a következő választás.

Próbáld ki most és nézz rá madártávlatból egy projektre, vagy az életed egy részére, ahol hajlamos vagy azt érezni, hogy összecsapnak a fejed fölött a hullámok. Nézz rá, és tedd fel a kérdést: „Tudna valaki más hozzájárulás lenni ehhez?" „Tudna valaki más hozzáadni ehhez?" „Tudná ezt valaki más jobban csinálni, mint én?" Ezek mind olyan kérdések, amelyeket használhatsz arra, hogy elkerüld a túlterheltséget, és hogy tisztábban lásd a helyzeteket.

Amikor úgy érzed, hogy túl sok minden történik egyszerre, akkor tedd fel a kérdést: „Mit adhatok az életemhez, hogy teljes tisztánlátásom és könnyedségem legyen ezzel, és még ennél is több?" Amikor hozzáadsz az életedhez, az többet teremt abból, amire vágysz, amikor eltávolítasz belőle dolgokat, az nem.

„*Máshogyan teremtesz, mint a többi ember?*"

Amikor egyszer az új jövedelemforrások teremtéséről beszéltem egy tanfolyamon, akkor az egyik résztvevő megkérdezte: „Értem, amit mondasz, én számos különböző jövedelemforráson dolgozom, miközben a könyvemet írom. Mégis állandóan azt gondolom, hogy:»Ez az új szál el fogja terelni a figyelmemet a könyvemről.« vagy, hogy: »A könyv eltereli a figyelmemet a tanfolyamról, amit teremteni szeretnék.«"

Ez egy gyakran felmerülő aggály, mert ebben a valóságban az emberek azt vetítik ki rád, hogy mielőtt új dologba kezdesz, be kell fejezned az előzőt. Ez igaz számodra? Ez működik neked? Élvezetesebb, ha sok különböző dolog zajlik egyszerre? Próbáld ki és nézd meg.

Az egyik korábbi üzleti partnerem mindig azt mondta nekem: „Simone, először be kell fejezned az egyik dolgot, mielőtt egy másikba kezdesz, túl sok mindenen dolgozol egyszerre." És természetesen én megtagadtam a tudásomat és az éberségemet, és azt gondoltam, hogy igaza van, tehát megpróbáltam egyszerre egy dolgot csinálni és befejezni, majd egy másikba kezdtem és *majdnem megőrültem*. Nagyon nehéz volt így dolgozni, mert én nem ez vagyok és én nem így teremtek.

Amikor ránéztem, akkor rájöttem, hogy én nagyon élvezem, ha legalább 10 vagy 20 dologgal foglalkozhatok egyszerre. Ez örömteli számomra. Imádok egyszerre dolgozni rajtuk, és azt, amikor finoman bekopogtatnak az éberségembe, hogy: „Hé, mi a helyzet velem?", amikor a figyelmemet igénylik.

Ha nem ítéled meg rosszként azt, ahogyan teremtesz, mennyivel több buliban lehet részed még több teremtésével? Mi van, ha képes vagy minden projekteddel kapcsolódni? Mi van, ha több bevételi forrásod is lehet, amelyekkel imádsz teremteni?

A többszörös jövedelemforrások teremtése egy fontos koncepció. Ha nehezen tudod befogadni ezt az elképzelést, vagy azt hiszed, hogy ez biztosan nem működne számodra, akkor kérlek, gondold át újra. Én így teremtek. És azt látom, hogy nagyon sok fantasztikus ember így teremt. Hajlandónak kell lenned arra, hogy a komfortzónádon kívül élj.

Milyen egyéb bevételi forrásokat tudsz teremteni? Kit vagy mit adhatsz hozzá az életedhez, ami növelné a bevételedet? Még egyszer, mi van, ha az új bevételi források teremtése nem a linearitásról szól? Tegyél fel kérdéseket, és mindig kövesd azt, ami könnyebb és teresebb számodra. Kövesd azt, amit tudsz – mert mindig tudsz.

10. Fejezet

Légy tudatában annak, amit mondasz, gondolsz és teszel

Annyival könnyebb egy tágas pénzügyi valóság kialakítása, amikor az életedet a pénz folyamatos és nyílt meghívásaként teremted. Ahhoz, hogy ilyen meghívás legyél a saját életedben, abba kell hagynod, hogy olyan dolgokat teszel, mondasz és gondolsz, amik nem meghívások a pénz számára. Kezdj el odafigyelni mindenre, amiről beszélsz, vagy a fejedben megjelenő gondolataidra, amikor a pénz kerül szóba, főként azokkal a dolgokkal kapcsolatosan, amelyekről hajlamos vagy automatikusan elhinni, hogy igazak, és normál esetben nem kérdőjeleznéd meg – mi van, ha valójában egyáltalán nem is igazak?

Például, látsz egy gyönyörű kocsit, de abban a pillanatban, hogy vágynál rá, eldöntöd, hogy sohasem engedhetnéd meg magadnak. Épp elküldted a pénzt. Meghívhatnád az életedbe azzal a kérdéssel, hogy: „Mi kellene ahhoz, hogy ez a kocsi vagy egy ilyen luxuscikk könnyedén megjelenjen az életemben?" ez egy kérés; ez egy megkövetelés! Ha azt mondod, hogy: „Ezt nem engedhetem meg magamnak", ez egy következtetés és egy korlátozás, és egy zsákutca, ahol semmilyen pénz és semmilyen egyéb lehetőség nem jelenhet meg. Ezek a tudattalan és gyakran automatikus ösvények, amikre ráfutva megállítjuk, hogy a pénz nagyobb könnyedséggel jelenhessen meg az életünkben.

Az egyik jó barátom egy kétgyermekes egyedülálló anyuka, és ő nem megy bele abba, hogy azt mondja: „Ezt nem engedhetem meg." Konkrétan egy listát vezet azokról a dolgokról, amiket megkövetel magától. Megköveteli azt, amit az életében meg szeretne teremteni, és aztán ránéz, és kérdéseket tesz fel arról, hogyan kezdhetné el ennek megteremtését.

Szeretett volna nyaralni menni a gyerekeivel, és elment egy utazási irodába. A hölgy az utazási irodában odaadott neki egy ajánlatot egy körutazásra, amire a barátom azt mondta: „Oh, én nem körutazásra akarok menni", mire a hölgy azt válaszolta, hogy sokkal drágább az utazás, ha nem körutazás formájában állítja össze. Ahelyett, hogy úgy döntött volna, hogy: „Ez sokkal drágább, a körutazást kellene választanom", a barátom megkérdezte az utazásközvetítőt: „És mennyibe kerülne az, ha a gyermekeimmel utaznék, nem csinálnám meg a körutat, *és* egy jobb minőségű osztályon utaznék?" Nem állította meg önmagát vagy annak a lehetőségeit, amiket teremthetne. Megköveteli azt, amit meg fog teremteni.

Hajlandónak kell lenned igazán górcső alá venned mindazt, amit gondolsz, hiszel, mondasz és teszel a pénzzel kapcsolatban, - mert pontosan azt fogod megteremteni. Máshogy is ránézhetsz erre, úgy, mintha az életedet gondolatok, szavak és tettek által alkotnád meg (úgy, mintha varázslatot használnál). Például a: „Soha sincs pénzem, soha sincs pénzem, soha sincs pénzem", egy megidéző mondat. Megidézed a pénztelenséget az életedben. Milyen gyakran gondolod, hogy: „Bárcsak megtehetném ezt, de nincs választásom?" A „Nincs választásom" az pontosan az a valóság, amit minden alkalommal, amikor ezt mondod, vagy ezt gondolod, megteremtesz. A világodat azzal a nézőponttal megegyezően teremted, hogy nem választasz semmit. Ez briliáns, ugye? Amit gondolsz, mondasz és teszel, nagyon erőteljesek, és akként teremtik az életedet, ahogy az most kinéz. Ha meg akarod változtatni azt, ami nem működik neked, hajlandónak kell lenned arra, hogy kiszállj a robotpilótából, és jelen legyél azzal, amit teremtesz.

„Kívánni versus Teremteni."

Milyen gyakran írtál fel dolgokat egy kívánságlistára, remélve, hogy megjelenik majd, de nem tettél lépést a megteremtéséért?

Olyan sok embert látok, akik nem akarnak elköteleződni egy másfajta pénzügyi valóság megteremtése mellett, és közben annak minden végeredményét akarják. Azt mondják: „Bárcsak lenne egy millió dollárom." Panaszkodnak vagy traumát és drámát gyártanak arról, hogy mi nincs nekik, mégse tesznek egyetlen egy lépést sem előre a megteremtése felé. Ha most azonnal hajlandó lennél totálisan őszintének lenni önmagaddal, mennyire lenne ismerős ez a forgatókönyv? Mit kívánsz, ahelyett, hogy elköteleződnél a teremtés mellett?

Az elköteleződés az a hajlandóság arra, hogy az idődet és energiádat olyanba tedd, amiben hiszel. Mi lenne, ha tényleg hinnél egymillió dollár megteremtésében, és nem csak a kívánságlistádon szerepelne?

Vágysz valamire, az valójában annyi, mintha úgy választanád azt, hogy közben már eldöntötted, hogy nem lehet a tied. Amikor azt kívánod, bárcsak lenne egymillió dollárod, akkor ahelyett, hogy kérdéseket tennél fel, és megtennéd a lépéseket afelé, hogy megjelenjen az életedben, megítéled azt, hogy nem rendelkezel vele; megítéled azt, hogy miért nem rendelkezel vele, megítéled a többi embert, akik rendelkeznek vele, és megítéled azt, hogy soha nem leszel képes megteremteni. Felsorolsz egy rakat okot és igazolást arra, hogy miért nem lehetséges, ahelyett, hogy elköteleződnél az életed mellett, és elköteleződnél az egymillió dollár megteremtése mellett.

Gary Douglasnek van egy ragyogó mondása: „Az egyetlen oka annak, hogy az ítélkezést választod az, hogy igazoljad, miért nem kellene valamihez elköteleződnöd." Amikor vágysz valamire, olyankor azt választod, hogy elköteleződsz annak megítélése mellett, amiről állítod, hogy vágysz rá; önmagad megítélése mellett köteleződsz el ahelyett, hogy az életed mellet köteleződnél el.

Ha kíméletlenül őszinte vagy, akkor most mennyire vagy elköteleződve az életedhez? 10%-ban? 15%-ban? 20%-ban? A nagyszerűsége annak, ha maximum 20%-ban vagy elköteleződve az életedhez az, hogy amikor a dollármilliók nem jelennek meg az életedben, az nem a te hibád, mert te úgyis csak 20%-ban voltál elköteleződve. Mi lenne, ha ezt megváltoztatnád? Hajlandó vagy 100%-ban elköteleződni az életedhez?

Mi lenne, ha ma elkezdenél egy listát írni arról, amiknek megteremtését megköveteled az életedben és a pénzügyi valóságodban, ahelyett a kívánságlista helyett, ami soha sem fog aktualizálódni?

Vess egy pillantást a listádra: kérdezd meg magadtól, hajlandó vagy-e azoknak a dolgoknak a megteremtése mellett elköteleződni? Minden reggel, tedd fel a kérdést: „Mi kellene ahhoz, hogy ezt megteremtsem?" és „Mit kell megmozgatnom ahhoz, hogy ez megtörténjen?" Aztán cselekvésbe kell menned a megteremtéséhez. El kell kezdened választani, és észrevenni azt, ami megjelenhet.

„A 10 másodperces szakaszokban történő választás a pénz elküldését annak meghívására változtathatja!"

Mi lenne, ha úgy élnél, mintha minden egyes 10 másodpercben friss választásod lehetne? Tudod mit? Rendelkezel vele. Minden egyes 10 másodperces szakaszban választhatsz, és tudd, hogy egyetlen választásod sincs befixálva, amit meghozol. Erre úgy is ránézhetsz, hogy elképzeled, hogy minden választásod érvényét veszti 10 másodpercen belül. Ha szeretnél egy adott úton tovább menni, csak annyit kell tenned, hogy újra választod – de, megint választanod kell, tudatosan, minden 10 másodpercben, ezért jobb, ha átgondolod, hogy az tényleg valami olyan-e, amire igazán vágysz! Lehetsz házas 10 másodperces szakaszokban. Szeretheted a párodat 10 másodperc erejéig, utálhatod 10 másodperc erejéig, elválhatsz tőle 10 másodperc erejéig, és azután megint választhatod a következő 10 másodpercre. Csinálhatod ezt a pénzeddel. Választhatod a pénztelenséget 10 másodpercre, és választhatod a pénzteremtést a következő 10 másodpercre. Mi lenne, ha a választás lehetne igazán ennyire könnyű?

Választasz valamit, és aztán lesz egy új éberséged, és újra választasz. Minden választás több éberséget ad neked arról, mi lehetséges, ezért aztán milyen okod lenne arra, hogy ne hozz annyi választást, amennyit csak tudsz? A probléma az, hogy beleragadunk a választásainkba, főleg amikor a választást jelentőségtelivé tesszük. Azzal teszünk jelentőssé egy választást, amikor azt gondoljuk, hogy van helyes és helytelen, jó és rossz választás.

Beszéltem egy hölggyel, aki szeretett volna elköltözni onnan, ahol lakott, de közben megítélte magát azzal kapcsolatban, hova költözzön. Nem hozott választást. Azt akarta, hogy a választása a legjobb választás legyen, a megfelelő választás, a jó választás, a tökéletes választás, és a helyes választás. Olyan volt, mintha azt gondolta volna, hogy egyetlen választása van, ezért annak muszáj tökéletesnek lennie. De ez nem így működik. A választás nem bináris. A választás maga egy végtelen lehetőség, és végtelen lehetőségek rejlenek benne.

Amikor meghozol egy választást, az a választás létrehoz egy valóságot, és éberséget teremt. Nem egy jelentőségteljes, megváltoztathatatlan szilárdságot teremt az életedben. Csak mi gondoljuk ezt. A pénzzel kapcsolatban még inkább ezt csináljuk. Eldöntjük, hogy nem szabad elveszítenünk a pénzt, amink van, vagy azt a pénzt, amit éppen keresünk, ezért nem hozunk meg olyan választásokat, amivel kapcsolatban az az aggályunk, hogy kockára tehetjük azt, amink van. Hajlandónak kell lenned elveszíteni a pénzt – hajlandónak kell lenned választani, megváltoztatni, és megteremteni is – hajlandónak kell lenned ezeket mind választani.

Gyakorlásra van szükséged ahhoz, hogy kigyere a választás jelentőségteliségéből. Gyakorold, hogy 10 másodperces szakaszokban választasz. Kezd kicsi dolgokkal. Amikor elkezdtem ezzel az eszközzel játszani, azt éreztem, hogy: „Rendben, most azt választom, hogy odamegyek. Rendben, most azt választom, hogy készítek egy csésze teát. Most mit válasszak? Oh, kimegyek. Megszagolom ezt a virágot. Leülök arra a székre. Most felállok és bemegyek." Rávettem magam arra, hogy folyamatosan válasszak, és teljesen jelen maradtam minden egyes választással. Élveztem minden egyes választást. Nem tettem

jelentőségtelivé, helyessé, rosszá vagy értelmezhetővé a választásomat. Csak választottam, csak buliból. Kezdd el gyakorolni a választást, és legyél jelen, nézd meg, hogy mit teremt minden egyes választás az életedben. Hogyan érzi magát a tested, mi jelenik meg neked, benned?

Ha a választás, amit hozol, működik neked, az nagyszerű! Folytasd a választást. És ha a választás, amit hoztál nem működik neked, folytasd azt, hogy választasz.

Minden alkalommal, amikor választasz, mi lenne, ha megajándékoznád magad annak a tudásával, hogy nincs kőbe vésve? Ha választasz valamit, ami x összegű dollárba került neked, és az nem úgy alakul, ahogyan elgondoltad, nem kell az idődet emiatt a választásod miatti ítélkezésre és önmagad megdorgálására pazarolnod! Egyszerűen megint választanod kell. Szedd össze magad és válassz valami mást. Nézd meg, hogy mi kell annak a megteremtéséhez, amire vágysz, és folytasd a választást. Az ítélet soha sem fog pénzbeáramlást létrehozni az életedben. A választás több pénzáramlást fog létrehozni. Most milyen választást hozhatsz?

Minden 10 másodpercben választani nem arról szól, hogy szeszélyes vagy és egyfolytában meggondolod magad, hogy aztán soha ne végezz el semmit sem. Arról szól, hogy egyre nagyobb és nagyobb éberséget adjon azokról a végtelen lehetőségekről, amik tényleg elérhetőek számodra, és hogy képes legyél bármilyen választást meghozni könnyedén és örömmel. Annak a tudásáról szól, hogy választhatsz egy választást, és megváltoztathatod a választásodat; egyfolytában választhatsz, és tényleg megteremtheted azt, amire vágysz.

Mi van akkor, ha hozhatsz élet-megváltoztató, valóság-megváltoztató választásokat, minden nap minden pillanatában? Az a választás, hogy soha többé ne ítéld meg magad, valóban egy igen nagy választás lenne. Képzeld el, mennyire más lenne az életed. Mindent megváltoztatna. Ez van olyan, amit hajlandó lennél valamikor idén vagy jövőre választani? Mire vársz?

11. Fejezet

Engedj el minden elképzelést a dolgok végkimenetelével kapcsolatban

Amikor a döntésekre kerül a sor az életben, akkor mennyire vannak fix elképzeléseid a dolgok végkimenetelével kapcsolatban még azelőtt, hogy egyáltalán nekifogtál volna? Elárulok egy titkot: amikor eldöntöd, hogy miként nézzen ki az adott dolog, akkor az nem más, mint egy korlátozás. Az univerzum sokkal nagyszerűbb dolgokat képes megadni neked. A lehetőségek végtelen óceánját akarja odaadni neked, te pedig ott ülsz a parton és egyetlen homokszemet nézel.

Ha elengednél minden fix elképzelést arról, hogy miként jelenjenek meg a dolgok, hogyan tudnának úgy megjelenni, ami messze túl van azon, amit jelenleg el tudsz képzelni? Mi lenne, ha ahelyett, hogy azt hiszed, hogy egy bizonyos eredményre van szükséged az életedben, elköteleződnél ahhoz, hogy választasz, ami teljesen kiterjesztené az életedet és az élésedet, függetlenül attól, hogy végül hogyan néz ki?

„Mit tehetsz, hogy több könnyedséged legyen azzal, hogy választasz, ami kiterjeszti a jövődet és több pénzt teremt?"

Amikor olyan helyzetbe kerülsz, hogy számtalan lehetőség közül kell választanod, a következő két kérdés segítségedre lehet:

- Ha ezt választom, milyen lesz az életem öt év múlva?

- Ha ezt nem választom, milyen lesz az életem öt év múlva?

Amikor felteszed ezeket a kérdéseket, akkor ne ítéld meg előre, hogy *szerinted* mi lesz a legjobb választás. Egyszerűen engedd meg magadnak, hogy érzékeld az *energiáját* annak, amit az egyes választások teremtenének. Azt az energetikai érzékelést kövesd, ami kiterjeszt, még akkor is, ha nem logikus vagy értelmes számodra. Mi van akkor, ha minden választás, amit hozol, követi ezt a kiterjedés érzetet, és ez valami olyan, ami megváltoztatja más emberek valóságát és a tiedet is? Mi van akkor, ha minden választás, amit ezzel a könnyű érzettel és könnyedséggel hozol, az megváltoztatja a pénz áramlását az életedben?

A partnerem és én felújítottuk a házat, ahol élünk, és ez közel negyedmillió dollárba került. Nézhettük volna ezt akár negatív szemszögből is: „Lehet, hogy ezt nem engedhetjük meg magunknak." „Csináljuk, vagy inkább valami másra költsük a pénzünket?" „A ház igazából rendben van, nincs is erre igazán szükség." De amikor ránéztünk, hogy ez mit teremtene a jövőben (használva a „Milyen lesz az életünk öt év múlva, ha ezt választjuk?" kérdést), akkor ez illett ahhoz az energiához, amit teremteni akartunk az életünkben - az eleganciát, a dekadenciát, az abszolút szépséget. Fenomenális az az esztétika, amit Brendon teremtett. Ez a felújítás nagyon sok lehetőséghez volt már hozzájárulás. Egyrészről Brendon hajlandó elismerni a képességeket, amikkel rendelkezik ahhoz, hogy valami teljesen mást teremtsen. Szinte mindegyik munkás, aki bejön hozzánk, már a fürdőszobánkat látva felkiált, hogy: „Azta, még sosem láttam ilyen fürdőszobát!" Teljesen egyedi és más, és ezzel generálja azt a kíváncsiságot, amivel mi teremtünk. Másrészről a házunk sokkal többet ér, mint amikor megvettük, ami tőkét teremt további befektetési opciókhoz. Hogyan tudod elkölteni ma úgy a pénzedet, hogy többet teremtsen a jövődnek, amit még nem voltál hajlandó elismerni?

És ne feledd, hogy minél élvezetesebb a dolog számodra, annál több pénzt teremtesz.

Mi van, ha a választás pont olyan könnyű, mint megfőzni egy ételt? Mi van, ha hirtelen megváltoztathatsz egy összetevőt, vagy hozzáadhatsz egy másik fűszert? Mi van, ha mondhatod azt is, hogy: „Most nem akarok főzni. Menjünk el vacsorázni", ahelyett, hogy: „Jaj, ne, igazán meg kellett volna főznöm ezt a bizonyos receptet pontosan ekkor és ekkor, és ha nem lesz pont olyan, akkor az azt jelenti, hogy rossz esténk lesz, és hogy én rossz ember vagyok."

Az életünknek vannak olyan területei, ahol hajlandóak vagyunk gyorsan és könnyedén más választásokat hozni, de legtöbben annyira szilárddá, valóságossá és jelentőségtelivé tettük a pénzt, hogy azt hisszük, hogy nem választhatunk valami mást. Az az igazság, hogy igenis választhatunk. A pénz pont olyan egyszerű, gyors és megváltoztatható, mint bármi más.

„Egy másik eszköz a választáshoz – éld bele magad!"

Bármikor, amikor egy választást fontolgatsz valamivel kapcsolatban, és nem vagy benne biztos, hogy szeretnéd-e választani, mi lenne, ha adnál magadnak egy kis időt arra, hogy beleéld magad? Amikor beleéled magad valamibe, akkor átadod magad az adott dolognak, és elmerülsz annak élvezetében. Ezzel az eszközzel azt javaslom neked, hogy add át magad az adott választásnak, és nézd meg, hogy milyen az energiája. Tegyük fel, hogy azt tanították neked, hogy egy bizonyos struktúrát kell követned az üzletben ahhoz, hogy sikeres legyen. Ha nem vagy benne biztos, hogy működni fog-e, akkor próbáld ki és nézd meg, hogy mit teremt. Csináld egy egész hétig. Aztán a következő héten engedd el, és válaszd azt, hogy: „Ezen a héten nem fogom ezt a rendszert alkalmazni. Követem az energiát és arra alapozva hozok majd döntéseket." Tegyél így és figyeld, mi jelenik meg. Amikor így csináltam, azt vettem észre, hogy a második megközelítés sokkal könnyebb volt, és elképesztő, hogy mennyi lehetőség jelenik meg, amikor az ember hajlandó félreállni a saját útjából.

Például egyszer egy üzleti „szakember" azt mondta nekem, hogy soha ne küldjek munkával kapcsolatos emaileket hétvégén, kizárólag hétköznap. Tettem tehát egy próbát, és egy héten keresztül ezt a rendszert alkalmaztam, amit ez az ember mondott. Átadtam magam ennek a választásnak. Hétfőtől péntekig küldtem csak emaileket és intéztem munkával kapcsolatos hívásokat. A hét végére már újra azt csináltam, mint korábban, azaz követtem a saját éberségemet, és akkor küldtem emaileket és intéztem hívásokat, amikor jónak éreztem. Még akkor is, ha ez azt jelentette, hogy vasárnap este küldtem el egy emailt. Rájöttem, hogy a „munkanap" fogalma semmilyen jelentőséggel nem bír számomra. Bármelyik nap bármelyik órája munkaidő, ez mind az örömről szól számomra. Az üzletem is jobban növekedett, amikor azt csináltam, ami működött nekem.

Ezt az eszközt sokféle módon alkalmazhatod. Amikor a partnerem, Brendon és én először kezdtünk el beszélgetni egy nagyobb ház bérléséről, még nem éltünk együtt, és ez nagy elköteleződés volt mindkettőnk számára. Azt mondta: „Nem tudom, hogy akarom-e ezt, vagy sem."

Mire én azt feleltem: „Mi lenne, ha beleélnéd magad?" Így három napig átadta magát annak, hogy nem költözik össze velem, aztán három napig átadta magát annak, hogy összeköltözik velem. Amikor letelt az idő, azt mondta: „Ez könnyű és egyértelmű, sokkal inkább szeretnék veled élni. Sokkal bulisabb érzete van."

Amikor átadod magad valaminek, akkor sokkal több éberséged kapsz arról az energiáról, amit az adott választás teremteni vagy generálni fog. Éber leszel arra, amit teremteni fog. Tehát éld bele magad a különböző lehetőségekbe. Add át magad annak, amit ez a valóság a siker fogalmaként és szerkezeteként definiál, és aztán ne add át magad neki. Engedd bele magad az energia követésének energiájába és abba, hogy szembe mész ennek a valóságnak a szabályaival. Melyik könnyebb számodra?

Ha nem lennének szabályok, előírások és referenciapontok, akkor mit teremtenél? Mi van, ha nincs végső cél vagy ideális végkifejlet, csak végtelen és korlátlan teremtés? Milyen lenne számodra ma a pénz teremtésének kalandja? Milyen lenne számodra ma az élet kalandja? A kalandban nincsenek szabályok és előírások, végtelen lehetőségek vannak, amelyekből választhatsz!

Mi van, ha egyszerűen választanál valami mást, csak azért, mert bulis neked?

12. Fejezet

Add fel, hogy a sikerben, a bukásban, a szükségletekben és az akarásban hiszel

Sokan hiszik közülünk azt, hogy a *sikert* az határozza meg, hogy egy csomó dolgot helyesen csinálunk az életben. De a siker nem arról szól, hogyan csináljuk jól. Egyszer tartottam egy telekurzus sorozatot, és valaki azt mondta nekem: „Igazán élveztem a hívásokat." Onnantól én nyomban arra kezdtem figyelni, hogy jól csináljam, azt gondolván: „Francba! Még három hívást meg kell csinálnom. Mi van, ha igazából rosszak lesznek?" Ez őrület! Ezek a nézőpontok olyan gyorsan felbukkanhatnak. Hol döntöttük el, hogy jól kell csinálnunk? Nincs olyan, hogy *jól*. Nincs olyan, hogy *rosszul*. A siker sem a bankszámlánkon lévő pénz mennyiségéről szól. A siker az, amikor azt teremtjük, amire a világban vágyunk, legyen az pénz, változás, éberség vagy tudatosság. Hányszor fogadtad be pontosan azt, amit teremteni akartál, vagy aminek a teremtését megcéloztad? Még akkor is, ha végül nem mindig a te érdekeidet leginkább szolgálva alakult, bármit, amire igazán vágytál, azt megteremtetted.

Nekem az volt a vágyam, hogy megváltoztassam azt, ahogyan az emberek a világot látják. Ha sikerült egy ember nézőpontját megváltoztatni - sikeres voltam. Ebből a nézőpontból, több, mint ezer alkalommal voltam újra és újra sikeres. Hol vagy máris sikeres, amit nem ismertél el? Az egész életedet azon agyalva töltötted, hogy sikeressé kell válj ahhoz, hogy változtatni tudj dolgokon. Már sikeres vagy, és ha ehhez még egyéb dolgokon is szeretnél változtatni az életedben, meg tudod tenni, csakúgy.

„*Elbukni és kudarcot vallani*"

Sok évvel ezelőtt volt egy hatalmas lovas balesetem. Azután akármikor lóra ültem, azzal a nézőponttal lovagoltam, hogy: „Vajon hogyan fogok leesni?" vagy: „Vajon mikor fogok leesni?" Minden a leesésről szólt. Most már amikor síelni megyek, teljesen másmilyen. Soha nincs bennem az a nézőpont, hogy el fogok esni. Nem izgat, ha elesem. Ha elesek síelés közben, mert túl gyorsan siklom, akkor általában hatalmasat bukok, a sílécek és a lábaim és minden más pedig szanaszét repülnek. És ez nekem így rendben van.

Az élvezet kedvéért síelek. Az öröm kedvéért síelek. Mindig kérdéseket teszek fel: „Mi más tehetek? Milyen buckára mehetek rá? Milyen gyorsan síelhetek át azok között a fák között?" Ez egy kalandozás. Egyáltalán nem ilyen voltam, amikor lovagoltam. Ismerek olyanokat, akiknek teljesen ellentétes nézőpontjuk van – imádnak lovagolni és nem érdekli őket ha leesnek, viszont be vannak rezelve a síeléstől. A különbséget egyetlen dolog adja aközött, ami élvezetes, és aközött, ami elbukáshoz és kudarchoz vezet, mégpedig a nézőpontunk, és semmi egyéb. A bukás egy hatalmas hazugság. Az ítélet fog mindig megállítani téged abban, hogy többet teremts.

Miről döntötted el, hogy helyesen kell csinálnod? Eldöntötted, hogy az üzletednek megfelelőnek kell lennie? Vagy hogy a helyes döntést kell meghoznod? Vagy azt, hogy el kell kerülnöd a rossz döntéseket, vagy elkerülni az elbukást és a kudarcot? Mi lenne, ha tudnád, hogy a választás éberséget teremt? Elköltöttél egy rakás pénzt valamire, ami nem működött? Oké, a választás éberséget teremt. Nos, mit akarsz most választani? Egy olyan választás, ami nem úgy alakult végül, ahogy te elképzelted, még nem bukás, vagy hibázás. Csupán különbözik attól, mint amit kigondoltál.

„Mi lenne, ha itt lenne az idő, hogy annyira más legyél, amennyire valójában vagy?"

Mi van, ha *te* nem vagy se kudarc, se hibás, csupán más? Mi van, ha különbözöl attól, mint amilyennek gondoltad magad, és elkezdheted azt választani, ami *neked* működik, nem pedig valaki másnak? Tényleg el fogsz bukni? Vagy valami olyat fogsz teremteni, ami totálisan más, mint amit előtte teremtettél?

Itt egy gyakorlat, ami segíthet elismerni a másságodat és megváltoztatni a bukáshoz való hozzáállásodat:

1. Írj le minden dolgot, amivel kapcsolatban úgy gondolod, hogy kudarcot vallottál benne az életedben. Elbuktál egy üzletben? Egy olyan választást hoztál, amivel pénzt vesztettél? Volt egy szörnyű párkapcsolati szakításod? Megbuktál matekból a suliban? Ha leírtad őket, nézd át, és mindegyiknél egyesével tedd fel a kérdést: „Ha ezt nem ítélem kudarcnak, milyen hozzájárulást fogadhatok belőle?" és: „Milyen éberséget teremtett ez az életemben, amivel egyébként nem rendelkeznék?" Írd le, ami eszedbe jut. Gyere ki a választásod megítéléséből, és kérd, hogy éberré válj a hozzájárulásra, a változásra, az éberségre, amiket adott neked.

2. Írd le azt, amiről azt gondolod, a saját „személyes rosszaságod". Milyen cselekedettel vagy miként való létezéssel kapcsolatban ítélkezel magadon? Halogatsz? Rendetlen vagy? Mindig tökéletesen kell csinálnod? Nézz rá a listára, amikért rossznak ítéled magadat. Kérdezd meg: „Ha kivenném ebből a rosszként való megítélésem, milyen erősségem lenne ez valójában?" Gondolhatod, hogy semmi erősség nem rejlik a halogatásban, ám én úgy látom, hogy a legtöbben, akik halogatnak, azoknak vagy egy nagyszerű éberségük van a dolgok időzítéséről, amit nem ismernek el, vagy valójában sokkal több megteremtésére képesek, mint amit gondolnak, és nem történik elég dolog az életükben.

Amit megítélnek – a halogatást – az valójában egy erősség és egy képesség, amit nem ismernek el, vagy nem használtak ki eddig teljes mértékben. Mi van, ha ez az összes „rosszaságodra, hibádra" igaz? Mennyi erősségedet kezdheted el felfedni ezzel a gyakorlattal? Lehet, hogy hamar felfedezed, hogy nem vagy hibás áru.

„Én nem akarok pénzt és nekem nincs szükségem pénzre - és neked sem!"

A pénz nem azokhoz jön, akik abban hisznek, hogy valamiben is hiányuk van. Az az igazság, hogy semmiben nem szenvedsz hiányt. Ha életben vagy, nem szenvedsz hiányt. Amikor reggel felébredsz, mindened megvan ahhoz, hogy mindent megteremts, amire vágysz. A szükségek és az akarások arról szólnak, hogy annak a hazugságában élsz, hogy hiányod van bármiből.

Tudtad azt, hogy az „akarom" szónak bármelyik 1946 előtti szótárban 27 meghatározása van, amelyek eredeti jelentése „a hiányzik" szónak felel meg, és csak egy olyan, ami azt jelenti, hogy „vágyom rá"? Minden alkalommal, amikor azt mondod, hogy „akarom", valójában azt mondod, hogy „hiányom van belőle vagy nincs nekem"!

Megtennél nekem valamit most rögtön?

Mond ki hangosan 10x egymás után: „Pénzt akarok." Csináld most. Milyen energia jön fel, amikor kimondod? Könnyű, bulis, vagy nehéz és lehúzós?

Most, mond ki ezt 10x egymás után, hangosan: „Pénzre van szükségem." Hasonló az eredménye?

Végül, próbáld meg kimondani: *„Nem* akarok pénzt", hangosan, legalább 10x és figyeld meg... Van egyáltalán bármi különbség? Elkezdett könnyebbé válni? Esetleg elkezdtél megnyugodni, mosolyogni, vagy akár egy kicsit nevetgélni?

Az a könnyedség, amit érzel, az annak az elismerése, ami igaz számodra. Mert az igazság fényében semmiben nincs hiányod.

„Szükség és választás"

Múlt évben sokat utaztam, ami ötezer év hosszúságúnak tűnt. Hazamentem. Miután hozzászoktam, hogy hotelszobákban élek, amikhez mindig jártak kényelmi szolgáltatások, és amikor bementem a saját házunkba, ami poros és koszos volt a felújítási munkálatoktól, hisztis lettem, hogy a dolgok nem állnak „jól" a házzal. Panaszkodni kezdtem: „Bárcsak egyszer úgy jöhetnék be a házba, hogy minden a helyén van és minden makulátlan." Brendon azt kérdezte: „Mit csinálsz? Mi van mindezek mögött?" Azt feleltem: „Nem akarok többet házasat játszani. Nem akarom ezt tovább csinálni. Nem akarok arra hazajönni, hogy hegyekben áll a szennyes és a mosogatnivaló!" Valójában szeretek otthon lenni, de az az energia, amit elkezdtem a kiakadással megteremteni, nem igazán volt teremtő, összehúzó volt. Elkezdtem következtetésekbe menni a haragból, a frusztrációból, hogy ezzel kell foglalkozzak, hogy ez egy probléma, hogy nincs kiút belőle. Nem azt néztem, hogy mit szeretnék teremteni, azt gondoltam, hogy nincs választásom a ház állapotával kapcsolatban.

Brendon azt mondta: „Elég pénzt keresünk, alkalmazhatnánk valakit. Tudom, hogy hetente egyszer van egy bejárónőnk, és alkalmazhatnánk még valakit, hogy pár óra múlva idejöjjön, és megcsinálja ezeket," és igaza volt. Amint én is rászántam arra egy percet, hogy levegőt vegyek és ránézzek erre, azt kérdeztem: „Tudod mit? Szeretném, hogy a házam ilyen legyen, szeretném azt választani, hogy megteszem ezt," és minden sokkal könnyedebb lett. Ahelyett, hogy kikövetkeztettem, hogy szükségszerűen nekem kell ezzel egy bizonyos módon foglalkoznom (mint például, hogy nekem kell kitakarítanom a házat), megláthattam milyen választásaim vannak, hagyhatom koszosan, kitakaríthatom magam, vagy választhatom, hogy alkalmazok valakit, aki kitakarít nekem, és biztos vagyok benne, hogy még ennél is több választás lehetséges, amire nem gondoltam. Most van egy gondnokunk, aki mindent elintéz nekünk az összes ingatlanunk körül. Könnyű.

Mi van, ha valójában minden egy választás? Még a reggeli felkelés is egy választás. Nem kell megtenned. Azt gondolod, hogy meg kell, de igazából, ez egy választás, amit meghozol. Mi lenne, ha ez egy olyan választás lenne, amit meghozhatsz, örömtelien? Te választod, hogy a gyermekeiddel és a férjeddel élsz. Te választod, hogy minden nap munkába mész. Mit szeretnél teremteni?

Ahogy a siker és a kudarc hazugságok, a szükségek és akarások is azok. Számodra ez tényleg csak a választásról, az éberségről és még több választásról szól. És a pénzt is így teremted – a választással, a választással, és újra a választással. Ha azt választod, hogy nem ítéled meg önmagadat vagy bármit az életedben, többé nem hiheted el, hogy te egy kudarc vagy; vagy bármiben is hiányod van. Ha azt választod, hogy soha nem ítéled meg magadat, elkezded meglátni, hogy a helyes és a helytelen, a jó és a rossz, és mindez a polaritás, se nem valós, se nem igaz, és neked csak annyit kell tenned, hogy többé kevésbé azt választod, amire vágysz. Teljes mértékben rajtad áll.

13. Fejezet

Megengedés

A megengedés az, ahol te vagy a szikla a patak sodrásában. Minden evilági nézőpont a pénzről átzubog feletted, de a sodrás nem visz magával. Nem hat rád mindaz, ami körülötted van.

Hányszor veszed magadra mások ítéletét, és hagyod, hogy lehúzzanak téged, ami által rossznak, helytelennek, zaklatottnak és megbántottnak érzed magad? A megengedés képessé tesz arra, hogy ne vedd magadra mások ítéleteit, vagy megítéld magad, bármi is történjék.

Egyszer néhány ember Ausztráliában, akiket akkor már jó pár éve ismertem, folyamatosan megítélt engem. Rosszindulatú, gonosz dolgokat mondtak rólam. Ez felzaklatott, amit elmondtam egy barátomnak.

Ez a barátom azt mondta nekem: „Ez csak egy dolgot jelenthet, mégpedig azt, hogy kib&#szott erős csaj vagy!"

Mire én: „Ó!"

„Nézd meg az ő életüket és aztán nézd meg a *sajátodat*" – mondta.

Ránéztem, hogy amióta ismerem őket, mennyit nőtt az én életem az évek során, és mennyire kicsi lett az ő életük. Rájöttem, hogy tulajdonképpen nem is *engem* ítéltek meg. Azt ítélték meg, amit *ők* nem voltak hajlandóak teremteni. Most már látom, hogy amikor valaki megítél engem, akkor az általában nem *rólam* szól, hanem *róluk*. Mi lenne, ha hajlandó lennél befogadni mások rólad alkotott ítéleteit? Mi lenne, ha mindet hajlandó lennél befogadni?

Használd ezt, mint egy eszközt! Ha észreveszed, hogy megítélsz valakit, akkor kérdezd meg magadtól, hogy milyen ítéleted van *magadról* azt az embert tekintve. Nézd meg, hogy könnyebb lesz-e. Az ítélet nem valós, a megengedés pedig lehetőségeket teremt.

Azt is fontos felismerni, hogy a megengedés nem jelent elfogadást. Nem arról van szó, hogy úgy csinálsz, mintha minden rendben lenne. Én azt választottam, hogy ezután már ezek az emberek nem voltak a közeli barátaim többé. Úgy döntöttem, hogy nem kell elfogadnom és elviselnem azt, amit csinálnak. Továbbra is az életem részei maradtak, de megengedésben voltam azzal, hogy az ő választásuk az, hogy megítélnek engem. Nem kellett, hogy megváltozzanak ahhoz, hogy szabad legyek és ne legyek az ítéleteik hatása alatt.

„Hajlandó vagy megengedésben lenni saját magaddal?"

Észrevetted, hogy sokkal inkább hajlandó vagy abbahagyni a mások felett való ítélkezést, mint saját magad megítélését? Ez azért van, mert te igazából nem vagy egy ítélkező ember. Te tulajdonképpen nem másokat ítélsz meg. Te valójában a nap 24 órájában örökösen magadat ítéled meg, miközben azt hiszed, hogy mások felett ítélkezel. Mi lenne, ha abbahagynád, hogy bármi miatt is megítéled magad? A legtöbb magunkról alkotott ítéletnek a 99%-át a körülöttünk lévő emberektől vettük át. Láttuk, ahogyan magukat és egymást megítélik, megtanultuk ezt magunkra venni, és az összeset bevettük. Érdekes választás, nem?

Hajlandó lennél elkezdeni sokkal kedvesebbnek lenni önmagadhoz? Vedd észre: „Itt éppen azt választom, hogy ítélkezem magam felett. Ezt most élvezem még egy percig, és aztán azt választom, hogy abbahagyom önmagam megítélését." Választhatod azt, hogy megítéled magad, és választhatod azt, hogy abbahagyod az önmagad feletti ítélkezést. Ne ítéld meg az ítélkezésedet! Ha nagyon akarod, akkor egy percig, 20 percig, egy napig, vagy 10 évig hiheted azt, hogy elcseszett vagy. Aztán feltehetsz mondjuk egy olyan kérdést, hogy: „Mi a jó bennem, amit nem veszek észre?"

Megengedésben lenni magaddal azt jelenti, hogy sohasem ítéled meg magadat - még akkor sem, amikor épp megítéled magadat. Még akkor sem, ha épp elrontottál valamit, vagy valami olyasmi tettél, amiről tudtad, hogy nem a legjobb választás volt. Mi van, ha ezek egyike sem rossz? Mi van, ha semmi sem rossz, ami valaha voltál, vagy amit valaha tettél? Mi van, ha semmi sem rossz veled kapcsolatban? Milyen ajándék lenne az életedben, ha teljes megengedésben lennél magaddal? Gondolj bele, ha sohasem ítélnéd meg többé a választásaidat a pénzzel kapcsolatban. Nem kéne a jövőbeni hibák elkerülésén gondolkoznod, szabadon teremthetnél bármit és mindent, amire csak vágysz, szabadon változhatnál és választhatnál. De ezt ne válaszd, túlságosan is bulis lenne!

„Ne próbáld megváltoztatni az embereket."

Gyakran teszik fel nekem valamilyen formában a következő kérdést: „Hogyan tudnám meggyőzni a társamat, hogy pozitívabban álljon hozzá a pénzhez?", és én erre mindig azt válaszolom, hogy: „Nem a te dolgod meggyőzni a társadat arról, hogy pozitívabban álljon hozzá a pénzhez. Hajlandónak kell lenned arra, hogy ő bármit válasszon." Teljes megengedésben kell lenned a társad választásaival, akár választja a pénzt, akár nem.

Ha te hajlandó vagy pozitívan állni a pénzhez, ha te hajlandó vagy rendelkezni az élet és élés boldogságával, és a pénz áramlik hozzád, akkor meglepetten fogod tapasztalni, hogy mi jelenik meg a társad számára.

Ugyancsak hajlandónak kell lenned önmagadnak lenni. Visszatartod magad a társad, a családod, vagy a körülötted lévő emberek miatt? Mi lenne, ha most magadért választanál?

Egyszer a párom nehéz időszakon ment keresztül. Napokig csak a kanapén feküdt, szomorú volt és levert. Nem próbáltam megszerelni őt, vagy bármit is megváltoztatni. Néha ránéztem, amúgy folytattam az életem. Végül, jó néhány nap elteltével azt mondta: „Abbahagynád, hogy ilyen boldog vagy?!" Mindketten elnevettük magunkat, mert ez megmutatta neki azt az energiát, amit választott, és meglátta, hogy mennyi energiát fordított arra, hogy szomorú és levert legyen.

Amikor önmagadként létezel, és azt választod, amit választasz, és nem számít, hogy mibe kerül, nem számít, hogyan néz ki, akkor meghívás leszel a többi embernek egy másfajta lehetőségre. Kérlek, ne próbáld megmondani a társadnak, hogy mit tegyen. Te szereted, ha megmondják neked, hogy mit tegyél, vagy azt, hogy meg kell változtatnod a hozzáállásodat, a szemléletedet vagy azt, amit csinálsz? Ez az egyik legrosszabb dolog, amit másokkal tehetsz. Végül ellenállnak majd neked és utálni fognak érte. Engedd meg a többieknek, hogy azt válasszák, amit választanak, és továbbra is válaszd azt, amit te választasz.

14. Fejezet

Legyél hajlandó kontrollon kívül lenni

Az élet néha kaotikusnak tűnik. Annyi minden történik. Annyi teendő akad. Gyakran tévesen jutunk arra a következtetésre, hogy jobb lenne, ha mindent kontrollálnánk. Hogy ha mindenki azt tenné, amit mondunk, könnyebbek lennének a dolgok. Tudod ugye, hogy senki mást nem kontrollálhatsz? Hajlandó lennél feladni a nagyszabású kontrollmániásként való létezésedet, aki valójában vagy?

Észrevetted, hogy minél inkább próbálod kontrollálni a dolgokat, annál nehezebbé és stresszesebbé válnak? Milyen kicsiként kell tartanod az életed minden komponensét, azért, hogy könnyedén kontrolláld őket? Mennyire tetted a pénzt az életedben elég kicsivé ahhoz, hogy kontrollálhasd? Mekkora a legnagyobb összegű pénzmennyiség, amit még kontrollálni tudsz, mielőtt meg kellene engedned, hogy mások segítsenek a menedzselésében? Bármekkora is az összeg, az a legtöbb, aminek a birtoklását valaha is meg fogod engedni magadnak az életedben. Azt gondolod, hogy a multi-milliárdosok mindent kontrollálnak a pénzükkel kapcsolatban? Nem! Vannak könyvelőik, számlakezelőik, pénzügyi tanácsadóik és mindenféle emberek, akik a pénzüket kezelik.

Azok az emberek, akik nagyszerűek a pénzzel, tudják, hogy nem kell minden részletet kontrollálniuk, alkalmazhatnak embereket, akik azokban a dolgokban jobbak, mint ők. Viszont *hajlandóak* éberek lenni a pénzükkel. Hajlandóak ébernek lenni a dolgokra, amikor dolgoznak, vagy amikor nem dolgoznak, és kérdezni, amikor valami furának érződik.

119

Mi van, ha a kontrollon *kívül* levés nyitna meg téged arra, hogy több dolgot csinálj egyszerre, sokkal több könnyedséggel, mint ahogy azt valaha elképzelted? Mi van, ha az hogy nem kell egy struktúra keretei közé szorítanod, egy struktúrával körülhatárolnod, egy struktúrát alkalmaznod vagy létrehoznod, az felszabadítana, és lehetővé tenné, hogy sokkal nagyobb és sokkal örömtelibb életed legyen?

Volt idő, amikor úgy éreztem, hogy nagyon sok dolgot menedzselek egyedül. Elmondtam Garynek, hogy teljesen túlterhelve érzem magam.

Gary azt mondta: „Beszéljünk a *túlterhelt* és a *szétforgácsolódott* közötti különbségről. *A túlterhelt* az, amikor azt gondolod, hogy nem tudod kezelni. *A szétforgácsolódott* az, amikor elveszel a különböző projektek kisebb részleteiben, és minden megoldandó dologban."

Azt mondtam: „Ez történik. Totál szét vagyok forgácsolódva." Ahelyett, hogy elengedtem volna a szárakat, és hagytam volna, hogy a lovak különböző irányba vágtassanak, kontrollt hoztam létre, miáltal „minden út Simone-hoz vezetett."

Gary és én arról beszélgettünk, ki tudna valamit átvállalni a teendőimből, és még akkor is, ha láttam, hogy el voltam veszve a részletekben, vonakodtam elengedni a dolgokat, és megengedni, hogy mások csinálják őket. Nem akartam hibákat az Access üzletében. Gary emlékeztetett arra, hogy a hibák is a teremtés részeit alkotják. Azt mondta: „Nincs olyan, hogy rossz. Nagyszerű embereket kell alkalmaznod, hogy veled dolgozzanak, és hajlandónak kell lenned hagyni, hogy hibázzanak. Hajlandónak kell lenned hagyni, hogy hibát vétsenek, mert amikor hibáznak, valami nagyszerűbbet fognak létrehozni."

Végül felfogtam, hogy el kell engednem az összes kisebb munkát, amihez ragaszkodtam. Amikor lett valaki, aki megcsinálta a munkákat és elengedtem, az sokkal több teret hozott létre nekem. Képes voltam még annál is többet teremteni az életemben, az üzletemmel, az Access-szel, annál is több könnyedséggel. Ez azt jelentette, hogy a pénzem és a bevételem is dinamikusabban növekedhetett.

írta: Simone Milasas

Mi lenne, ha azáltal teremthetnéd az életedet, az üzletedet és különféle bevételi forrásokat, hogy kitágítanád az éberségedet és elengednéd azt, amit kontrollálni próbáltál?

„Mi lenne, ha ragyogóan teremtenél a káoszból?"

Mi lenne, ha csodálatos dolgokat hoznál létre a káoszból? Régebben megítéltem magamat azért, hogy nagyon kaotikus teremtő vagyok. Egyszer volt egy partnerrel egy üzletem, aki rendkívül jól szervezett volt. Listái voltak a teendőiről, és minden nap szépen kipipálta mindegyiket. Én erre nem voltam képes. Lefolytattam egy telefonhívást, aztán foglalkoztam pár elrendezendő klienssel, dolgoztam a következő évi terven, és így folytatódna a lista. Mindenhol voltam egyszerre (szerinte). Amikor kiszállni készült az üzletből, át kellett gondolnom, hogy eladjam, vagy átvegyem magam az irányítást. Azt mondta nekem: „Simone, te nem vagy elég szervezett ahhoz, hogy ezt az üzletet egyedül vezesd!"Azt gondoltam, hogy ő többet tud az üzletről, mint én. De amikor végignéztem az összes dolgon, amit megcsináltam az üzletben, igazából sokkal többet tudtam, mint ő, az csak az ő ítélete volt, hogy én nem tudom, hogy mit csinálok, mert ahogyan én csináltam az ületet, az inkább káoszos volt, míg ő rendezettebb volt.

Látom, hogy amikor az emberek úgy gondolják, hogy milliónyi teendőjük van, eltolják maguktól a dolgokat, és elpusztítják a jövőbeli lehetőségeket, ahelyett, hogy megkérdeznék: „Nagyon sok projekt van most folyamatban, milyen kérdéseket kell feltennem, hogy könnyedséggel megteremtsem mindezt? Ki mást vagy mi mást adhatok hozzá az üzletemhez és az életemhez? Mi kellene ahhoz, hogy ez könnyű legyen, és mi kéri ma a figyelmemet?" Nem kell mindenen minden egyes nap dolgoznod. Minden egyes nap más, minden nap egy kaland. Minden napot ítéletmentes működésből kell kezdened azzal kapcsolatban, amit teremtesz, vagy amit nem teremtesz.

Amikor káoszból működsz, bármi lehetséges.

A következő héten próbáld meg elengedni a szabályokat mindennel kapcsolatban, amihez annyira szorosan ragaszkodtál. Engedd el a projekteket, a családot, a barátokat, a pénzt, amiket mind megpróbáltál kontrollálni, és nézd meg, hogy meg tud-e jelenni valami új. Ahelyett, hogy minden részletet megpróbálnál menedzselni, és minden nap mindennel foglalkozni, kérdezd meg: „Ma mire kell ébernek lennem?" Kérdezd meg, mi kéri ma a figyelmedet, és foglalkozz azzal. Amikor reggel felébredsz, kérdezd meg: „Mi a következő?" „Kinek vagy minek van rám most szüksége, és min kell dolgoznom, kit kell felhívnom?" Figyelj oda ezekre, majd menj tovább valami másra, aztán megint valami másra. Mi van akkor, ha így működni nem rossz? Mi van, ha nem „megzavarva" lennél vagy nem halogatnál? Mi van, ha te így teremtesz?

Meg leszel lepődve, minek a teremtésére vagy képes, amikor megengeded magadnak a káoszból való teremtés örömét. Ez az életed minden aspektusára vonatkozik: a kapcsolatokra, az üzletre, a családra, a pénzáramlásra, a testedre. Emlékezz arra, hogy nem vagy egyedül az univerzumban, az univerzum hozzájárul majd ahhoz, hogy megteremts mindent, amire vágysz, ezért kérj többet.

Mit nem voltál hajlandó elengedni, vagy minek a kontrollálását nem voltál hajlandó feladni, amit ha elengednél és feladnád a kontrollálását, az több teret teremtene neked?

15. Fejezet
Röviden a pénzáramlásról

Egyszer találkoztam egy nagyon sikeres üzletemberrel Dél-Afrikában. Árva volt. 15 éves korában kitették az árvaházból (mert ezután a kor után már önmagadról kell gondoskodnod), tehát elindult a hátizsákjával, ránézett arra, hogy mit szeretne teremteni az életében, és megkövetelte magától ennek a megteremtését. Képezte magát, és ügyvéd lett. Hatalmas cégeket hozott létre Dél-Afrikában – nagy üdülőhelyeket, egy számítástechnikai céget és még sok minden mást.

Leültem vele beszélgetni, mert nagyon érdekelt az, ahogyan teremt. Úgy tűnt, hogy a hozzáállásában volt egy nagy adag nagylelkű kedvesség, amivel az üzletét és az életét teremtette. Az egyik dolog, amit mondott nekem, az az volt, hogy: „Három dolgot nem szabad elfelednünk az életben: a hálát, a hitet és a bizalmat. És azután jön a pénzáramlás." Felnevettem, mert tudtam, hogy igaza volt.

„Ha nincs pénzáramlásod – folytatta – akkor korlátozod magad. Folyamatosan figyelned kell, hogy előre haladj, hogy ne tartsd magad vissza; és legyél tudatában a pénzáramlásodnak is."

Nézz rá a jelenlévő vagy nem jelenlévő pénzáramlásra az életedben. Mi kéne ahhoz, hogy folyamatos pénzáramlás legyen az életedben? Ha van pénzáramlás, az több könnyedséget és teret hoz létre a lehetőségek számára, és felszámolja azokat a területeket, ahol a „nekem nincs" és a „híján vagyok a..." bekapcsolna. Mi van, ha a pénzben nem kell mindent egy lapra feltenned? Mi van, ha számos lehetőség (bevételi forrás) létezik a pénzzel kapcsolatban, amit választhatsz?

És mi van, ha a pénzáramlás megteremtése tényleg csak a lehetőségekkel való játékról és a pénzügyi valóságodra való teljes éberségről szól?

Mennyi bevételi forrást tudsz teremteni? Mi okoz neked örömöt, amivel pénzt tudnál keresni? Mi az, ami érdekel?

Hihetetlenül leköt az, amit választok, amit a munkámban csinálok, és mégis vannak egyéb bevételi és teremtési forrásaim is, és folyamatosan kérem, hogy újabbak jelenjenek meg minden egyes nap. Érdekelnek a régiségek, a valuta, a tőzsde, a dolgok adás-vétele az E-bay-en? Mi az számodra, ami nagyobb pénzáramlást teremthet az életedben, amit még nem voltál hajlandó elismerni?

Mi más van még a világban a pénzzel kapcsolatban, amit élvezetes lehetne számodra felfedezni? Kezdd el képezni magad a pénzzel kapcsolatban. Milyen személyek, milyen szimbólumok vannak az országod valutáján? Tudod, hogy melyik a legértékesebb bankjegy az országod pénznemében, vagy más országokéban? Milyen színűek a címletek, nem csak a te országod pénzjegyein, hanem egyéb országok pénzein? Ismerd meg a pénzt, ne kerüld el, csodáld, játssz vele, ismerd el.

Amikor hajlandó lettem képezni magamat a pénzről és a megszámlálhatatlan lehetőségekről, ahogyan hozzájárulás lehet az életemhez, akkor elkezdtem hajlandóvá válni arra is, hogy legyen pénzem. Amikor megengedtem magamnak, hogy legyen pénzem, akkor hajlandó lettem játszani a pénzzel. Amikor nem voltam hajlandó képezni magamat a pénzről, akkor adósságot teremtettem. Most, hogy hajlandó vagyok képezni magamat a pénzzel kapcsolatban, rendelkezni a pénzzel, játszani a pénzzel, most többet teremt. És nem mindennek a jelentőségteliségéből, hanem igazán az *öröméből* és a választásából.

Mi van, ha most, csak erre a 10 másodpercre, függetlenül attól, hogy mi zajlik körülötted, a játékot választanád? Mi lenne, ha azt választanád, hogy az életedet akként az ünneplésként éled, ami valójában lehet? Mi lenne, ha azt választanád, hogy boldog leszel, hálás leszel, hogy folyamatosan választasz, bármi is történik?

írta: Simone Milasas

Mi van, ha a pénzügyi valóságod megteremtése tényleg a végtelen lehetőségek folyamatos felfedezése az életed örömteli teremtéséhez, beleértve a bevételi forrásaidat és a pénzáramlásodat? Mi egyéb lehetséges, amire még nem is gondoltál?

Kérlek, használd ezt a könyvet és az eszközeit, miközben megváltoztatod a pénzügyi valóságodat. Bátorságra van szükség ahhoz, hogy folyamatosan valami mást és nagyobbat válassz, és ez nem mindig kényelmes. Ha ezt a könyvet olvasod, ha életben vagy ezen a bolygón, itt és most, akkor megvan a bátorságod és megvan hozzá a képességed. Csupán választanod kell.

Harmadik rész

Összegzés és eszközök

A FEJEZETEK, KÉRDÉSEK ÉS ESZKÖZÖK ÖSSZEFOGLALÁSA

Ebben a fejezetben összefoglaljuk a könyvben szereplő fő pontokat, kérdéseket és eszközöket. Egy dolog olvasni arról, hogy valaki más hogyan változtatta meg a valóságát pénzügyileg. Igazából, azt hiszem, akár még frusztráló lehet. E könyv egyedi aspektusát az adja, hogy az Access Consciousness eszközeit használtam a pénzügyi valóságom megváltoztatásához, és ezek neked is rendelkezésedre állnak. Mindemellett persze folyamatosan választanod kell, nem számít, milyen kényelmetlenné válik. Ha minden nap használod ezeket az eszközöket, örökre megváltozik a pénzügyi valóságod. Vágjunk bele a kalandokba.

ELSŐ RÉSZ: ÚJ PÉNZÜGYI VALÓSÁG 1x1
1. Fejezet: Mi teremt pénzt?

A PÉNZ SOHA NEM ÚGY JELENIK MEG, AHOGYAN SZÁMÍTASZ RÁ

A pénz nem lineáris

A pénz nem lineáris módon jelenik meg az életedben - mindenféle módon meg tud jelenni, mindenféle helyekről. Ha szeretnél az életedben több pénzt keresni, ahhoz nyitottnak kell lenned az összes varázslatos és csodákkal teli lehetőségre - még akkor is, ha ez teljességgel különbözik attól, amire számítottál. Mi lenne, ha korlátlan bevételi forrással rendelkeznél? Mi van, ha úgy tudsz pénzt teremteni, ahogy senki más? Mi lenne, ha nem lenne nézőpontod a pénzről?

KÉRDÉSEK

Milyen korlátlan módokon tud megjelenni most számomra a pénz?

Hajlandó vagyok feladni a számítgatást, definiálást vagy kalkulálgatást a pénz megjelenésének mikéntjéről, és megengedni, hogy szabálytalanul, varázslatos és csodával teli módokon jöjjön be az életembe?

Ne számítsd ki, HOGYAN kell a pénznek megjelennie

Az univerzum manifesztál, te aktualizálsz. Manifesztálni az „ahogyan" a dolgok megjelennek, és nem a te dolgod kitalálni a hogyant. Aktualizálni az valami megjelenését kérni, és megengedni az univerzumnak a manifesztálást, és hajlandónak lenni befogadni, bárhogyan jelenjen is meg.

KÉRDÉSEK

• Mi kellene ahhoz, hogy ez megjelenjen?

• Mi kellene ahhoz, hogy ezt azonnal aktualizáljam az életemben?

Légy türelmes

Az univerzumnak végtelen kapacitása van a manifesztálásra, és általában egy nagyobb szabású és varázslatosabb módon csinálja, mint amire számítasz. Az univerzumnak néha át kell rendeznie dolgokat ahhoz, hogy megteremtse azt, amire vágysz.

Ne ítélkezz magad felett, legyél türelmes, és ne korlátozd a jövőbeli lehetőségeket.

A pénz nem csak készpénz

Olyan sokféle módja van annak, ahogy a pénz és a készpénz megjelenhet az életedben, de ha nem vagy hajlandó ezeket elismerni, ha azt gondolod, hogy muszáj egy bizonyos módon kinéznie, akkor azt hiszed majd, hogy nem változtatsz meg dolgokat, miközben valójában azt teszed.

Kezdd el elismerni a különböző módokat arra, ahogy a pénz megjelenik az életedben. Amikor a barátod vesz neked egy kávét, vagy valaki megajándékoz valamivel. Az pénz. Az befogadás.

- Még hol fogadom be a pénzt, amit nem ismertem el?

- Még hol fogadhatom be a pénzt, amit sohasem ismertem el?

KÉRJ ÉS MEGADATIK

A pénz nem ítélkezik

A pénz azoknak jelenik meg, akik hajlandóak azt kérni, és hajlandóak azt befogadni.

A befogadás az egyszerűen az, amikor hajlandó vagy arra, hogy végtelen lehetőségekkel rendelkezz ahhoz, hogy valami az életedbe érkezzen, nézőpont nélkül arról, hogy mi, hol, mikor, hogyan vagy miért fog megjelenni. Más szavakkal élve, amikor elveszíted az ítéletedet a pénzről és önmagadról a pénzzel kapcsolatban, akkor befogadod a pénzt.

Mi lenne, ha nem lenne szükséged okra ahhoz, hogy pénzt kérj? Mi lenne, ha azért lenne pénzed, mert az olyan bulis?

Mi lenne, ha csak kérned kellene ahhoz, hogy megjelenjen?

A PÉNZ AZ ÖRÖMÖT KÖVETI, NEM FORDÍTVA

Ha az életed egy parti lenne, eljönne a pénz?

Ha úgy tekintenél a jelenlegi életedre, mintha az egy parti lenne, milyen meghívás lenne az a pénznek?

Mi lenne, ha ma elkezdenéd az életedet olyan ünnepként megélni, amilyen lehetne? Mi lenne, ha nem várnál arra, hogy a pénz megjelenjen?

Mi okoz örömet neked?

Az az energia, amit akkor teremtesz, amikor örömtelien, totálisan, boldogan belemerülsz valamibe, amit szeretsz, az generatív. Nem számít, hogyan hozod létre az az energiát.

> **KÉRDÉSEK**
>
> • Mit szeretek csinálni?
>
> • Mi okoz nekem örömet?

Az életed az üzleted, az üzleted az életed!

Ha életben vagy, van üzleted – úgy hívják, az életed üzlete! Milyen energiától hajtva pörgeted az életed? Jó érzed magad egyáltalán?

> **ESZKÖZ: MINDEN NAP CSINÁLJ VALAMIT, AMIT ÉLVEZEL**
>
> ▶ Kezdd el azokat a dolgokat csinálni, amiket élvezel, naponta egy egész órán át, és hetente egy teljes napig.

HAGYD ABBA, HOGY A PÉNZT JELENTŐSÉGTELIVÉ TESZED

Amikor valamit jelentőségtelivé teszel, nem tudod megváltoztatni

Bármit is teszel jelentőségtelivé, azt nagyobbá teszed önmagadnál. Kezd el felismerni azokat a helyeket, ahol a pénzt jelentőségtelivé tetted, és legyél hajlandó kijönni abból a nézőpontodból, és hozz létre magadnak egy másfajta valóságot.

írta: Simone Milasas

KÉRDÉSEK

- Mennyire teszem a pénzt éppen most jelentőségtelivé az életemben?
- Ha a pénz nem lenne jelentős, mit választanék?

2. Fejezet: Mi változtatja meg az adósságot?

A NÉZŐPONTOD TEREMTI A (PÉNZÜGYI) VALÓSÁGODAT

Milyen nézőpontod van az adósságról?

Ha meg akarod változtatni az adósságot, kezdd azzal, hogy megváltoztatod a nézőpontodat. Az a nézőpontod, amivel eddig rendelkeztél a pénzzel kapcsolatban, az teremtette meg a jelenlegi pénzügyi helyzetedet.

Ahelyett, hogy ítélkezel az adósság felett, amit teremtettél, erősítsd meg magadat azzal, hogy kérdéseket teszel fel, amivel megváltoztathatod a dolgokat.

KÉRDÉSEK

- Mi más lehetséges?
- Mit tehetek, vagy mi lehetek, hogy ezt megváltoztassam?

Eldöntötted, hogy a szilárd, nehéz dolgok valóságosak az életben?

Miről döntötted el, hogy valós, és nem valós számodra? Miért döntöttél úgy, hogy valós? Mert ez volt a múltbeli tapasztalatod? Mert valósnak, nehéznek, szilárdnak, eleminek vagy megmozdíthatatlannak „érződik"?

133

Ami számodra igaz, az tényleg úgy érződne, mint egy tonnányi tégla, vagy az könnyedebbé és boldogabbá tenne?

ESZKÖZ: „ÉRDEKES NÉZŐPONT, VAN EGY ILYEN NÉZŐPONTOM"

▸ A következő három napban, minden gondolatra, érzésre és érzelemre, ami feljön (nem csak a pénzzel, hanem mindennel kapcsolatban), mi lenne, ha azt mondanád magadnak: „Érdekes nézőpont, van egy ilyen nézőpontom" Mondd el párszor, ameddig változik.

ESZKÖZ: AMI KÖNNYŰNEK ÉRZŐDIK, AZ IGAZ SZÁMODRA, ÉS AMI NEHÉZNEK ÉRZŐDIK, AZ HAZUGSÁG

▸ Amikor valami igaz nekünk, és elismerjük, az a könnyedség és a kitágultság érzetét kelti a világunkban. Amikor valami nem igaz, mint például egy ítéletünk vagy következtetésünk valamiről, az nehéz, és összehúzónak vagy szilárdnak érződik.

AZ ADÓSSÁG KÉNYELMÉNEK FELADÁSA

Mit szeretsz abban, hogy adósságod és nem pénzed van?

Ha hajlandó vagy pár kérdést feltenni, elismerheted azt, ami beragadva tart. Ha nem ismered el, nem tudod megváltoztatni.

- Mit szeretek abban, hogy adósságom van?

- Mit szeretek abban, hogy nincs pénzem?

- Mit szeretek utálni abban, hogy nincs pénzem?

- Mit utálok szeretni abban, hogy nincs pénzem?

- Milyen választásom lehet ma, ami többet teremt most és a jövőben?

LÉGY HAJLANDÓ ARRA, HOGY PÉNZED LEGYEN

Különbség van a pénz birtoklása, elköltése és megspórolása között.

A legtöbben csak azért akarnak pénzt, hogy elkölthessék. Pénzzel rendelkezni az más. Pénzzel rendelkezni arról szól, hogy megengeded a pénznek, hogy hozzájáruljon az életed növekedéséhez.

Pénzt megspórolni az, amikor félreteszed nehezebb időkre. Más spórolni a pénzzel, és más rendelkezni vele.

Szokásod feltenni azt a kérdést, hogy: „Hogyan spórolhatok meg pénzt?" Van ebben a kérdésben generatív energia? Olyan, ami kiterjeszti a lehetőségeidet, vagy korlátozza azokat? Próbálsz valahol pénzt megspórolni? Próbáld megkérdezni: „Ha ezt a pénzt, amit megpróbálok megspórolni, elkölteném, az többet teremtene a mának és a jövőnek?"

* Mik a végtelen módjai annak, hogy több pénzt generáljak?

* Milyen energiaként létezzek, hogy ezt könnyedén megteremtsem?

HAGYD ABBA A PÉNZ ELKERÜLÉSÉT ÉS ELUTASÍTÁSÁT

Egy „nincs-választás univerzumában élsz?"

Bárhol az életedben elutasítod vagy elkerülöd azt, hogy ránézz a pénzügyi helyzetedre? Igazán nagyszerű indokaid vannak, hogy elkerüld azokat az egyszerű és könnyű dolgokat, amikkel több pénzt teremthetsz? Amikor valamit elkerülsz, elutasítod vagy nem vagy hajlandó rendelkezni valamivel, az nem teszi lehetővé számodra, hogy többet válassz, vagy többet teremts. Legyél hajlandó ránézni, hol hozol létre nincs-választás univerzumot, és legyél hajlandó megváltoztatni.

Mi lenne a legrosszabb, ami történne, ha nem kerülnéd el a pénzt?

Miről döntötted el, hogy az a legrosszabb, ami történhetne, ha nem kerülnéd el a pénzt vagy nem kerülnéd el az adósságodat? Mi változhatna, ha hajlandó lennél arra, hogy teljes éberséged legyen a pénzügyi valóságodról? Elkerülöd az új tevékenységeket, amik pénzt hozhatnának neked?

* Ha nem kerülném ezt el, mit változtathatnék meg?

* A pénzkereset milyen könnyed módjaival rendelkezem, amiket elkerülök?

HÁLA

Légy hálás a pénzért!

Mikor pénzt kapsz, vedd észre az azonnali nézőpontodat. Hálás vagy minden dollárért, minden centért, ami megjelenik az életedben? Vagy azt szoktad gondolni: „Ez nem sok." „Fedezi ezt a számlát." „Bárcsak több lenne."?

ESZKÖZ: GYAKOROLD, HOGY HÁLÁS VAGY AZÉRT, AMIKOR A PÉNZ BEJÖN ÉS KIMEGY

> Gyakorold, hogy azt mondod: „Köszönöm, nagyon örülök, hogy ez megjelent! Kaphatnék többet?"

> Amikor befizetsz egy számlát, legyél hálás, hogy kifizetted, és kérdezd meg: „Mi kellene ahhoz, hogy ez a pénz tízszeresen visszatérjen hozzám?"

Hajlandó vagy önmagadnak is hálás lenni?

Muszáj, hogy hálás legyél mindenért, amit teremtesz – a jóért, a rosszért és a csúnyáért. Ha megítéled, nem leszel képes látni a választásod ajándékát, és nem fogod megengedni magadnak, hogy befogadd a lehetőségeket, amik ezáltal váltak elérhetőkké. Ha hálás vagy, egy teljesen más valóságot kapsz. Önmagad vagy az életedben megjelenő bármilyen dolog megítélése helyett, keresd azt a benne rejlő ajándékot, amiért hálás lehetsz.

KÉRDÉSEK

- Mi a jó ebben?
- Mi a jó bennem, amit nem veszek észre?

Hálás vagy, amikor túl könnyű?

Figyelmen kívül hagysz dolgokat, amik megjelenek az életedben, amikor túl könnyen jönnek? Hajlandó lennél ezt megváltoztatni? „Amikor a pénz könnyedén jön, és te hálás vagy, akkor egy több lehetőségekkel teli jövő felé haladsz." – Gary Douglas.

KÉRDÉSEK

> Mi kellene ahhoz, hogy hálás legyek minden befolyó centért?
>
> Milyen hálát testesíthetek meg, ami megengedné a pénznek, hogy könnyedén és örömmel érkezzen az életembe?

3. Fejezet: Hogyan teremts új pénzügyi valóságot, itt és most?

Küszködni, vagy nem küszködni?

Sokan azt hiszik, hogy nem választhatják meg azt, hogy szomorúak, boldogok, nyűgösek, nyugodtak legyenek. Nem a külső körülmények alakítják azt, ahogy a dolgokkal kapcsolatban érezzük magunkat. Nem a pénz alakítja, ahogy a dolgokkal kapcsolatban érezzük magunkat. Igazából ez csak egy választás, amit meghozhatsz.

KÉRDÉSEK

> Úgy teszek, mintha nem lenne itt választásom?
>
> Igazából milyen választásaim vannak itt?

HAJLANDÓNAK LENNI MEGTENNI BÁRMIT, AMI SZÜKSÉGES

Elköteleződni amellett, hogy soha sem mondasz le magadról.

Elköteleződve lenni önmagadhoz, az hajlandónak lenni az élet kalandjára, és azt választani, ami neked működik, még ha kényelmetlen is, vagy még ha olyan változtatások meghozatalával is jár, amit senki más nem ért meg.

Senkitől és semmitől nem tudsz megkövetelni semmit, csak saját magadtól.

Akkor kezded el teremteni az életed, amikor végre megköveteled: „Nem számít, mire van hozzá szükség, és nem számít, hogy néz ki, megteremtem az életemet. Nem fogom az életemet senki nézőpontja vagy valósága alapján élni. Ki fogom alakítani a sajátomat!"

KÉRDÉSEK

> • Hajlandó vagyok megkövetelni magamtól, hogy megteremtsem azt, amire az életemben vágyom, bármi áron?

Légy hajlandó bármit választani, elveszteni, teremteni és megváltoztatni.

Einstein definíciója szerint az őrültség nem más, mint ugyanazt tenni újra és újra, és várni, hogy az eredmény más legyen. Meg kell változtatnod azt, ahogyan jelenleg működsz ahhoz, hogy más eredményeket kapj.

Ha van olyan dolog az életedben, amit már egy ideje próbálsz megváltoztatni, de az nem változik, vess egy pillantást arra, hol csinálod talán ugyanazt a dolgot *másképpen*, ahelyett, hogy tényleg azt választanád, hogy valami *kompletten mást* csinálsz.

- Miről döntöttem el, hogy megváltoztathatatlan?

- Mit nem voltam hajlandó elveszteni?

- Mi többet tudnák választani, ha hajlandó lennék elveszteni ezeket a dolgokat?

- Mi más lehetek, vagy mi más tehetek, hogy ezt megváltoztassam?

ADD FEL A LOGIKUS ÉS ŐRÜLT OKOKAT, AMIÉRT NINCS PÉNZED

Itt az idő abbahagyni önmagad pénzügyi bántalmazását?

A pénzügyi bántalmazás sokféle formában megjelenhet, de eredményeként gyakran úgy érzed magadat, mintha a legalapvetőbb dolgokat sem érdemelnéd meg az életben. Mi lenne, ha többé nem kéne ennek árnyékában élned?

KÉRDÉSEK

- Milyen történeteket mesélek magamnak a pénzzel kapcsolatban? Mi van, ha nem igazak?

- Megengedem a múlt pénzügyi bántalmazásának, hogy uralja az életem?

- Milyen más választásom van itt?

Kételkedést, félelmet és bűntudatot használsz a pénzzel kapcsolatban azért, hogy megzavarjon a pénz teremtésében?

Bármikor, amikor kételkedsz, félsz, bűntudatot érzel a pénzzel kapcsolatban, vagy hibáztatod a pénzt, vagy gyötrődsz, mérges leszel a pénzügyi helyzeteddel, vagy megrekedsz benne, olyankor eltávolítod magadat attól, hogy jelen legyél a különféle választásokkal, különféle lehetőségekkel.

ESZKÖZ: TÖRÖLD EZT A SZÓT A SZÓTÁRADBÓL

Töröld a „mert" szót a szótáradból. Minden „mert" egy okos módja annak, hogy egy nagyszerű történet által bevedd a saját megzavarásodat, azért, hogy lemondhass magadról. Amikor e szó használatán kapod magadat, kérdezd meg: „Oh, ez egy nagyszerű történet. Mi más lehetséges, ha nem arra használom a történetemet, hogy megállítson?"

KÉRDÉSEK

Milyen megzavarásokat használok, hogy megállítsam magamat a pénzteremtésben?

Mi más lehetséges, amire még nem gondoltam?

LEGYÉL KÍMÉLETLENÜL ŐSZINTE ÖNMAGADDAL

Hajlandó vagy korlátok nélkül létezni?

Azt tanították nekünk, hogy elhiggyük: az ítéletek, a korlátok és a falak, amiket magunk köré húzunk, majd megvédenek minket, de valójában elrejtenek minket magunk elől.

A saját pénzügyi valóságod teremtése arról szól, hogy éber vagy arra, ami éppen van, és aztán pedig azt választod, ami többet teremt számodra. Hajlandónak kell lenned arra, hogy ne legyen ítéleted, korlátod, és teljes sebezhetőséged legyen. Innen elkezded meglátni azt, ami számodra lehetséges, aminek az elismerését elutasítottad.

ESZKÖZ: FORDÍTSD ÁT A ROSSZASÁGODAT ERŐSSÉGBE

▷ Mi van, ha a rosszaságod valójában az erősséged? Bárhol, ahol azt hiszed, hogy rossz vagy, az csak az a hely, ahol elutasítod azt, hogy erős legyél. Nézz rá arra, miről döntötted el, hogy hibádzik benned. Írd le. Nézz rá és kérdezd meg: „Milyen erősség ez, amit nem ismerek el?"

▷ Te, önmagadként létezve, az egyik legvonzóbb dolog vagy a világon.

KÉRDÉSEK

· Ha önmagam lennék, mit választanék?

· Ha önmagam lennék, mit teremtenék?

KIKÉNT LÉTEZEM ITT ÉS MOST? ÖNMAGAMKÉNT, VAGY VALAKI MÁSKÉNT?

Mivel szeretnél igazán rendelkezni?

A sebezhetőség része az is, hogy kíméletlenül őszinte vagy azzal, hogy mivel szeretnél rendelkezni az életedben. Ha továbbra is elrejted és eltitkolod önmagad elől, vagy úgy teszel, mintha nem vágynál arra, amit igazán akarsz, akkor nincs esélyed arra, hogy ténylegesen nagyszerűbbet teremts és válassz, és arra, hogy olyan életed legyen, amit valóban élvezel.

ESZKÖZ: FORDÍTSD ÁT A ROSSZASÁGODAT ERŐSSÉGBE

> Hajlandó vagy annyira őszintének lenni önmagaddal, hogy bevalld mi az, amit igazán szeretnél az életedben, még akkor is, ha az senki más számára nem tűnik értelmesnek? Írj össze egy listát mindenről, amit az életedben szeretnél (segítségképp használd a lenti kérdéseket). Ha semmi sem lenne lehetetlen, mit választanál? Nézd végig a listádat és kérdezd meg: „Mi kell ahhoz, hogy ezt könnyedséggel generáljam és teremtsem meg?"

KÉRDÉSEK

- Mit szeretnék teremteni az életemben?

- Ha bármim lehetne, bármi lehetnék és bármit tehetnék és teremthetnék, mit szeretnék választani?

- Miről döntöttem el, hogy lehetetlen, amit igazán szeretnék?

- Mi a legnevetségesebb vagy legfelfoghatatlanabb dolog, amit kérhetnék?

- Mi az, amire szeretném megkérni az univerzumot, és egyben megkövetelnék önmagamtól?

BÍZZ ABBAN, HOGY TUDOD

Mindig is tudtad, még akkor is, amikor nem jött össze.

Volt olyan valaha, hogy tudtad, hogy valami nem fog igazán úgy elsülni, ahogyan szeretnéd, és mégis megtetted?

> Írd össze az összes olyan alkalmat, amikor olyat tettél, amiről tudtad, hogy nem kellene, és végül pontosan úgy sült el, ahogyan tudtad, hogy el fog. Írj le minden olyan alkalmat, amikor valami jól jött össze, és te végig tudtad, hogy úgy lesz, mindegy volt, más mit mond. Ismerd el azt, hogy nem számít, hogy sült el, te végig tudtad.

KÉRDÉSEK

Mit tudok a pénzről, aminek az elismerésére sohasem adtam meg magamnak az esélyt, vagy amiért hibássá tettek?

Ha a pénz sosem számítana, mit választanál?

Minden nap kérdéseket kell feltenned magadnak, ha változtatni akarsz a dolgokon, és ha egy olyan pénzügyi jövőt akarsz teremteni, ami működik neked. Minden nap új kezdet, mindig több lehetőség elérhető. Csak annyit kell tenned, hogy kérdezel.

KÉRDÉSEK

Ha a pénz nem számítana, mit választanék?

Mit szeretnék teremteni a világban?

Melyiknek az intézményesítését tudnám itt és most elkezdeni?

Kivel kellene beszélnem?

Mit kellene tennem?

Hova kellene mennem?

Milyen választásokat hozhatnék ma, hogy elkezdjem a saját pénzügyi szabadságom megteremtését?

MÁSODIK RÉSZ: PÉNZ GYERE, PÉNZ GYERE, PÉNZ GYERE, PÉNZ GYERE!

4. Fejezet: Tíz dolog, ami ráveszi a pénzt, hogy hozzád jöjjön (és jöjjön, és jöjjön)

1. Tegyél fel olyan kérdéseket, amik meghívják a pénzt

2. Tudd pontosan, mennyi pénzre van szükséged ahhoz, hogy élj - örömtelien

3. Birtokold a pénzt

4. Ismerd el magadat

5. Tedd, amit szeretsz

6. Légy tudatában annak, amit gondolsz, mondasz és teszel

7. Hagy abba, hogy ragaszkodsz a végeredményhez

8. Add fel, hogy a sikerben, a bukásban, a szükségben és az akarásban hiszel

9. Legyen megengedésed

10. Legyél hajlandó kontrollon kívül lenni

5. Fejezet: Tegyél fel olyan kérdéseket, amelyek meghívják a pénzt

A kérdések a meghívás a befogadásra, ami megengedi, hogy a pénz megjelenjen. Ha nem kéred, nem tudod befogadni.

Ha úgy kezdesz feltenni egy kérdést, hogy „Miért" vagy „Hogyan", olyankor leginkább nem vagy kérdésben. Ha egy bizonyos válaszra vársz (vagy a kérdésre már előre egy bizonyos válaszra számítasz) - tudod mi van ilyenkor? Valójában nem tettél fel kérdést!

Álljon itt pár példa olyan kérdésekből, amelyek meghívják a pénzt.

- Mi jelenhetne meg, ami nagyszerűbben alakulna, mint amit el tudok képzelni?

- Minek a létrehozását választottam ezzel, és milyen más választásaim vannak?

- Mi a jó bennem, amit nem veszek észre?

- Mi más lehetek, vagy mi mást tehetek minden nap, hogy éberebb legyek a minden pillanatban elérhető választásokra, lehetőségekre és hozzájárulásokra?

Kezdd el kérni a pénzt, most!

Az a cél, hogy több könnyedséged legyen abban, hogy pénzt kérj. Mi lenne, ha a pénz elkérése közben tényleg jól éreznéd magad? Mennyire érezheted magad *vidámnak*, amikor arra kéred a pénzt, hogy mindenféle módon jelenjen meg?

ESZKÖZ: GYAKOROLD A PÉNZ ELKÉRÉSÉT

- Állj a tükörrel szemben és mond: „Megkaphatnám a pénzt most?" Mond újra és újra.

- Amikor az ügyfeleddel fizetésre kerül a sor, vagy valakinek számlát írtál a tartozásáról, kérdezd meg: „Hogyan szeretnél ezért fizetni?"

Naponta használd a kérdéseket a pénz invitálására

Folyamatosan tegyél fel kérdéseket. Nem számít, hogy mi jelenik meg - kérj többet, kérj nagyszerűbbet. Mi lenne, ha a kérdések olyan természetessé válnának számodra, hogy a pénz lehetőségeinek egy megállíthatatlan, két lábon járó, beszélő meghívásává válnál?

· Mi más lehetséges?

· Hogyan lehet ez még ennél is jobb? (Kérdezd meg, ha jó, vagy ha rossz dolgokkal szembesülsz)

· Milyennek szeretném a pénzügyi valóságomat?

· Mi más lehetek, mi mást tehetek, hogy ezt megteremtsem?

· Mi más lehetek, vagy mi mást tehetek ma, hogy azonnal több pénzt generáljak?

· Minek adhatom ma a figyelmemet, ami megnöveli a pénzbeáramlásom?

· Mit adhatok ma hozzá az életemhez, hogy azonnal több bevételi forrást teremtsek?

· Ki vagy mi más tudna hozzájárulni ahhoz, hogy több pénz legyen az életemben?

· Hol használhatom úgy a pénzemet, hogy több pénzt hozzon nekem?

· Ha a pénz nem számítana, mit választanék?

· Ha csak magamért választanék, csak buliból, mit választanék?

· Még ki? Még mi? Még hol?

· Megkaphatom a pénzemet most?

6. Fejezet: Tudd pontosan, hogy mennyi pénzre van szükséged ahhoz, hogy örömtelien élj!

Pontosan tudnod kell, mennyibe kerül az életed örömteli fenntartása, vagy nem tudod hatékony módon alkalmazni ezeket a varázslatos eszközöket, hiszen nem lesz meg az előrelépéshez szükséges tisztánlátásod.

▸ Írd össze a költségeidet. Ha van nyereség-veszteség kimutatásod, vagy valamilyen kimutatásod a könyvelődtől, használd azokat, hogy lásd, mennyibe kerül az üzleted vagy az életed finanszírozása minden hónapban.

▸ Add össze az összes jelenlegi adósságodat. Ha körülbelül 20 000 dollárnyi vagy kevesebb adósságod van, oszd el 12-vel, és ezt is add hozzá. Ha több, mint 20 000 dollár adósságod van, oszd el 24 hónappal vagy többel, ha szeretnéd. Csak add hozzá azt is a listádhoz.

▸ Írd össze, mennyibe kerül, hogy azokat a dolgokat csináld, amikben jól érzed magad.

▸ Ezeket mind add össze.

▸ Adj hozzá 10%-ot a 10 százalékos számlád okán.

▸ És aztán, adj hozzá még 20 százalékot, csak a buli kedvéért. Hiszen az életed arról szól, hogy jól érezd magad!

▸ Nézz rá arra az összegre, amit kaptál. Ez a tényleges összeg, ami az életed finanszírozásához kell minden hónapban.

▸ Tegyél fel kérdéseket. Követeld meg, hogy ez az összegű pénz megjelenjen, és még több.

▸ Csináld meg ezt a gyakorlatot hat,- tizenkét havonta, mert ahogyan az életed változik, a költségeid, a vágyaid és a pénzügyi szükségleteid is változni fognak.

• Mi kellene ahhoz, hogy ezt az összegű pénzt és többet előteremtsek, teljes könnyedséggel?

• Mi mást adhatok hozzá az életemhez?

• Mi mást teremthetek?

1. ESZKÖZ A PÉNZ BIRTOKLÁSÁRA: A 10%-OS SZÁMLA

Tegyél el 10 százalékot minden keresetedből.

Mintegy önmagad megtiszteléseként teszed el. Tudd, hogy ez nem logikus vagy lineáris. Az univerzum elkezd energetikailag is hozzájárulás lenni neked, és a pénz elkezd a legkülönösebb helyekről megjelenni.

2. ESZKÖZ A PÉNZ BIRTOKLÁSÁRA: HORDJ MAGADNÁL KÉSZPÉNZT

Hordd magaddal azt az összegű készpénzt, amit szerinted egy gazdag ember hordana magánál.

Mit teremt neked, ha egy halom pénzt látsz a pénztárcádban, minden alkalommal, amikor kinyitod? Hozzájárul a gazdagság érzetéhez? Jó érzés? Próbáld ki és meglátod.

Ha nézőpontod van arról, hogy sok pénzt hordasz magadnál, mert azt hiszed, hogy el fogod veszíteni, vagy ellopják tőled, tedd fel a kérdést: „Mennyi pénzt kellene ahhoz magamnál tartanom, hogy hajlandó legyek folyamatosan éber lenni rá?"

3. ESZKÖZ A PÉNZ BIRTOKLÁSÁRA: VEGYÉL ÉRTÉKÁLLÓ DOLGOKAT

Az értékálló dolgok a vásárlás után is megtartják vagy növelik az értéküket.

Az olyan árucikkek, mint az arany, ezüst, platina, antik dolgok, ritka tárgyak, értékállóak.

Vedd számításba könnyen pénzzé tehető eszközök megvásárlását (olyan dolgokat, amik értéke könnyen készpénzre váltható) és amelyek esztétikai szépséggel is bírnak, amivel hozzátesznek az életedhez, ami hozzájárulás a gazdagság és luxus érzetének kialakításához az életedben, és ahhoz is, hogy pénzügyi értékkel rendelkezz.

ESZKÖZ: KÉPEZD MAGAD ARRÓL, MELYEK AZ ÉRTÉKES DOLGOK ÉS MI TEREMTI MEG SZÁMODRA A GAZDAGSÁG ÉRZETÉT

Képezd magad arról, melyek azok az értékes dolgok, amik birtoklása számodra is jó érzést teremtenek az életedben. Izgalmas érzés számodra a készpénz mellett likvid eszközökkel is rendelkezni? Mennyi készpénzre lenne szükséged az életedben ahhoz, hogy nagyobb békességed és bőségérzeted legyen a pénzzel? Mi mást adhatnál hozzá az életedhez, amely megteremtené az esztétika, a bőség, a luxus és a gazdagság érzését, és ami által kitágíthatnád az életed minden aspektusát?

8. Fejezet: Ismerd el magadat

Három módja is van annak, ahogyan belekezdhetsz önmagad még hatékonyabb elismerésébe:

- Ismerd el önmagad *értékét*
- Ismerd el azt, amit *könnyedén* teszel vagy amilyen *könnyedséggel* vagy
- Ismerd el azt, amit *teremtesz*

Ne várj arra, hogy mások meglássák az értékedet

Arra vársz, hogy mások elismerjenek, mert akkor végre elhiheted, hogy értékes az, amit ajánlani tudsz?

Mi lenne, ha te lennél az, aki felismeri az értékességedet, függetlenül attól, hogy bárki más mit gondol?

ESZKÖZ: ÍRD LE AZT, AMIÉRT HÁLÁS VAGY MAGADNAK

▸ Fogj egy jegyzetfüzetet, és írj le mindent, amiért hálás vagy önmagadnak – minden nap legalább három dolgot adj hozzá. Követeld meg, hogy önmagad nagyszerűségét még könnyedebben érzékeld, létezd, tudd és befogadd. Köteleződj el önmagadhoz, és légy önmagad támasza ebben a folyamatban.

KÉRDÉSEK

• Mi a nagyszerű bennem, amit még sohasem ismertem el?

• Mi az, amit önmagam elismerésében elutasítok, amit ha elismernék, az egy sokkal több könnyedséggel átitatott és örömtelibb életet teremtene?

Mi olyan könnyű számodra, hogy sohasem ismerted el?

Mi az, amit könnyedén csinálsz? Mi az, amit olyan könnyűnek érzel, hogy azt hiszed, nincsen értéke?

ESZKÖZ: ÍRD LE AZT, AMIKOR KÖNNYEDÉN ÉRZED MAGAD ÉS AMIKET KÖNNYEN TESZEL MEG

▸ Kezdd el összeírni azokat a dolgokat, amiket könnyen teszel meg, és igazán legyél éber rájuk. Idézd fel annak az energiáját, amit akkor érzel, amikor a számodra könnyű dolgokkal foglalkozol. Ismerd el mennyire ragyogó vagy!

▸ Kérd meg ezt az energiát arra, hogy minden olyan helyen is jelenjen meg, ahol eldöntötted, hogy nem olyan könnyű számodra. Ha elismered ezt az energiát, és megkéred arra, hogy növekedjen az életedben, akkor megteheti és meg is fogja tenni.

- Mi mást ismerhetek el önmagamról, amiről nem hittem, hogy értékes?

Elismered a teremtéseidet, vagy figyelmen kívül hagyod azokat?

Igazából mennyi olyan dolgot teremtesz az életedben, amiket figyelmen kívül hagysz? Mi lenne, ha teljesen jelen tudnál lenni mindennel, ami történik, és mindennel, ami az életedben megteremtődik – és mindezeket hálával fogadnád be? Figyeld meg milyen annak a lehetőségnek az energiája és milyen érzés, amit egy olyan elismerés teremt meg az életedben, mint ez: „Ma valami csodásat hoztam létre."

- Mi kellene ahhoz, hogy befogadjam ezt a pénzt az életembe, és teljes mértékben hálás legyek érte, és önmagamért?

- Még hol ismerhetem el a teremtő képességemet?

- Mi lenne, ha igazán élvezném a teremtésemet?

- Mennyire érezhetem jól magam, és mi mást teremthetek most?

9. Fejezet: Azt csináld, amit szeretsz

Amikor több olyan dolgot teszel, amiket szeretsz, azzal egyfolytában játszani hívod a pénzt.

Mit szeretsz csinálni?

El kell kezdened megfigyelni, hogy mit szeretsz csinálni.

ESZKÖZ: KÉSZÍTS LISTÁT MINDENRŐL, AMIT SZERETSZ CSINÁLNI

▸ Ragadj egy jegyzetfüzetet és kezd el összeírni az összes dolgot, amit szeretsz csinálni.

▸ A következő napokban és hetekben bővítsd a listát.

▸ Aztán nézd át - elég dolgot csinálsz azokból, amiket szeretsz?

▸ Tegyél fel pár kérdést.

KÉRDÉSEK

Ezek közül melyikből tudnék azonnal bevételi forrást létrehozni? (Figyeld meg, hogy egy vagy több kiugrik-e, mi lenne, ha azokkal kezdenéd?)

Mit kellene tennem és kivel kellene beszélnem, és hova kellene mennem ahhoz, hogy ezeket elkezdjem megvalósítani, most rögtön?

Mennyire érezhetem jól magam ennek a létrehozásával?

MI MÁST ADHATSZ MÉG HOZZÁ?

Nem kell egy dologhoz ragaszkodnod. Egyszerre több forrásod vagy tevékenységed lehet. Mi lenne, ha annyit hozhatnál létre, amennyit szeretnél? Nincs határa annak, hány bevételi forrást kérhetsz. Honnan tudod, melyik lesz releváns? Ha jól érzed magad benne, akkor releváns.

Amikor hozzáteszel az életedhez, az többet teremt abból, amire vágysz, viszont ha lefaragsz az életedből, az nem fog.

Ha elkezdesz többet hozzátenni az életedhez, főként, ha olyan dolgokkal teszed ezt, amiket szeretsz, mind az unalom, mind a túlterheltség elkezdenek eloszlani.

ESZKÖZ: NÉZZ MADÁRTÁVLATBÓL A DOLGOKRA

▸ Gyakorold most azzal, hogy madártávlatból nézel rá egy projektre vagy az életed egy olyan területére, ahol hajlamos vagy túlterhelődni. Nézz rá és tedd fel a kérdést:

▸ „Valaki más lehetne ehhez hozzájárulás?"

▸ „Valaki más hozzá tudna ehhez tenni valamit?"

▸ „Valaki más tudná ezt nálam jobban csinálni?"

▸ „Mit adhatok hozzá az életemhez, amivel tisztánlátásom és könnyedségem lenne mindezzel és többel is?"

KÉRDÉSEK

• Ha több ügyfelet szeretnél az üzletedben, vagy ha unatkozol a munkádban, kérdezd meg: Mi mást tudok még itt hozzátenni?

• Ha túlterhelt vagy, kérdezd meg: Mit adhatnék hozzá? Mi mást teremthetek?

Máshogyan teremtesz, mint a többi ember?

Az emberek rád vetítik, hogy egy dologba csak a másik befejezése után lenne szabad kezdened.

Viszont ez igaz neked? Ha nem ítélnéd meg rossznak azt, ahogyan teremtesz, mennyire érezhetnéd jól magadat, miközben még több dolgot teremtesz az életedben?

- Mi működik nekem?

- Több örömöt ad, ha egyszerre több különböző dolog történik?

- Ha a pénzemet és az életemet úgy teremthetném, ahogyan szeretném, mit választanék?

10. Fejezet: Légy tudatában annak, amit mondasz, gondolsz és teszel

Kezdj el mindenre odafigyelni, ami elhagyja a szádat, vagy ami bekúszik a gondolataidba, amikor a pénz kerül szóba, főleg azokra a dolgokra, amiket hajlamos vagy automatikusan igazként elhinni, és amiket normál esetben nem kérdőjelezel meg – Mi van akkor, ha egyáltalán nem is igazak?

Kívánni versus teremteni.

Milyen gyakran írtál fel dolgokat egy kívánságlistára, remélve, hogy megjelenik majd, de nem tettél lépéseket a megteremtéséért?

Az elköteleződés az a hajlandóság arra, hogy az idődet és energiádat olyanba tedd, aminek a létrejöttét megköveteled.

ESZKÖZ: ÍRJ TEREMTÉSI LISTÁT, NE KÍVÁNSÁG LISTÁT

▸ Arról írj listát, amit szeretnél megvalósítani az életedben, és a pénzügyi valóságodban, egy kívánságlista helyett. Tegyél fel kérdéseket. És válassz.

- Mi az, ami kívánság bennem, ahelyett, hogy elköteleződnék a megteremtése mellett?

- Ha kíméletlenül őszinte lennék magammal, itt is most mennyire lennék elköteleződve az életemhez? 10%-ban vagy kevesebben? 15%-ban vagy kevesebben? 20%-ban?

- Hajlandó vagyok 100%-ban elköteleződni az életemhez?

- Hajlandó vagyok elköteleződni a vágyott dolgok megteremtéséhez?

Válassz 10 másodperces szakaszokban

Képzeld el, milyen lenne, ha minden választásod érvényét vesztené 10 másodperc elteltével. Ha egy bizonyos utat akarnál követni, csak annyit kellene tenned, hogy újra választod – folyamatosan újra kell választanod, tudatosan, minden 10 másodpercben, ezért jobb, ha biztosra veszed, hogy ez tényleg valami olyan, amire igazán vágysz! Mi lenne, ha a választás tényleg ennyire könnyű lehetne? Ha választasz valamit, és nem jól sül el, nem kell arra pazarolnod az idődet, hogy megítéled és szidod magadat a legutóbbi választásodért. Csupán újra kell választanod.

ESZKÖZ: EGYSZERRE 10 MÁSODPERCEKBEN ÉLJ

▸ Gyakorold, hogy 10 másodperces szakaszokban választasz.

▸ Kezdd kicsi dolgokkal (felállni, leülni, egy csésze tát készíteni, leszakítani egy virágot, stb.).

▸ Legyél teljesen jelen minden választással. Élvezd mindegyik választást. Ne tedd jelentőssé, helyessé, helytelenné, fontossá a választást.

▸ Figyeld meg, mit érzel a testedben, mi jelenik meg benned?

▸ Minden alkalommal, amikor választasz, mi lenne, ha megajándékoznád magadat azzal, hogy tudod, hogy nincs kőbe vésve?

11. Fejezet: Engedj el minden elképzelést a dolgok végkimenetelével kapcsolatban

Amikor az életedben választásokhoz érkezel, mennyire ragaszkodsz a kimenetelhez, mielőtt egyáltalán nekifogsz? Mi van akkor, ha az, amiről eldöntötted, hogy meg kell jelenjen az életedben, az egy korlátozás? Hagyd abba azt, hogy elképzeléseket gyártasz a dolgok végkimenetelével kapcsolatban, és kérd az éberséget arról, hogy melyik választások fogják kiszélesíteni az életedet és az életmódodat. Engedd meg magadnak, hogy megérezd annak az *energiáját*, amit egyes választások teremthetnek. Kövesd azt az energiát, amelyik tágasabbnak érződik, még akkor is, az nem logikus, vagy nem egy megfogható érzés.

▸ Amikor egy választást készülsz meghozni, tedd fel ezt a két kérdést

▸ Ha ezt választom, milyen lesz az életem öt év múlva?

▸ Ha nem választom, milyen lesz az életem öt év múlva?

Éld bele magad

Beleélni magát valamibe azt jelenti, „megengedi magának, vagy átadja magát valami élvezetének."

Bármikor, amikor valamivel kapcsolatos választáson lamentálsz, és nem vagy biztos abban, hogy választanád, mi lenne, ha időt adnál magadnak arra, hogy belemerülj?

ESZKÖZ: ÉLD BELE MAGAD KÜLÖNFÉLE VÁLASZTÁSOKBA

▸ Gondolj valamire, amiben nem vagy biztos, hogy azt akarod választani. A következő 3 napban éld bele magad abba, hogy választod. Amikor beleéled magad valamibe, sokkal több éberséget szerzel arról az energiáról, amit a választás által teremtődik vagy generálódik. A következő 3 napban, éld bele magad abba, hogy nem választod. Neked melyik könnyebb?

KÉRDÉSEK

· Ha nem lennének szabályaim, előírásaim és referencia pontjaim, mit teremtenék?

12. fejezet: Add fel, hogy a sikerben, a bukásban, a szükségletekben és az akarásban hiszel

Te már sikeres vagy, és még ha meg is akarsz változtatni bizonyos dolgokat az életedben, egyszerűen megváltoztathatod őket. Hol vagy már sikeres, amit nem ismertél el?

Elbukni és kudarcot vallani

Olyan, hogy kudarc nem létezik. Ez csak a te nézőpontod. Egy választás, ami nem a terveid szerint alakult, az nem kudarc, vagy hiba. Csupán különbözik attól, amit elképzeltél.

ESZKÖZ: ÉBERSÉGBŐL VÁLASSZ ÉS NE PRÓBÁLD MEG HELYESEN CSINÁLNI

> Gyakorold, hogy a választással éberséget teremtesz a világodban. Ne tedd függővé attól, hogy jól vagy rosszul csinálod-e. Mit szeretnél választani?

KÉRDÉSEK

- Miről döntötted el, hogy jól kell csinálnod?

- Eldöntötted, hogy az üzleted / a párkapcsolatod / a pénzügyi világod helyesen kell, hogy működjön?

- Eldöntötted, hogy a helyes választást kell meghoznod?

- Eldöntötted, hogy el kell kerülnöd a rossz választásokat, vagy elkerülni a bukást vagy a kudarcot?

- Mi lenne, ha tudnád, hogy a választás éberséget teremt?

- Ez a választás milyen hozzájárulás lehet neked, amire még nem vagy éber?

Mi van akkor, ha itt az idő arra, hogy annyira más legyél, amilyen valójában vagy?

Mi van akkor, ha te nem vagy se kudarc se hibás, csak más?

ESZKÖZ: FOGADD BE A „KUDARCAID" HOZZÁJÁRULÁSÁT

▷ Írd le, amikről azt hiszed, hogy kudarcot vallottál bennük az életedben. Ha leírtad őket, nézd át, és mindegyiknél egyesével tedd fel a kérdést: „Ha ezt nem ítélem kudarcnak, milyen hozzájárulást fogadhatok belőle?" és: „Milyen éberséget teremtett ez az életemben, amivel máshogy nem rendelkeznék?" Írd le, ami eszedbe jut. Gyere ki a választásod megítéléséből, és kérd, hogy éberré válj a hozzájárulásra, a változásra, az éberségre, amiket adott neked.

▷ Írd le azt, amiről azt gondolod, a saját „személyes hibád". Nézz rá a listára, amikért rossznak ítéled magadat. Kérdezd meg: „Ha kivenném ebből a hibásként való megítélésem, milyen erősségem lenne ez valójában?"

Én nem akarok pénzt és nincs szükségem pénzre – és neked sem!

Tudtad azt, hogy az „akarom" szónak bármelyik 1946 előtti szótárban 27 meghatározása van, amelyek eredeti jelentése „a hiányzik" szónak felel meg, és csak egy olyan, ami azt jelenti, hogy „vágyom rá"? Minden alkalommal, amikor azt mondod, hogy „akarom", valójában azt mondod, hogy „hiányzik"!

ESZKÖZ: „NEM AKAROK PÉNZT"

▷ Gyakorold ezt minden nap, mond ki hangosan: „Nem akarok pénzt", legalább tízszer egymás után. Figyeld meg, hogyan teszi könnyebbé a dolgokat? Ez a könnyedség, amit érzel, az annak az elismerése, ami neked igaz. Mert igazság szerint, semmiben nincs hiányod.

Szükség és választás

Szeretjük azt hinni, hogy szükségünk van dolgokra. De mi van, ha valójában minden egy választás?

- Miről döntöttem el, hogy szükségem van rá?

- Tényleg szükségem van rá? Vagy ez egy választás?

- Milyen szükségleteket ismerhetek most el választásként?

- Mi van akkor, ha ez egy olyan választás, amit örömmel hozhatok most meg?

- Mit szeretnék teremteni?

13. fejezet: Megengedés

A megengedés az, amikor te vagy a szikla a folyóban. Ebben a világban minden nézőpont a pénzről átfolyik rajtad, de nem tudnak magukkal sodorni. A megengedés nem elfogadás. Nem egyezik meg azzal, hogy megpróbálod azt hinni, hogy minden rendben van.

Meghúzhatod a saját határaidat. Választhatod azt, ami neked működik.

Amikor az emberek ítélkeznek, az nem rólad szól, hanem azokról az ítéletekről, amik bennük önmagukról és arról van, amit nem hajlandóak létrehozni.

ESZKÖZ: MILYEN ÍTÉLETED VAN ÖNMAGADRÓL?

▶ Ha azon kapod magad, hogy valakit vagy valamit megítélsz, kérdezd meg magadtól, milyen ítéleted van önmagadról ezzel a személlyel vagy dologgal kapcsolatban. Nézd meg, hogy ettől könnyebbé válik-e. Az ítélet nem valós, és lehetőségeket a megengedés teremt.

KÉRDÉSEK

· Mi kellene ahhoz, hogy hajlandó legyek befogadni az ítéleteket (jót és rosszat), ami másoknak van rólam?

· Mi lenne, ha hajlandó lennék mindet könnyedséggel befogadni?

Hajlandó vagy megengedésben lenni saját magaddal?

Az önmagunkról alkotott ítéletek többsége, 99%-a olyan, amiket a körülöttünk lévő emberektől vettünk át. Valójában se nem valósak, se nem igazak.

ESZKÖZ: NE ÍTÉLD MEG AZ ÍTÉLETEIDET, ÉLVEZD ŐKET, AZTÁN VÁLASSZ ÚJRA!

▶ Amikor megítéled önmagadat, ismerd el: „Itt és most azt választom, hogy ítélkezem magamon. Ezt most egy percig élvezem, aztán azt választom, hogy abbahagyom önmagam megítélését."

▶ Választhatod, hogy megítéled önmagadat, és választhatod, hogy abbahagyod önmagad megítélését.

▶ Amikor készen állsz arra, hogy abbahagyd, menj kérdésbe.

- Mi a jó bennem, amit nem látok meg?

- Mi van akkor, ha semmi, ami valaha voltam, vagy amit valaha tettem, nem lenne rossz?

- És ha velem kapcsolatban semmi sem rossz?

- Milyen valós ajándék lenne az életemben, ha teljes megengedésem lenne saját magammal?

- Milyen kedvesség lehetek önmagam számára, azzal, ha ma nem ítélem meg magamat?

Ne próbáld megváltoztatni az embereket.

Az egyetlen személy, akit megváltoztathatsz, az te vagy, senki mást. Ha megpróbálod rávenni az embereket, hogy azt válasszák, amit te akarsz, hogy válasszanak, végül ellenállnak majd neked, és megutálnak érte. Hagyd, hogy a többiek azt válasszák, amit választanak, és te válaszd, amit választasz.

- Megítélem a partnerem /a családom /a barátaim választásait?

- Milyen megengedésem lehet velük és a választásukkal?

- Mit szeretnék most magamnak választani, amit még nem választottam?

14. Fejezet: Legyél hajlandó kontrollon kívül lenni

Mennyire tetted a pénzt elég kicsivé ahhoz az életedben, hogy kontrolláld?

Mi lenne, ha azáltal teremthetnéd az életedet, az üzletedet és különböző bevételi forrásokat, hogy kiterjeszted az éberségedet és *elengeded* azt, amit kontrollálni próbáltál?

Mi lenne, ha ragyogóan teremtenél a káoszból?

Emlékszel arra, hogy a pénz teremtése nem lineáris? Te sem vagy lineáris! Mi lenne, ha úgy teremthetnél, ahogyan szeretnél, és ahogy szükségeltetik, még akkor is, ha másoknak az teljesen kaotikus? Mi lenne, ha feladnád, hogy megpróbálsz kontrollálni az életedben, és egyszerűen elkezdenéd teremteni? Emlékezz arra, hogy nem vagy egyedül az univerzumban, az univerzum hozzájárulás lesz neked ahhoz, hogy megteremts mindent, amire vágysz, ezért kérj többet.

ESZKÖZ: ADD FEL A KONTROLLT ÉS ENGEDD EL

▶ A következő héten próbáld meg elengedni a szabályokat mindennel kapcsolatban, amihez annyira szorosan ragaszkodtál. Enged el azokat a dolgokat, amiket megpróbáltál kontrollálni, és nézd meg, megjelenik-e valami új. Tegyél fel rengeteg kérdést.

KÉRDÉSEK

· Milyen kérdéseket kell feltennem, hogy ezt mind könnyedséggel megteremtsem?

· Kit vagy mi mást adhatok az üzletemhez és az életemhez?

· Mi kellene ahhoz, hogy ez könnyű legyen?

· Minek van szüksége ma a figyelmemre?

· Min kell most dolgoznom ahhoz, hogy ezt megteremtsem?

15. Fejezet: Röviden a pénzáramlásról

Mi van akkor, ha a pénzáramlás tényleg csak játék a lehetőségekkel?

ESZKÖZ: FORDÍTS FIGYELMET A PÉNZÁRAMLÁSODRA ÉS TÖBB KÉRDÉST TEGYÉL FEL

▸ Nézz rá a jelenlegi pénzáramlásodra, vagy annak hiányára. Szánj időt arra, hogy figyelmet szentelj neki, és minden nap tegyél fel több kérdést. Kezdd el képezni magadat a pénzről.

KÉRDÉSEK

· Mi kellene ahhoz, hogy folyamatos pénzáramlás legyen az életemben?

· Hány bevételi és teremtési forrást tudok létrehozni?

· Mivel akarok játszani?

· Mi okoz nekem örömöt?

· Mi tesz kíváncsivá?

· Mi más létezik odakint a világban a pénzzel kapcsolatban, aminek a felfedezésében jól érezném magamat?

KÉT TOVÁBBI ACCESS CONSCIOUSNESS ESZKÖZ, AMIT MINDEN DOLOG FELTURBÓZÁSÁRA TUDSZ BEVETNI

Az Access Consciousness által az életemben megjelent változás exponenciális jellegű.

Az Access Consciousness egy hatalmas eszköztár ahhoz, hogy változtass az életeden, hogy véglegesen megváltoztasd azt, ahogyan működsz, hogy semmilyen korlátozásod ne legyen, és egyre több és több tered legyen arra, hogy bármit választhass, amire vágysz.

Amit az Access Consciousness kínál, ami által valóban lehetővé válik számodra, hogy változtass a dolgokon, az nem csak a kérdések, az elméletek és az eszközök „csinálása", hanem a *felszín alatt megbújó energiák* kitisztítása, vagyis az összes nézőpont és következtetés, és ítélet kipucolása, amelyek a dolgokat beragasztva és megváltoztathatatlanul tartják az életünkben. Ha a logikus elménkkel meg tudnánk ezeket oldani, mindenünk meglenne, amire valaha is vágytunk, viszont az őrült nézőpontjaink elzárnak minket ettől. A tisztító mondattal kidolgozhatjuk mindezek és még sokkal több megváltoztatását.

Két eszköz létezik a felszín alatt megbújó energiák kitisztítására és megváltoztatására, amik használatát igencsak ajánlom neked a könyvben ismertetett többi eszközzel kombinálva: Az Access Consciousness tisztító mondata és az Access Bars.

A tisztító mondat egy szóbeli eszköz, amiket hozzáadhatsz a kérdésekhez, hogy kitisztítsd vele azokat az energiákat, amik által jelenleg korlátozva vagy, és amikben beragadva érzed magadat. Az Access Bars a testen végzett kézrátételes kezelés, ami segít eloszlatni a gondolatok, érzések és érzelmek által beragadt részleteket, amiket bezárva tartasz a testedben és a nézőpontjaidban (az életedben).

Évekkel ezelőtt nagyon sok könyvet olvastam el, az életem bizonyos területének megváltoztatását kutatva, és amikor mások történeteit olvastam, az sokkal elkeserítőbb volt, mint addig bármi is, azt éreztem: „Nahát, ez nagyszerű, és ezt hogyan kell csinálni? Hogyan változtathatod meg?" Ez a könyv más. Hallhattad a történeteimet, megkaptad a kérdéseket és eszközöket, és tisztításokat is kaptál hozzájuk, amiket a tisztító mondattal együtt használhatsz. Ez számomra mindnet megváltoztatott. Szeretném, hogy tudjál ezeknek az eszközöknek a létezéséről, és arról, hogy az életed bármely területét meg tudod változtatni, amelyikről azt *gondolod*, hogy számodra nem működik. A választás teljes mértékben a tied.

írta: Simone Milasas

AZ ACCESS CONSCIOUSNESS® TISZTÍTÓ MONDATA

A tisztító mondat egyike az Access Consciousness alapeszközeinek, amit én csak a „varázslat" a gyakorlatban-nak hívok. Alapvetően az energiáról szól. Amikor felteszel egy kérdést, és utána használod a tisztító mondatot, azzal minden helyet megváltoztatsz, elpusztítasz és nemteremtetté teszel, ahol olyan nézőpontot hoztál létre, ami megállít abban, hogy valami másod lehessen, valami más lehess, vagy valami mást választhass.

A tisztító mondatot lényegében arra tervezték, hogy változást hozzon létre mindazokon a helyeken, ahol olyan gondolataid, érzéseid, érzelmeid, korlátozásaid, ítéleteid és következtetéseid vannak, amiknek nem kéne lenniük. Több öröm és több játékosság érzete töltsön el, és valami más jelenhessen meg, és hogy több éberséged születhessen azért, hogy több lehetőség váljon elérhetővé számodra.

A teljes tisztító mondat így hangzik: *Helyes, helytelen, jó, rossz POD, POC, mind a 9, rövidek, fiúk és túlontúl.*

Ez egy rövidített verziója azoknak a különféle energiáknak, amiket tisztítasz. A tisztító mondat szépsége az, hogy nem kell megértened vagy akár az egész mondatot megjegyezned. Mondhatsz csak annyit, hogy: „POD és POC", vagy „Az összes cucc" vagy akár: „Az az energia abból a fura könyvből, amit olvastam." Hiszen az energiáról szól, nem a szavakról, ezért fog így is működni.

Lentebb találsz a tisztító mondat szavairól egy rövidített magyarázatot. Ha további információt szeretnél róla, látogass el erre a weboldalra: www.theclearingstatement.com

HELYES ÉS HELYTELEN, JÓ ÉS ROSSZ

A mondat ezen része azt jelenti, hogy: „Miről döntöttem el, hogy ebben mi a helyes, jó, tökéletes és kifogástalan? Miről döntöttem el, hogy ebben helytelen, rossz, szörnyű, gonosz, alávaló és borzasztó?"

POD és POC

A POD minden olyan gondolat, érzés és érzelem pusztításának a helyét jelenti, közvetlenül mielőtt eldöntenéd, hogy berögzíted az ítéletet, a nézőpontot vagy az energiát, és az összes módját annak, amivel megsemmisíted magadat azért, hogy életben tartsd azt, amit tisztítani akarsz.

A POC a gondolatok, érzések és érzelmek teremtésének helyét jelenti, közvetlenül mielőtt eldöntenéd, hogy sajátodként berögzíted.

A „POD és POC" a tiszttó mondat használatának egy rövidített verziójaként is használható.

Amikor „PODPOC-olsz" valamit, az olyan, mintha egy kártyavár legalsó lapját kihúznád. Az egész vár összedől.

Mind a 9

„Mind a 9" azt a kilenc különféle módját jelenti, amivel ezt a dolgot az életedben korlátozásként létrehoztad. A korlátozást beszilárdító és valóssá tevő gondolatok, érzések, érzelmek és nézőpontok rétegeit jelenti.

Rövidek

„Rövidek" a rövid változata egy sokkal hosszabb kérdéssornak, amiben benne vannak: Mi ebben a jelentőségteli? Mi ebben a jelentéktelen? Milyen büntetés jár ezért? Milyen jutalom jár ezért?"

Fiúk

Van az a nézőpontunk, hogy ha lefejtjük egy hagyma rétegeit, eljutunk a probléma magjához, de hányszor látod, hogy soha nem fogsz ténylegesen eljutni oda? A „fiúk" a középpontos gömböknek nevezett energetikai struktúrákat jelenti, amiket a megpucolandó hagymaként félreértelmezünk. A középpontos gömbök olyanok, mint amik a gyerekek szappanbuborék-fújójából jönnek elő. Folyamatosan megpróbáljuk kipukkasztani a buborékokat, azt gondolván, hogy az üggyel foglalkozunk, miközben a gyerek a szappanbuborék-fújót fújva gyártja a buborékokat. Távolítsd el a gyereket, és eltűnnek a buborékok. Erre az energiára utalunk, amikor összefoglalóan azt mondjuk, hogy „a fiúk."

Túlontúl

Ezek érzések, vagy érzékelések, amiktől megáll a szíved, nem kapsz levegőt, vagy nem leszel többé hajlandó a lehetőségeket keresni. A túlontúl az, amikor sokkot kapsz – például amikor egy váratlan magas összegű telefonszámlát kapsz. Általában érzések és érzékelések, ritkán érzelmek, és sohasem gondolatok.

HOGYAN MŰKÖDIK A TISZTÍTÓ MONDAT

Amikor először hallottam a tisztító mondatot, egy Access Consciousness ismertető esten voltam, és amikor meghallottam, hogy a kurzus facilitátora elmondja a mondatot, azt gondoltam: „Mi a fenéről beszél ez a fickó? Fogalmam sincs róla, mi ez!" Amit viszont észrevettem következő reggel, amikor felébredtem, hogy megváltoztak bennem dolgok.

Az életemet rendszabályokkal tartottam fent: kelés 6:30-kor, megérkezés az edzőterembe 7:00-kor (és muszáj az edzőterembe mennem, különben egész nap egyfolytában megítélem majd magamat), megérkezés az irodába 9:00-kor, üzletem működtetése hétfőtől péntekig, és sokáig bent maradni, és ezt és azt tenni. Mindennek egy bizonyos módon kellett kinéznie. És azt hittem, ez mindig így lesz.

A kurzus utáni reggelen, ültem az ágyban, és rájöttem: „Oh, fel sem keltem, hogy elinduljak az edzőterembe", és egy térszerű dolgot éreztem, és még mindig nem igazán tudtam mi történt.

A facilitátor az előző estéről rám telefonált, és azt mondta: „Helló, csak rád csörögtem, hogy halljam, hogy vagy."Én erre: „Mi a fenét műveltél velem tegnap este?" Azt kérdezte: „Hogy érted?" Elmagyaráztam neki, hogy úgy érzem, hogy csak az egész életem változott meg. Minden, amiről eldöntöttem, hogy meg kell tennem, többé nem volt releváns. Olyan volt, minta innentől lenne más lehetőségem, és fogalmam sincs arról, mi az. De az örömteli az volt benne, hogy *nem éreztem azt, hogy ki kellene találjam*. A világomban megjelent egyfajta játékosság, amit gyerekkorom óta nem tapasztaltam.

Egy dolgot tudtam, hogy bármiről is beszélt ez a facilitátor az Access bevezető kurzusán, működik. És többre vágytam. Azonnal megkérdeztem: „Mi a következő lehetőség veled? Mikor van a következő kurzus?" A facilitátor elmondta, melyik lesz a következő kurzus, de az épp karácsony időszaka volt, ezért senki nem akar az évnek ebben az időszakában kurzusra menni. Megkérdeztem: „Hány emberre van szükséged, hogy megtartsd a kurzust?" és azt felelte: „Négyre." Azt mondtam? „Vedd elintézetnek." Három nap alatt szereztem négy embert, aki eljönnének a kurzusra, így megtartottuk azonnal karácsony és szilveszter között.

Az volt a megkövetelés a világomban, hogy többet kapjak ebből, bármi is ez, és azt *most*. Annyi éven át voltam keresésben – spirituális utakon, drogokon, világ körüli utazásokon keresztül, kerestem a valami többet. Minden aspektuson keresztül kerestem ezt, bármi is legyen ez. Később ismertem fel, hogy amit ez mutatott nekem, az voltam *én*. A változás forrását mindig máshol kerestem, magamon kívül, és amit elkezdtem észrevenni, hogy én vagyok a változás forrása.

írta: Simone Milasas

HOGYAN HASZNÁLD A TISZTÍTÓ MONDATOT

A tisztító mondat használatához először felteszel egy kérdést. Amikor felteszel egy kérdést, az felhoz egy energiát. Talán még bizonyos gondolatokat, érzéseket vagy érzelmeket is felhoz, és talán nem. Azután azzal kéred ennek a felhozott energiának a kitisztulását, hogy futtatod a tisztító mondatot. Például:

„Milyen ítéleteim vannak a pénzteremtésről?" Mindent, ami ez (ami azt jelenti, hogy minden energiát, amit ez felhoz) most elpusztítok és nemteremtetté teszek. *Helyes, helytelen, jó, rossz POD, POC, mind a 9, rövidek, fiúk és túlontúl.*"

Egy kurzuson a facilitátor feltesz egy kérdést, és utána megkérdezi: „Mindent, amit ez felhozott, elpusztítanál és nemteremtetté tennél?" És aztán futtatja a tisztító mondatot. Azért tesszük ezt így, mert tőled függ, hogy mennyit engedsz el, és vagy hajlandó megváltoztatni. A tisztító mondat nem fog semmi olyat eltörölni, ami számodra működő, vagy amin nem kívánsz változtatni. Csak ezt fogja kitisztítani, amit hajlandó vagy elengedni és szeretnél elengedni.

Ennek a fejezetnek a végére beillesztettem egy tisztító processzekből álló listát (kérdések a tisztító mondattal együtt). Az a mögöttes elgondolás, hogy újra és újra futtatod őket, hogy több és több energiát tisztíts ki, és több könnyedséget, teret és választást hozhass létre adott területen.

ACCESS BARS

Az Access Bars 32 pont a fejen, amelyek gyengéd érintésével elkezdenek feloldódni a gondolatok, érzések és érzelmek az olyan témákkal kapcsolatban, mint a gyógyulás, szomorúság, öröm, szexualitás, test, öregedés, kreativitás, kontroll, pénz, hogy csak egy párat említsek. Lefogadom, hogy neked nincs egyetlen nézőpontod sem egyik területtel kapcsolatban sem, ugye?

Igencsak ajánlom, hogy futtasd meg a Barjaidat. Lehetővé teszi a testednek, hogy részese legyen annak a változásnak, amit teremtesz. És minél inkább bevonod a testedet az életed megváltoztatásának folyamatába, az annál örömtelibb, és könnyedséggel telibb lesz.

Az első alkalommal, amikor kaptam egy Bars kezelést, az egy olyan teret teremtett számomra, amelyben nem volt semmiről sem határozottnak tűnő nézőpontom. Több hely volt arra, hogy valami mást válasszak. Minél többet futtatod a Barjaidat, annál nagyobbá válik ez a tér.

A másik lehetőség arra, hogy a Barokat a dolgok megváltoztatásában való asszisztálásra használd, az, hogy miközben a pénz Barod futtatod, beszélhetsz arról, mit hoz fel benned a pénz. És akkor elkezd lenyomódni a törlés gomb azzal kapcsolatban, amiről eldöntötted, hogy neked az a pénz: minden nézőpont, amit bevettél a pénzről, minden nézőpont a családodtól, a barátaidtól, a kultúrádból, onnan, ahol születtél és így tovább, és elkezded megteremteni a saját pénzügyi valóságodat.

Találj egy kezelőt, vagy akár vegyél részt egy kurzuson. Az Access Bars elsajátítása egy egynapos workshop, és a napot a Barok futtattásával töltöd – befogadsz két kezelést és adsz két kezelést. Úgy jössz el onnan, hogy teljesen kicserélődve érzed majd magad.

További információt találsz itt: www.bars.accessconsciousness.com

ACCESS CONSCIOUSNESS PÉNZES TISZTÍTÁSOK

A következő pénztisztításokból álló listát használhatod annak az energiának a tisztítására, ami megállít abban, hogy nagyszerűbb lehetőségeid legyenek. Minél többet futtatod ezeket a tisztításokat, annál több változás jelenhet meg. Ezeket hangfelvétel formájában is megkaphatod (ingyenesen letöltheted a www.gettingoutofdebtjoyfully.com/bookGIFT weboldalról), és ismétlő loop formájában lejátszhatod az mp3 lejátszódon vagy a telefonodon. Még szinte alig hallható hangszintre téve is lejátszhatod, miközben alszol. Azzal, hogy a kognitív elméd nincs útban, még dinamikusabban működnek majd. Jó szórakozást! Ne feledd: Kerülj ki az adósságból örömmel!

Mit jelent neked a pénz? Mindent, ami ez, elpusztítanád és nemteremtetté tennéd? Helyes, helytelen, jó, rossz, POD, POC, mind a 9, rövidek, fiúk és túlontúl.

Miről döntötted el és következtetted ki, hogy helyes a pénzzel kapcsolatban? Mindent, ami ez, elpusztítanád és nemteremtetté tennéd? Helyes, helytelen, jó, rossz, POD, POC, mind a 9, rövidek, fiúk és túlontúl.

Miről döntötted el és következtetted ki, hogy helytelen a pénzzel kapcsolatban? Mindent, ami ez, elpusztítanád és nemteremtetté tennéd? Helyes, helytelen, jó, rossz, POD, POC, mind a 9, rövidek, fiúk és túlontúl.

Vedd azt az összegű pénzt, amennyit jelenleg keresel és szorozd meg 2-vel, érzékeld ennek az energiáját. Mindent, ami nem engedi, hogy ez felbukkanjon, elpusztítanád és nemteremtetté tennéd? Helyes, helytelen, jó, rossz, POD, POC, mind a 9, rövidek, fiúk és túlontúl.

Most vedd azt az összegű pénzt, amit jelenleg keresel, és szorozd meg 5-tel, érzékeld ennek az energiáját. Mindent, ami nem engedi, hogy ez megjelenjen, elpusztítanád és nemteremtetté tennéd? Helyes, helytelen, jó, rossz, POD, POC, mind a 9, rövidek, fiúk és túlontúl.

Most szorozd be tízzel. Mindent, ami ez, elpusztítanád és nemteremtetté tennéd? Helyes, helytelen, jó, rossz, POD, POC, mind a 9, rövidek, fiúk és túlontúl.

Most szorozd be 50-nel. Most keress 50-szer annyi pénzt, mint amennyit jelenleg keresel. Az összes ítéletet, kivetítést, elkülönülést, mindent, amiről eldöntötted és kikövetkeztetted, hogy bekövetkezhet, elpusztítanád és nemteremtetté tennéd? Helyes, helytelen, jó, rossz, POD, POC, mind a 9, rövidek, fiúk és túlontúl.

Most már 100-szorosa. Mindent, ami ez, elpusztítanád és nemteremtetté tennéd? Helyes, helytelen, jó, rossz, POD, POC, mind a 9, rövidek, fiúk és túlontúl.

Milyen energia kell legyek vagy mit tegyek ma, hogy itt és most több pénzt generáljak? Mindent, ami ez, isten tudja hányszorosan (ez egy olyan nagy szám, hogy csak Isten ismeri!), elpusztítanád és nemteremtetté tennéd? Helyes, helytelen, jó, rossz, POD, POC, mind a 9, rövidek, fiúk és túlontúl

Hol korlátozod magadat és azt, amit teremthetsz, mert a pénztől tetted függővé és nem attól, hogy miben érzed jól magad? Mindent, ami ez, isten tudja hányszorosan, elpusztítanád és nemteremtetté tennéd? Helyes, helytelen, jó, rossz, POD, POC, mind a 9, rövidek, fiúk és túlontúl.

Milyen generatív energia, térűr és tudatosság lehet a testem és én, ami megengedné, hogy minden nap az élet ünneplése legyen? Mindent, ami ez, isten tudja hányszorosan, elpusztítanád és nemteremtetté tennéd? Helyes, helytelen, jó, rossz, POD, POC, mind a 9, rövidek, fiúk és túlontúl.

Mit bizonyítasz a pénzzel? Mit bizonyítasz a pénzhiánnyal? Mindent, ami ez, isten tudja hányszorosan, elpusztítanád és nemteremtetté tennéd? Helyes, helytelen, jó, rossz, POD, POC, mind a 9, rövidek, fiúk és túlontúl.

A pénz milyen teremtését használod arra, hogy más emberek valóságait tedd érvényessé, és a sajátodat érvénytelenítsd, amit választasz? Mindent, ami ez, isten tudja hányszorosan, elpusztítanád és nemteremtetté tennéd? Helyes, helytelen, jó, rossz, POD, POC, mind a 9, rövidek, fiúk és túlontúl.

Mit döntöttél el a pénzről, amit ha nem döntöttél volna el a pénzről, egy teljesen más valóságot és pénzáramlást teremtene? Mindent, ami ez, isten tudja hányszorosan, elpusztítanád és nemteremtetté tennéd? Helyes, helytelen, jó, rossz, POD, POC, mind a 9, rövidek, fiúk és túlontúl.

Mit szeretsz a pénz utálatában? Mit utálsz a pénz szeretetében? Mindent, ami ez, isten tudja hányszorosan, elpusztítanád és nemteremtetté tennéd? Helyes, helytelen, jó, rossz, POD, POC, mind a 9, rövidek, fiúk és túlontúl.

Mivel állsz ellen a gazdagon és tehetősen létezésnek? Mindent, ami ez, isten tudja hányszorosan, elpusztítanád és nemteremtetté tennéd? Helyes, helytelen, jó, rossz, POD, POC, mind a 9, rövidek, fiúk és túlontúl.

Mit döntöttél el, arról, hogy mi a pénz, ami nem az, ami visszatart attól, hogy sok pénzt csinálj? Mindent, ami ez, isten tudja hányszorosan, elpusztítanád és nemteremtetté tennéd? Helyes, helytelen, jó, rossz, POD, POC, mind a 9, rövidek, fiúk és túlontúl.

Milyen titkaid vannak a pénzzel? Mik a sötét, mély titkaid? Mindent, ami ez, isten tudja hányszorosan, elpusztítanád és nemteremtetté tennéd? Helyes, helytelen, jó, rossz, POD, POC, mind a 9, rövidek, fiúk és túlontúl.

Hajlandó vagy elég keményen dolgozni ahhoz, hogy milliárdos legyél? Mindent, ami ez, isten tudja hányszorosan, elpusztítanád és nemteremtetté tennéd? Helyes, helytelen, jó, rossz, POD, POC, mind a 9, rövidek, fiúk és túlontúl.

Milyen ítéleted van a pénzről, profitról, üzletről és sikerről? Mindent, ami ez, isten tudja hányszorosan, elpusztítanád és nemteremtetté tennéd? Helyes, helytelen, jó, rossz, POD, POC, mind a 9, rövidek, fiúk és túlontúl.

Mindenhol, ahol eldöntötted, hogy a rengeteg pénz felfoghatatlan, elpusztítanád és nemteremtetté tennéd? Helyes, helytelen, jó, rossz, POD, POC, mind a 9, rövidek, fiúk és túlontúl.

Milyen energia, térűr és tudatosság lehetnél te és a tested, ami megengedné neked, hogy túl sok pénzed legyen, és sohasem elég? Mindent, ami ez, isten tudja hányszorosan, elpusztítanád és nemteremtetté tennéd? Helyes, helytelen, jó, rossz, POD, POC, mind a 9, rövidek, fiúk és túlontúl.

Hányótok teremtett a pénzhiányra alapozva? A pénzt teszitek a teremtés forrásává, ahelyett, hogy MAGATOKAT tennétek a teremtés forrásává? Mindent, ami ez, isten tudja hányszorosan, elpusztítanád és nemteremtetté tennéd? Helyes, helytelen, jó, rossz, POD, POC, mind a 9, rövidek, fiúk és túlontúl.

Mit tudsz a befektetésről, aminek az elismerését elutasítod, amit ha elismernél, több pénzt teremtene, mint amiről valaha álmodtál? Mindent, ami ez, isten tudja hányszorosan, elpusztítanád és nemteremtetté tennéd? Helyes, helytelen, jó, rossz, POD, POC, mind a 9, rövidek, fiúk és túlontúl.

Hány különböző bevételi forrást tudsz létrehozni? Milyen más bevételi forrásokkal játszhatnál? Hol nem engeded meg a hirtelen felbukkanó bevételi forrásoknak, hogy megjelenjenek, ami több pénzt teremthetne, mint amit valaha lehetségesnek tartottál? Mindent, ami ez, isten tudja hányszorosan, elpusztítanád és nemteremtetté tennéd? Helyes, helytelen, jó, rossz, POD, POC, mind a 9, rövidek, fiúk és túlontúl.

Mi az, amid van, amit nem vagy hajlandó arra használni, hogy növeld a pénzed, a pénzáramlásaid és a bevételi forrásaid? Mindent, ami ez, isten tudja hányszorosan, elpusztítanád és nemteremtetté tennéd? Helyes, helytelen, jó, rossz, POD, POC, mind a 9, rövidek, fiúk és túlontúl.

Hol szállsz ki azért, hogy létrehozd a pénz hiányát, amit választasz? Mindent, ami ez, elpusztítanád és nemteremtetté tennéd? Helyes, helytelen, jó, rossz, POD, POC, mind a 9, rövidek, fiúk és túlontúl.

Mit tettél annyira életbevágóvá abban, hogy soha soha soha soha soha soha ne legyen pénzed, ami fenntartja a nincs változás, a nincs teremtés, a nincs öröm, a nincs boldogság állandóságát? Mindent, ami ez, isten tudja hányszorosan, elpusztítanád és nemteremtetté tennéd? Helyes, helytelen, jó, rossz, POD, POC, mind a 9, rövidek, fiúk és túlontúl.

Milyen lelkesedést utasítasz vissza, amit valójában választhatnál, amit ha választanál, több pénzt teremtene, mint amit valaha lehetségesnek tartottál? Mindent, ami ez, elpusztítanád és nemteremtetté tennéd?

Helyes, helytelen, jó, rossz, POD, POC, mind a 9, rövidek, fiúk és túlontúl.

Kinek vagy minek az elvesztését utasítod el, akit, vagy amit ha elvesztenél, az megengedné neked, hogy túl sok pénzed legyen? Mindent, ami ez, elpusztítanád és nemteremtetté tennéd? Helyes, helytelen, jó, rossz, POD, POC, mind a 9, rövidek, fiúk és túlontúl.

Mivé válást utasítasz el, ami lehetnél, amivé ha válnál, megváltoztatná az egész pénzügyi valóságodat? Mindent, ami ez, elpusztítanád és nemteremtetté tennéd? Helyes, helytelen, jó, rossz, POD, POC, mind a 9, rövidek, fiúk és túlontúl.

A lelkesedés és az élet örömének milyen szintjét utasítod el, amit ha nem utasítanál el, megváltoztatná az egész pénzügyi valóságodat? Mindent, ami ez, elpusztítanád és nemteremtetté tennéd? Helyes, helytelen, jó, rossz, POD, POC, mind a 9, rövidek, fiúk és túlontúl.

Mit nem voltál hajlandó befogadni, amit ha befogadnál, az megteremtené azt a pénzáramlást és valutaáramlást, amit tudod, hogy megérdemelsz? Mindent, ami nem engedi, hogy ez megjelenjen, elpusztítanád és nemteremtetté tennéd? Helyes, helytelen, jó, rossz, POD, POC, mind a 9, rövidek, fiúk és túlontúl.

Mennyi kétséget használsz, hogy megteremtsd a pénz hiányát, amit választasz? Mindent, ami ez, elpusztítanád és nemteremtetté tennéd? Helyes, helytelen, jó, rossz, POD, POC, mind a 9, rövidek, fiúk és túlontúl.

Mit teremtettél az életeddel, amit nem voltál hajlandó elismerni, amit ha elismernél, az sokkal többet tudna teremteni? Mindent, ami ez, elpusztítanád és nemteremtetté tennéd? Helyes, helytelen, jó, rossz, POD, POC, mind a 9, rövidek, fiúk és túlontúl.

Minek a teremtésére vagy most képes, amit nem voltál hajlandó érzékelni, tudni, létezni és befogadni, amit ha választanál, kevesebb munkaként, több pénzként és nagyszerűbb változásként aktualizálódna a világban? Mindent, ami ez, elpusztítanád és nemteremtetté tennéd? Helyes, helytelen, jó, rossz, POD, POC, mind a 9, rövidek, fiúk és túlontúl.

Negyedik rész

Történetek a változásról

TÖRTÉNETEK A VÁLTOZÁSRÓL

Néha, amikor arról olvasol, hogy miként változtatta meg valaki a valóságát a pénzzel, akkor könnyen gondolhatod azt, hogy: „Nekik más volt, nekik valahogy könnyebb volt, ez valószínűleg nem működne nekem."

Egyáltalán nem számít, hogy honnan jöttél, mennyi idős vagy, mennyire fiatal vagy, hogy van-e valamennyi pénzed, sok pénzed van, vagy éppen semennyi sincs – nem kell, hogy a pénzügyi helyzeted úgy nézzen ki, mint ahogyan a múltban, vagy akár ahogyan ma; meg lehet változtatni, ki lehet tágítani.

Egy csomó ember van körülöttem; csodálatos, hihetetlen emberek, akikről tudom, hogy nem mindig voltak olyan anyagi helyzetben, mint mostanság. Nagyon izgatott vagyok, hogy meginterjúvolhattam őket, és legfőképp, hogy ebben a könyvben megoszthatom ezeket veled.

Ezek az emberek vagy úgy nőttek fel, vagy olyan élethelyzetekből jönnek, ahol küszködtek a pénzzel és korlátozott nézőpontjaik voltak a pénzről – és ezt megváltoztatták. Remélem, hogy a történeteik inspirálni fognak téged és hozzájárulnak ahhoz, hogy tudd: az adósság megváltoztatásának és a pénz körüli nézőpontoknak nem kell jelentőségtelinek lennie, ez csupán valami olyan az életedben, amit meg tudsz változtatni.

Megjegyzés: Az itt következő interjúk a beszélgetések szerkesztett átiratai. A teljes interjúk a The Joy of Business (Az üzlet öröme) rádióműsorban hangzottak el. A felvételeket meghallgathatod az archívumban a http:// accessjoyofbusiness.com/radio-show/ oldalon.

INTERJÚ CHRISTOPHER HUGHESSZAL

A Joy of Business (Az üzlet öröme) internetes rádióműsor 2016. július 27-ei, Getting Out of Debt Joyfully with Christopher Hughes (Kerülj ki az adósságból örömmel Christopher Hughesszal) című adásából.

Milyen volt az életed, amikor adósságban voltál? Hogyan működtél, amikor nem volt pénzed? Mik voltak a legfőbb nézőpontjaid?

Akkoriban a legfőbb pénzzel kapcsolatos nézőpontjaim, és amiből működtem a következőek voltak: túl nehéz, nincsenek olyan lehetőségeim, mint másoknak, illetve, hogy nincs elég lehetőség a világban ahhoz, hogy legyen mit meglovagolnom.

Azt gondoltam, hogy nincs elég pénz és nincs elég ember, aki segíthetne abban, amit csinálni szeretnék, vagy akit eléggé érdekelnének a termékeim és a szolgáltatásaim, amiket kínáltam, vagy, tudod, x, y, z okok miatt.

Ez szorosan kapcsolódott azokhoz a helyekhez, ahol nem voltál hajlandó látni a saját értékedet, vagy a pénz értékét?

Nos, igen is, meg nem is. Egyrészről a saját értékemet, de másrészről a helyzetemet tettem az okává annak, hogy nem rendelkeztem azzal a pénzzel, amire szükségem volt. És néha lehetetlenül kevés pénzem volt. Nem csak adósságban voltam, hanem olyan helyzeteim is voltak, hogy: „A benzintankom majdnem teljesen üres és 50 centem van. Hmm. Most akkor lassabban fogok vezetni, hogy kevesebb üzemanyagot fogyasszak. Csak hogy biztosan hazaérjek."

Olyan is volt, hogy: „Mit csináljak a tonhalkonzervvel, hogy érdekessé tegyem ma estére?" – ha épp megengedhettem magamnak a tonhalat! De ez mind az okok kivetítéséről szólt a helyzetemre. Annyira vicces, mert az életemben sosem csináltam ezt igazán semmi mással. Valószínűleg sokkal inkább hajlamos voltam magamat rosszá tenni dolgokért, de valamiért a pénzzel mindig a helyzetemre vagy a körülményekre fogtam a dolgot. Ez volt az én szemüvegem, amin keresztül a világot láttam akkoriban.

Tehát akkor nem is a te hibád volt? Mindenki más hibája volt, hogy nem volt pénzed, valami ilyesmi? Vagy a neveltetésed miatt?

Teljes mértékben. Igazán be kellett teljen a pohár, nagyon frusztrálttá és bosszússá kellett váljak a pénztelenség miatt, hogy végre azt tudjam mondani, hogy: „Álljunk meg egy percre. *Miért* is választom ezt? Miért fogom ezt a helyzetre?" Rájöttem - számos Access Consciousness tanfolyam és a helyzettel való kemény, alapos szembenézés után –, hogy: „Ó, de hisz ez az, ahogyan az anyukám élt, aki felnevelt." A világ összes indokát fel tudta hozni, amire ráfoghatta a dolgokat. 16 éves korában ment férjhez, mert teherbe esett, és mire 25 lett, már 3 gyereke volt. A legidősebb 9 éves. Csak középiskolába járt, semmilyen más oktatásban nem részesült. És az apám meglehetősen erőszakos ember volt. Emlékszem, amikor az anyám elhozott az utolsó nap az óvodából, és egy másik városba mentünk elbújni [apám elől], mert annyira erőszakos volt. [Anyám] nappal a 7/11 bolthálózatnál dolgozott, mellette esti tagozaton befejezte a középiskolát, hogy lépésről lépésre felépítse magát. De nagyon sok nézőpontja volt. Azzal a forgatókönyvvel, abban a helyzetben, és azzal a megöröklött osztályrésszel nőttem fel, hogy az élet a küszködésről és a nehézségekről szól. Az élet osztja le a lapokat, és nem te teremted.

Van olyan, amire határozottan emlékszel, ahol megteremtetted az elkerülés, a tudatlanság, vagy az „örökké adósságban leszek" energiáját?

Az én saját módszerem, vagy ha úgy tetszik, technikám az örökös utazás volt. Utazó voltam. Egy kisvárosban születtem Kanadában, de amint tudtam, elköltöztem, mindenki ezt tette, hacsak nem esett teherbe, mint az anyám. Tehát megállás nélkül utaztam és folyamatosan valami újat találtam ki, elköltöztem az ország másik felébe 4 évre, aztán elköltöztem Ázsiába néhány évre, aztán még ide-oda. És soha nem kellett gyökeret vernem sehol, vagy elköteleződni az életem felépítéséhez, akárhol is voltam.

Tehát, igen, sok olyan borítékot kaptam, hogy: „Ez a szolgáltatás hamarosan kikapcsolásra kerül", vagy: „Elmulasztotta ezt és ezt", de ez sosem érintett úgy, mint valami, az életemet befolyásoló dolog, mert egyébként sem akartam ott lenni igazán hosszú ideig, szóval csak annyit mondtam: „Hát jó." Folyamatosan szakadtabbnál szakadtabb autóim voltak, csak ezeket engedhettem meg magamnak, és a legnagyobb mellényúlások voltak, amiket ember látott.

Emlékszem az egyik ilyen egyszer lerobbant, mire én csak annyit mondtam: „Ó", benyúltam a pohártartóba, felmarkoltam az aprót, ami ott volt, zsebre vágtam, és otthagytam az autót az út szélén és elsétáltam. Mert ennyi volt az egész. Nem voltam igazán hajlandó elköteleződni egy olyan élethez, ahol gondoskodom magamról és ezekről a dolgokról, ahol rendezem a számlát, és megtisztelem magam nem csak azzal, hogy rendezem a számlát, hanem még magamnak is adok.

Egyébként ez nagyon vicces volt, el kell mesélnem a történet többi részét is, amikor otthagytam ezt a roncsot az út szélén. Nem csak az aprót hoztam el a kocsiból. Azt elhoztam, de akkoriban a Sunshine Coaston éltem Queenslandben, ami nagyjából 2 óra Brisbane-től, ahol a kocsim cserbenhagyott. Még Brisbane-ben vettem karácsonyi ajándékot Brendonnak, Simone párjának, szóval elhoztam azt is - egy edénykészlet volt, mert akkoriban kezdett rákapni a főzésre. Az apró elég volt arra, hogy vonatra szálljak Brisbane-ben a Sunshine Coast felé, de emlékszem, már semmim nem volt, amikor a Sunshine Coastra értem. A vonatállomás 35-45 percnyire volt onnan, ahol laktam, és fogalmam sem volt, hogy jutok haza. Nem volt pénzem.

Hogy jutottál haza?

Annyira kevés pénzem volt, hogy végig kellett hívjam az összes ismerősömet, hogy ki tudna hazavinni az út hátralévő 30 perces szakaszán.

Nemrég vezettél először Teslát. Amikor kiszálltál, azt mondtad: „Rendben, azt hiszem, szeretnék egy új autót. Itt az ideje váltani."

írta: Simone Milasas

Egy Tesla jelenleg nagyjából 220 000 ausztrál dollár. Amikor ránézel valami ilyenre az életedben... hol volt ez az univerzumodban évekkel ezelőtt? Mi volt a nézőpontod? És mi a nézőpontod most?

Évekkel ezelőtt, és tulajdonképpen nem is olyan sok évvel ezelőtt csak annyit mondtam volna: „Úristen. Bele se gondoljunk." De ugyanezt mondtam volna egy 50 000 dolláros autóra is. Szóval egy 220 000 dolláros kocsi egyszerűen nevetséges és abszurd lett volna; bele se gondolj, meg se nézz egy ilyen autót, még a közelébe se menj. Már nem. Ma azt mondom, hogy: „Rendben. Ahhoz, hogy ezt megteremtsem magamnak, ezt át kell tárgyalni, ott alakítani kell a dolgokon, illetve meg kell néznem, hogy pénzügyi szempontból mi a helyzet, de valószínűleg meg tudom oldani."

Nemrég bementem egy boltba, és három ehhez hasonló gyönyörű inget vettem, melynek darabja 500 dollár, amire korábban, még az adósságok időszakában csak annyit mondtam volna, hogy: „Hékás, mit csinálsz?" De megvettem mindet, ami a méretemben volt. Többet is vettem volna, ha lett volna nekik. És ez annyira más nézőpont és paradigma. Valami olyasmi, hogy: „Ja. Miért ne?" Ez volt az egyik fő dolog, amit az adósságból kikerülve észrevettem, hogy van egy hatalmas terület az életemben, ahol többé nem korlátozásból működöm.

Az életed mely területein változtattál, hogy ezt megteremtsd? Mit kellett megkövetelned? Milyen eszközöket használtál ennek megváltoztatására, hogy többé ne korlátozásból működj?

Volt egy pár dolog. Úgy értem, itt van ez az eszköz az Access Consciousnessben, amit Gary Douglas mutatott meg nekem: a 10%-os számla. Minden dollár, ami az életedbe jön, annak 10%-át félreteszed önmagad megbecsüléseként; soha nem költöd el, nem költöd a számlákra, nem költöd el semmire. De számomra ez nehézkes volt. Nem tudtam racionálisan megmagyarázni magamnak, hogy ha ott az a piros boríték, hogy „Ki fogjuk kapcsolni az áramot", akkor arra miért ne használnám el a 10%-omat. Szóval egy kis trükkel vettem rá magam a pénz birtoklására és ez nem más volt, mint hogy ezüstöt vásároltam.

Az ezüst árutőzsdei termék. Napi szinten meghatározott azonnali, a piachoz igazított árfolyama van. Tehát megvettem ezeket a 10%-omból, így pénzbeli értékük volt, de nem tudtam kifizetni velük a számlákat. Természetesen beválthatod valutára is, vagy akármi, és a váltásnál veszíthetsz, vagy nyerhetsz is pénzt, de az egész nem túl kényelmes. És a folyamat, amíg pénzzé tenném, hogy kifizessem belőle a számlákat, elég hosszú ahhoz, hogy átgondoljam: „Nem, várj! Nagyon szeretném, ha ez az életemben lenne." És ez egy menő dolog is számomra, mert néha egy 40 dolláros ezüstkanalat veszek a 10%-omból, és néha egy kiló ezüstöt, ami ma nagyjából 900 ausztrál dollárba kerül. És egy idő után ezek a kisebb-nagyobb értékek összeadódtak. Emlékszem, hogy egy-két évvel ezelőtt jelzáloghitelt akartam felvenni, de fogalmam sem volt, hogy megkapom-e vagy sem, hogy a bank megfelelőnek talál-e engem ahhoz, hogy pénzt adjon kölcsön nekem. Körbejártuk a házat, hogy összeszámoljuk az aranyat, az ezüstöt és a hasonlókat, és majdnem 150 000 dollárunk volt csak ezüstben.

Ez alapján a bank azt mondta: „Rendben, tudunk kölcsönt adni Önnek. Elég fedezete van hozzá az ingóságaival." Ez teljesen új volt nekem. Tehát nagy eséllyel a 10% volt a leginkább mérvadó dolog számomra abban, hogy rávegyem magam arra, hogy pénzem legyen, mert az életem során mindig jól tudtam teremteni azt, de nem tudtam olyan jól birtokolni.

Azonnal elkezdted félretenni a 10%-ot, vagy mi volt a kezdeti nézőpontod erről az eszközről?

Nem kezdtem el egyből, hogy őszinte legyek. Akkorra már nagyjából 10 éve jártam Access Consciousness tanfolyamokra, de jelentős nézőpontjaim voltak a 10%-al kapcsolatban, valahogy úgy voltam vele, hogy „mindegy". Mert jött egy számla és azt gondoltam, hogy: „Biztosan nem fog többet teremteni az, hogy ott van ez a pénz a bankban, amikor itt van ez az óriási számla, amiről nem tudom, hogyan fogom kifizetni."

Gary Douglas mindig azt mondta: „Kérj, és megadatik. Kérd, hogy jelenjen meg a pénz. Ne költsd el a 10%-odat. Ez önmagad megbecsülése. Kérd, hogy jelenjen meg a pénz." És én folyamatosan a számlák mögé soroltam magam, fontosabbá téve azokat, így mindig őket fizettem ki először. És miután elkezdtem ilyen, ahogy én hívom őket, „pénzügyi eszközöket" - ezüstöt, régiségeket, stb. - vásárolni, amelyek nem azonnal készpénzzé tehető eszközök, nehezebb [elkölteni őket], azután a gazdagság energiája szép lassan bekúszott az életembe. És most, ha ránézek az otthonomra, csak azt tudom mondani, hogy: „Hmm. Minden rendkívül értékes."

A férjem és én nemrégiben egy hölgy kollekcióját néztük meg; festmények, ezüst, ékszerek és bútorok, amelyeket az élete során gyűjtött össze, és ezek most aukcióra kerültek. Aztán ránéztünk a saját dolgainkra, és azt mondtuk: „A harmincas éveink közepén járunk, és jobb dolgaink vannak!" Értékesebb dolgaink. És ez nem ítélet, hanem inkább a felismerés, hogy milyen tempóban növekszik a gazdagságunk. És ez nem a megtakarításokról szól, vagy a pénzről; ez az örömről szól, amit ez okoz nekünk. És ez tényleg a 10%-os számlával kezdődött.

Minden dollárnak, ami az életedbe jön, tedd félre a 10%-át önmagad megbecsüléseként. Ha akarod, vehetsz belőle aranyat vagy ezüstöt, vagy olyan dolgokat, amikről tudod, hogy nem veszítenek az értékükből, az is szuper. Csináld. Vagy, ha te fegyelmezettebb vagy, mint én voltam, akkor csak legyen nálad, egy számlán, tedd félre, tedd egy fiókba, vagy akárhova, ahol nálad van az a pénz; ahol *birtoklod* azt a pénzt. Mert ez volt számomra a nehéz része a dolognak.

Amikor elmeséled ezeket a sztorikat, hogy hogyan jutottál el a pénztelenségből odáig, hogy van pénzed - onnan, hogy a zsebedben az apróval az út szélén hagytad a kocsidat, odáig, hogy most 150 000 dollár értékű ezüst van a házadban... nem is volt olyan régen, hogy a „szegénység sújtotta" napjaidat élted.

Ha utánaszámolok, ez valószínűleg 4 éve volt. Szóval 4 év alatt ebből eljutni oda, hogy körbenézek a házamban, és nem csak, hogy van egy házam, oké, jelzáloghitel van rajta, de van egy házam, két kocsi, egy nagy csomó értékes régiség, drágakövek minden mennyiségben, egy halom ezüst és arany, és ez egy teljesen más világ.

Mi vett rá arra, hogy ki akarj kerülni az adósságból?

Egy adott ponton ráeszméltem, hogy ha adósságban úszom, és nem engedem meg magamnak, hogy pénzzel rendelkezzek, akkor erősen korlátozom azt, amit amúgy teremteni tudnék a világban. A változás, ami lehetséges volt számomra, másokat is inspirálhat, és, szóval, ez nem csak a jó autóról vagy a szép házról és az elegáns életvitelről szólt. Rájöttem, hogy hatással lehetek a világra, és megváltoztathatom, ha megvannak hozzá a forrásaim.

Volt valaki, aki inspiráció volt számodra ennek a változásnak a megteremtésében?

Te, Simone, hatalmas inspiráció voltál nekem ennek a változásnak a megteremtésében. 10 éve barátok vagyunk. Mindaz a nagylelkűség, amit láttam tőled az emberek irányában, nem a „tegyük őket olyanná, mint én" szándékkal, vagy az „én jobb vagyok nálad, majd én gondoskodom rólad" felsőbbrendűségéből, hanem a „mi királyságának" energiájából, ahol minden arról szól, hogy mindenki mindenkinek folyamatos hozzájárulás abban, amit éppen építeni szeretnének. Nem akarom a „támogat" szót használni, de azt látom nálad, hogy a pénz számodra sosem az egyedüli motiváció, igen, élvezed, de amit tenni tudsz vele, az az igazán inspiráló.

Nagyon jó kapcsolatban állok Gary Douglasszel is, és ők mind olyan emberek, akik nem úgy működnek a pénzzel, mint ahogy tanultuk, hogy kéne, tudod, a filmekből, a médiából, ahogy ez a valóság mondja neked, hogy a pénzhez viszonyulj. Láttam egy másfajta lehetőséget a pénzzel, amire azt mondtam: „Ejha! Ezt én is akarom!" Ez nem arról szól, hogy hatalmas gyűrűk legyenek az ujjamon, hanem arról, amit teremteni tudok.

Most hogy már tényleg van pénzed, mit mondasz, mi a nézőpontod a pénzről?

Néhány dolog egyből beugrott erre. Jelenleg, számomra a pénz csupán élvezet. A pénz – azta! Amikor ezeket a dolgokat mondom, érzékelem a hallgatókat, amint azt mondják „Persze, könnyű neked."

Emlékszem valamikor réges-régen jógázni jártam, és hát sohasem voltam fizikailag egy természetesen hajlékony alkat. Emlékszem, odamentem a jógaoktatóhoz, és azt mondtam neki: „Én nem tudom ezt a mozdulatot megcsinálni. Én nem tudok így hajlítani." Mire ő: „Ez feszültség. El kéne engedned." És én szívem szerint behúztam volna neki egyet, vagy megfojtottam volna a pólójával, ami rajta volt, elnézést ezért a mentális képábrázolásért. Nos, mi is a pénz számomra most... rájöttem, hogy tényleg csak a nézőpont az, ami teremti a létezését vagy a hiányát, vagy ez majdnem olyan, mint amikor szeretnél kapcsolatot, de jelenleg egyedül vagy. Amint benne vagy, rájössz, hogy „Várjunk csak. Ez nem is az a lehetetlen, az a fantázia, az az álom, amivé tettem." Amint van pénzed, akkor az nem jelenti azt, hogy soha többé nem lesznek gondjaid az életben.

Akárhogyan is, az életed nagyobbá válik, ha hajlandó vagy arra, hogy nagyobb legyen; az opciók, a lehetőségek, az ajtók, amiket ki tud nyitni számodra, ha hajlandó vagy rá, növekedhetnek, ha ez a választásod. Most már tudom, hogy ez sohasem a pénzen múlik. Annyi ember van a világban pénz nélkül, adósságban, akik azt mondják: „Bárcsak lenne pénzem és egy társam, és, és..." Létrehozzuk ezt a listát különböző dolgokról, amiket szeretnénk, mintha ezek jelentenék a megoldást, és mintha ezek majd teljes mértékben teremtenék az életünket. De ez egyáltalán nem így van. A pénz csupán az üzemanyag, csak egy eszköz, ami elvisz oda, ahova tart az ember. Így látom most, és minél kevesebb nézőpontom van róla, és minél inkább a buliról szól a teremtése, annál könnyebb.

Van még valami, ami leginkább megváltozott a jelenlegi a nézőpontoddal a pénzről? Mik azok az energiák, amiket az emberek meg tudnak változtatni, vagy mi az az eszköz, amit használni tudnak ahhoz, hogy a pénzzel kapcsolatos nézőpontjukat megváltoztassák?

Valószínűleg a legjobb tanács vagy eszköz, amit adhatok, az igazából az, hogy sohasem a pénz a probléma, sohasem a pénz maga teremti a gondot, a hiányt, vagy akármilyen drámát, ami jelenleg az életedben van. Nagyon sok van belőle a világban. Ez olyan, mint az egyik kedvenc filmedben, ami az én egyik kedvencem is, a Mame néni Rosalind Russell-el, aki azt mondja: „Az élet egy bankett, de a legtöbb csóró balek a világban éhen hal."

Pedig ott van. A pénz nem egy véges mennyiség az univerzumban. Régiségekkel foglalkozom, és ez egy olyan szakma, ahol a legtöbb ember a hiányból működik. Abból a nézőpontból működnek, hogy a szakma haldoklik; hogy manapság az embereket nem érdeklik a régiségek.

Antik bútorokkal és ékszerekkel, ezüsttel, festményekkel, kínai, illetve afrikai műalkotásokkal és még sorolhatnám, mennyi mindennel kereskedem. És amikor először megjelent egy lehetőség, azt gondoltam: „Édes istenem, nem tudok ennél unalmasabbat elképzelni!" És, atya ég, ez minden, csak nem unalmas. Ebben a szakmában rendkívül sok régiségkereskedővel dolgozom, főleg Ausztrália-szerte. Nagyon sokan közülük ebből a hihetetlen hiányból működnek; hogy nincs elég pénz, az embereket ez nem érdekli, egyre nehezebbé válik az egész, az aukciósházak elviszik a kereskedőket, és megnehezítik számukra, hogy olyan árakat kérjenek, amiket szeretnének. Ez mind igazából egy nézőpont.

Ha szeretnél egy eszközt a helyzeted megváltoztatására, akkor tessék: a nézőpontod teremti a valóságodat. Kérdezd meg magadat és nézz rá alaposan: „Mi a nézőpontom a pénzről?" Mi a nézőpontod *magadról* a pénzzel kapcsolatban? Nézz rá ezekre a dolgokra, kezdd el kérdezgetni magadat és menj vele. Van egy zseniális könyv az Access Consciousnessben, melynek címe: Hogyan válj pénzzé? Azt hiszem, nagyjából 30 dollárba kerül, ha csak nem változott az ára azóta, de ez egy zseniális könyv, ahol feltetheted magadnak ezeket a kérdéseket, és teljesen, 180 fokkal meg tudod változtatni a teljes pénzügyi valóságodat, csak azzal, hogy befektetsz ebbe a könyvbe. És miért ne? Csak a javadra válhat.

Amikor szeretnél valamit csinálni, vagy valamit megkapni, amihez nincs elég készpénzed, mit szoktál tenni? Milyen eszközöket használsz a megteremtéséhez, vagy hogyan közelíted meg azt a helyzetet?

Aha. Jó kérdés. Tetszik ez a kérdés, mert nem számít, hogy mennyi pénzed van vagy nincs, akkor is mindig kérhetsz többet és kutathatod a többet. Tehát ez nem feltétlenül csak az adósságról szól, vagy arról, hogy nincs elég. Tehát mondjuk jelenleg, annak a 220 000 dolláros Teslának a megvétele, amiről korábban beszéltünk, például igényel a részemről némi zsonglőrködést, valamennyi átcsoportosítást és teremtést, hogy tényleg létrejöhessen. Tehát, az eszközök tekintetében, amiket ehhez fogok használni, az egyik legjobb tanács, amit valaha kaptam a pénzzel és a pénzügyekkel kapcsolatban, az az, hogy legyél tisztában vele, hogy mennyibe kerül a jelenlegi életviteled. Ülj le tollal és papírral a kezedben, és írj le minden kiadást; a költségeidet. Tehát, ott a lakbér, a telefonszámla, a „szeretnék elmenni valahova a barátaimmal"; ne csak az alapszükségleteket, hanem azt, amennyit valóban költesz az életedre.

Ezt megcsináltam egyszer egy üzlettel, amit itt indítottam, megkértem a könyvelőt, hogy hozzon nekem egy összesítést a nyereségekről és veszteségekről, és leültem vele, átnéztük az egészet, és összeszedtük, hogy pontosan hova megy mindaz a pénz a cégben. És ez bámulatos éberséget teremtett számomra a cég pénzügyi helyzetével kapcsolatban. Tehát mennyire vagy te tisztában a saját pénzügyi helyzeteddel? Nagyon sok tanfolyamot tartok értékesítés és marketing témában, és volt itt egy Koppenhágában veled Simone, és annyira nagy ajándék volt nekem, és a tanácsom a tanfolyam résztvevőinek, és az embereknek, hogy tényleg kerüljenek tisztába azzal, hogy hol is állnak pénzügyi szempontból az üzletükben és az életükben.

Van egy régi marketinges mondás, hogy „A reklámra szánt költségvetésem fele a semmire megy, csak azt nem tudom, melyik fele." És ugyanez a helyzet az emberek pénzügyeivel is. Meglepően sok ember van a világban, aki nem is tudja, mennyit keres egy hónapban, és hogy valójában mennyit költ. Tehát ha meg akarnám teremteni a pénzt valamire, akkor először is tisztába kell kerülnöm a helyzettel, és tudnom, hogy hol állok, és hogy mire lesz szükség ahhoz, hogy eljussak oda, ahova szeretnék. Ez nem azt jelenti, hogy lineárisan meghatározod az a, b c, d lépéseket, de tudd, hogy „Hol vagyok most és mi a célom?" Nekem sokat segít, ha vannak céljaim. Tegyük fel, hogy vannak bizonyos céljaim – például én most szeretnék egy második helyet nyitni a boltomnak –, ehhez összeszedem, hogy mibe fog ez kerülni, és megkérem, hogy ez jelenjen meg, és aztán követem az energiát, ami lehetővé teszi, hogy ez megtörténjen. Ismétlem, ez nem igazán a lineáris lépésekről szól, hogy hogyan fogom csinálni, és mennyi pénzt kell ehhez keresnem, és aztán ostorozok mindenkit a boltban, hogy elérjék a kitűzött értékesítési célt. Ez inkább valami olyan, hogy: „Rendben, most már megvan az éberség... mi kellene ahhoz, hogy ezt megteremtsem?"

Christopher, tudnál egy kicsit beszélni arról, hogy hol találhatunk meg téged, és hogy mit is csinálsz? Mert tudom, hogy néhány fantasztikus tanfolyamot tartasz The Elegance of Living (Az élés eleganciája) címmel.

Igen, az egyik tanfolyam, amit tartok, az a The Elegance of Living (Az élés eleganciája) csoportos tanfolyam, ahol megtanuljuk a gazdagság és élés különböző aspektusait, amelyeket a pénz csapdáinak szeretek hívni, és habár a „csapda" szó elég sok töltéssel bír a jelek szerint, szerintem azért bulis is. Tanulunk a régiségekről, a művészetről, és hogy miként tudnak ezek a dolgok hozzáadni az életedhez és a jólétedhez. A partnerem és én azért kezdtük ezt el, mert otthon kivettük az aprót a befőttesüvegből, 500 dollár volt, és elkezdtünk aukciókra járni, vettünk egy csomó dolgot, elkezdtük eladni őket, és a befőttesüvegben lévő 500 dollárból hamar 3 000 dollárt csináltunk, a 3 000 dollárból pedig 9 000 dollárt, szóval minden erről a kis mikro-gazdaságról, amit mi elkezdtünk, és ami mostanra hatalmassá nőtt. Tehát ezt tanítom a The Elegance of Living (Az élés eleganciája) tanfolyamon, de beszélek az eladásról, marketingről, illetve inkább facilitálok, mint beszélek tulajdonképpen. Van egy weboldalam is, a www.theeleganceofliving. com és a www.theantiqueguild.com.au, ezen elértek, és bármilyen kérdést feltehettek.

írta: Simone Milasas

Van még bármilyen más eszköz vagy kérdés vagy bármi, amit szívesen ajánlanál az embereknek, amit elvihetnek magukkal, és amivel azonnal el tudják kezdeni megváltoztatni a pénzügyi valóságukat?

A legtöbb ember számára szerintem az a gond, legalábbis azoknak, akik olyanok, mint én, hogy van náluk valami a pénzzel kapcsolatban, vagy van valamilyen tudásuk a pénzzel kapcsolatban, amit elkerülnek. Számomra ez volt az. És ha ez kicsit is ismerősen hangzik számodra, akkor a helyedben elkezdeném kérdezgetni magamtól: „Mi az a dolog a pénzzel kapcsolatban, amit elkerülök?" „Mi az a pénzzel kapcsolatos tudás, amit elkerülök?" Mert mindenhol, ahol a homokba dugtam a fejem és igazi struccként viselkedtem, ott korlátoztam az életemet a pénzzel kapcsolatban. A következő kérdést kezdtem el feltenni magamnak: „Mi az, amit ezzel kapcsolatban elkerülök?" Régen, amikor még adósságban voltam, például amikor téged, Simone, és más embereket hallottam ugyanazokról a dolgokról beszélni, akkor mindig dühös lettem. Mindig azt mondtad: „Sokkal nehezebb nem pénzt keresni, mint pénzt keresni." És akkor ráeszméltem, hogy ha nehezebbé teszem, akkor nyilván pont azt kerülöm el, ami ott van az orrom előtt! Tehát mi az, amit elkerülsz a pénz birtoklásával és megszerzésével kapcsolatban? Tedd fel a kérdést. Nem arról szól, hogy hol csináltad jól vagy rosszul. Csak tedd fel a kérdést magadnak. Nem csináltál semmit rosszul azzal, hogy ott vagy most, ahol vagy.

INTERJÚ CHUTISA BOWMANNEL ÉS STEVE BOWMANNEL

A Joy of Business (Az üzlet öröme) internetes rádióműsor 2016. augusztus 22-ei, Getting Out of Debt Joyfully with Chutisa & Steve Bowman (Kerülj ki az adósságból örömmel Chutisa és Steve Bowmannel) című adásából.

Steve, szeretném, ha adnál nekünk egy rövid áttekintést arról, hogy milyen volt a viszonyod a pénzzel, amikor felnőttél. Milyen volt ez neked? Képezted magad a pénzről? Tanítottak a pénzről? Burkoltan beszéltek róla? Nem foglalkoztak vele? Vagy ez valami olyasmi volt, amiről nyíltan lehetett beszélni a családotokban?

Steve:

Tudod, most először teszi fel nekem valaki ezt a kérdést. Ez az első alkalom, hogy válaszolok erre. Tehát, ahogyan felnőttem; az anyám egyedülálló anya volt három gyerekkel, és az apám meglehetősen sokat bántalmazott minket, és még 15-20 évig járkált utánunk. A pénz soha, de soha nem került szóba. Sem negatív, sem pozitív értelemben. Soha nem került szóba sem ítéletként, sem lehetőségként. Egyszerűen soha nem volt téma. Tehát, feltételezem, most így belegondolva, úgy nőttem föl, hogy nem tudtam, mi volt mások nézőpontja a pénzről.

Tehát amikor elkezdtem ránézni a dolgokra… mindig is tudtam, egészen fiatal koromtól kezdve, még azelőtt, hogy találkoztam volna Chutisával, és mi 16 éves korunkban találkoztunk. Elsők voltunk egymásnak, összeházasodtunk, és több, mint 40 éve házasok vagyunk. Tehát az a helyzet, hogy nekünk mindig is más volt a nézőpontunk a pénzről. Nem tudtuk, hogy mi a többi ember nézőpontja a pénzről, mert mi olyan emberekkel nőttünk vagy nem nőttünk fel, akiknek nem voltak nézőpontjai a pénzről. Szóval az az érdekes, hogy ha ránézek most a pénzre, akkor hajlandó vagyok megváltoztatni a nézőpontomat róla, mert nekem sosem volt igazán olyan.

Ha nem volt nézőpontotok a pénzről, akár pozitív, akár negatív, akkor az azt jelenti, hogy megengedhettetek magatoknak dolgokat, vagy inkább a „majd megkapod karácsonyra vagy a szülinapodra" kategóriák voltak érvényesek, vagy volt egyfajta pénzáramlás, ami elérhető volt?

Steve:

Az az érdekes, hogy ha megnézem a családomat, például a nővéremet, ő bevette azt a nézőpontot, hogy a pénz mindig mások hibájából nincs, sose a sajátjából. Ugyanabban a családban nőttünk fel, de az ember mindig másként látja vagy érti a dolgokat. Tehát, az évek során azt tanultam meg, hogy a saját nézőpontod számít. Nem másoké. Szóval hibáztathatod a szüleidet, hibáztathatod a társadalmat, de ez csak egy kifogás számodra arra, hogy ne kelljen a pénzről alkotott nézőpontodat megváltoztatnod. Tehát azt vettük észre például, hogy én pénz nélkül nőttem fel. Aztán találkoztam Chutisával, és a dolgok elkezdtek megváltozni, mert elkezdtük közösen teremteni az életünket. És, például, az USA-ba költöztünk. Két évig laktunk ott, és napi két dollárból éltünk. Hogy is hívják azokat a vacsorákat? Filmes vacsorák? TV-s vacsorák! (a „TV dinner" /TV-s vacsora/ elnevezés az USA-ban kapható, előre csomagolt, mélyhűtött készételre utal – a ford.) TV-s vacsorák minden este, két dollárért. Ezen éltünk nagyjából egy évig, másfél évig. De mindig is tudtuk, hogy képesek vagyunk pénzt teremteni, és ezt meg is tettük, míg ott voltunk. Ez megadta nekünk annak a tudását, hogy tényleg képesek vagyunk teremteni. Tehát a pénznek nem volt köze ehhez. Az, hogy tudunk teremteni, annak igen.

Azt mondtad, hogy amikor találkoztál Chutisával, akkor több éberséged lett arról, hogy képes vagy teremteni. Érzékeltél olyat, hogy ez amiatt volt, hogy volt melletted valaki, akinek nem volt nézőpontja a teremtésről, vagy hogyan néz ez ki számodra egy másik emberrel, aki teremt?

Steve:

És ez is egy olyan kérdés, amit még sose tettek fel nekem! Tehát az egyik nagyszerű dolog abban, ha olyannal vagy, aki mindig is kreatív volt – nem teszi a kreatívat, hanem a lényéből fakadóan kreatív – az az, hogy kihozza az emberből, kihozza belőlem a kreatív énem. Tehát mi mindig abból teremtettük az életünket, amilyennek akartuk, hogy legyen, és az az érdekes, hogy ebbe beletartozott a pénz is. Az egyik dolog, amit most mondanék, az az, hogy a legnagyobb ajándék, amit az ember adhat az életének, és ezt megtanultuk az elmúlt néhány évben, az az, hogy sohasem késő. Sohasem túl késő ténylegesen teremteni az életet, sohasem túl késő változást teremteni, sohasem késő tényleg megváltoztatni a pénzügyi valóságodat. Minden évben megnézzük, hogy mi mást tudunk megváltoztatni, mi mást tudunk megváltoztatni, mi mást tudunk megváltoztatni? Épp három héttel ezelőtt változtattuk meg teljesen az életünket a pénzügyi valóságunk tekintetében mindenféle különböző módon. Tehát a kulcs ebben az, hogy ha lenne nézőpontunk arról, hogy minek kellett volna lennie a pénznek, minek nem kellett volna lennie a pénznek, akkor nem tudtuk volna ezt megváltoztatni. Azt vesszük észre, hogy amikor elkezdünk ránézni a pénzzel vagy adóssággal kapcsolatos nézőpontunkra, bármi is legyen az, ha azt hajlandóak vagyunk megváltoztatni, akkor minden más is megváltozik. Ezt minden évben megfigyeljük. Ez nem csak egy egyszeri dolog, mindig ez történik.

Emlékszem, hogy amikor Londonban éltem, és alig volt pénzem, akkor legalább 50 receptem volt az instant tészta elkészítésére. Nem volt olyan nézőpontom, hogy szegény vagyok. Nem volt olyan nézőpontom, hogy hiányt szenvedek valamiben. Csupán hajlandó voltam tudatában lenni, hogy ha nem költök pénzt különböző kajákra, vagy drága kajákra, akkor több pénzem marad utazni. Mert akkoriban az utazás kétségkívül az első helyen szerepelt a listámon. Tehát az a kérdésem, hogy amikor a 2 dolláros TV-s vacsorákon éltetek, mi volt a ti hozzáállásotok? Milyen nézőpontotok volt ekkor?

Steve:

A nézőpont számunkra az volt, hogy bármit hajlandóak voltunk megtenni, ami szükséges volt ahhoz, hogy tényleg többet teremtsünk. Tehát én két mesterképzést csináltam Washington DC-ben, és Chutisa a semmiből teremtett egy nagyon sikeres divatmárka üzletet, mindenki erről beszélt New York Cityben; miközben a 2 dolláros TV-s vacsorákon éltünk, és ez azért volt, mert sohasem láttuk magunkat szegénynek, csak tudtuk, hogy ez teremt. Teremtenünk kellett. És ő bámulatos volt ezalatt a két év alatt, amíg ott voltunk. 23 órát dolgozott minden nap, hogy teremtsen, és tényleg egy nagyon sikeres divatmárka üzletet teremtett, ami példa nélküli. És én két mesterképzést csináltam egyszerre, ami úgyszintén példa nélküli, de mi nem gondolkoztunk ezen, csak annyiban, hogy mi azt választjuk, hogy így teremtjük az életünket.

Chutisa, szívesen hallanék arról, hogy téged hogyan neveltek a pénzzel kapcsolatban? Képezted magad a pénzről? Tanítottak a pénzről, vagy nem foglalkoztak vele, vagy szabad volt egyáltalán beszélni róla? Milyen volt az általános légkör a családodban? Thaiföldön nőttél fel, ugye?

Chutisa:

Igen. Egy rendkívül, azt mondanám, arisztokratikus családban nőttem fel. Tehát a pénzről beszélni egyenlő volt a hencegéssel és az ellenszenvességgel, szóval nem volt szabad túl sokat beszélni róla. De az apám volt az igazi fekete bárány a családban, ő minden olyasmit megcsinált, amit egy arisztokratikus családban nem szabad; tehát őt keményen megítélték ezért. Ő vállalkozónak tekintette magát, tehát abban az időben, és itt most 60, 70 évvel ezelőttről beszélünk, nem voltak vállalkozók. Tehát az emberek ítélete az volt, hogy ő merész, a kockázatot keresi, és szörnyű dogokat művel a pénzzel. Szóval rutinos voltam a rá kivetített ítéletek kezelésében és természetesen a család is, mert az apánk olyan dolgokat csinált, amelyek ellene mentek a társadalomnak és a kultúrának, [ami szerint] dolgoznia kellett volna, sok pénzt keresnie és rendes dolgokat csinálnia. De ő belevágott, és megpróbált létrehozni egy üzletet, ami nem volt sikeres. Tehát egy állandó szorongás volt jelen a pénzzel kapcsolatban. Ugyan volt pénzünk, de az aggodalom mindig nagy volt a pénz körül.

Amikor azt mondod, hogy „szörnyű dolgokat", ez csupán egy ítélet volt, mert más volt? Milyen dolgokba fogott, amiről te tudtál akkoriban?

Chutisa:

Ő azon emberek egyike, aki nagyban látta a dolgokat. Tudod, míg egyesek elhatározzák, hogy elindulnak a kiskereskedelemben, addig az apám egyből egy egész bevásárlóközpontot akart építeni. Van, aki fejébe veszi, hogy mondjuk nyit egy autószervizt, ő egyből egy repteret épített, ilyeneket csinált. Volt képessége ahhoz, hogy rávegye az embereket arra, hogy befektessenek ezekbe a dolgokba. És rájöttem, hogy, tudod, két dolog van: van, akinek abban van képessége, hogy beszéljen a pénzről és ösztönözze az embereket, hogy adjanak, befektessenek. De meg kell legyen a képességünk arra is, hogy generáljunk; hogy tevékenyen is tegyünk a dolgokért. Képesnek kell lennünk létrehozni dolgokat. Azt érzékelem, hogy ez az az út, amin járnia kellett, hogy sikeres legyen.

Tudom, hogy Steve akart valamit még hozzáfűzni ehhez, a kedves felesége apjáról, és hogy milyen volt ő, és hogy milyennek tűnt. Steve?

Steve:

Igen, ez érdekes. Amikor nagyon sok ember ítélkezik, mert valami nem illik a valóságukba, mert valami nem illik egy arisztokratikus család valóságába. Őt a családja nagy része nagyon durván megítélte. Mégis a temetésén – épp ott voltunk, amikor meghalt – magas szintű kormánytagok és néhány sötétebb alak is jelen volt. És eljöttek a temetésre, hogy lerójják a tiszteletüket, mert ő nemcsak létrehozott velük dolgokat, hanem védelmezte is őket egyben. Tehát ő egy olyan ember volt, akinek a történetét soha nem fogjuk teljességében megismerni. Mivel őt annyira élesen bírálták a családjában, ezért csak az utolsó 10-15 évben ébredtünk rá, hogy valószínűleg tett olyan dolgokat is, amelyekről nem is tudtuk, hogy mennyire hatalmas változást hoztak létre. Tehát amit ebből magunkkal vihetünk az az, hogy az ítélkezés megölte mindezen lehetőségeket.

Chutisa:

És ez az ítélet annyira nagyon igaz számomra, mert én, amíg Gary

Douglas, az Access Consciousness alapítója nem facilitált ezzel kapcsolatban, hogy meglássam, hogy nagyon óvatos, nagyon kockázatkerülő vagyok a pénzzel – és látom a kapcsolatot aközött, hogy az apám szeretett kockáztatni és nem igazán volt elővigyázatos a pénzzel – szóval, amit választottam, az minden volt, csak nem nagy és hatalmas, emiatt a kapcsolódás miatt. Hiszen ez nem felelősségteljes dolog a pénzzel. [Ez így volt egészen addig,] amíg Gary meg nem mutatta nekem, hogy ez nem kockáztatás, és minden megváltozott a világunkban. Most már hajlandó vagyok nagyobb projektekre is ránézni.

Érdekes, hogy azt mondod, hogy kockázatkerülő vagy, Chutisa. Ha megnézem a történeteteket, amit Steve az imént elmondott arról, ahogyan New Yorkban a 2 dolláros készételeken éltetek, és te lényegében a semmiből indítottad el ezt a nagy divatmárkát, számomra ez elég nagy kockázat. Te hogy látod ezt?

Chutisa:

Kockázatot vállalni a pénzzel. Különösen más pénzével, soha nem kockáztatnám más pénzét. Most, hogy beszélünk róla, rájöttem, hogy a saját pénzemmel hajlandó vagyok kockázatot vállalni, máséval soha nem tenném. És ez kapcsolódik ahhoz az ítélethez, hogy amikor nagyvállalkozó vagy és létre akarsz hozni valami sikereset a világban, akkor képesnek kell lenned mások pénzét használni, nem? Tehát, ha nem vagy hajlandó kockázatot vállalni mások pénzével, akkor mindig óvatos leszel. Szóval, mindig megmaradsz kicsinek.

Mit tanácsolsz az embereknek [a mások pénzével való kockázatvállalással kapcsolatban]? Milyen egyéb információd van ezzel kapcsolatban?

Steve:

Ezen beszélgetés egyik premisszája, hogy miként tud valaki kikerülni az adósságból, és hogy hogyan tudja ezt örömmel, örömteli megtenni. És az egyik dolog, amit megfigyeltünk; hogy voltak befektetőink különböző üzletekben, és amikor egy-egy üzletnél a felszámolás mellett döntöttünk, akkor mi visszafizettük a pénzt a befektetőknek, annak ellenére, hogy semmi sem kötelezett erre minket. Számunkra az van emögött, hogy hajlandóak vagyunk bármit kockáztatni. Mi, Chutisa és én, hajlandóak vagyunk bármit kockáztatni. De semmit nem vagyunk hajlandóak mások nevében kockáztatni. És ez még mindig egy korlátozás. Nem helyes vagy helytelen, de korlátozás. Ezzel együtt láttunk olyan embereket is, akiket ez egyáltalán nem érdekelt, nem foglalkoztak azzal, hogy mások mit adtak nekik, és hogy mihez fognak majd kezdeni ezzel. Szerintem mindebben az van, hogy legyél éber, amikor mások hajlandóak befektetni az üzletedbe, legyél éber és legyél hajlandó bármit előteremteni ahhoz, ami az eredményhez szükséges. Legalábbis ez a mi nézőpontunk. Tehát, ami megkönnyíti a mi dolgunkat az az, hogy a semmiből is tudunk pénzt teremteni, folyamatosan, és ezt meg is tesszük. Tudva ezt, hogy is kerülhetnénk egyáltalán adósságba?

Beszélj egy kicsit erről, a semmiből pénzt teremteni, folyamatosan.

Steve:

Nos, nagyon sok módja van annak, hogy vagyont teremtsen az ember. És ez egy külön téma - a különbség a vagyon és a gazdagság között. (az angol eredetiben használt „wealth" szó „vagyon" -ként, a „riches" szó „gazdagság"-ként jelenik meg a magyar szövegben. Mindkettő fordítható „gazdagság"-ként, a „wealth" inkább a jólét, bőség értelmében, a „riches" inkább pénzbeli gazdagság értelmében – a ford.) Azt tapasztaltuk az életünk során – mint például néhány héttel ezelőtt is – hogy ezek a homlokra csapós „aha!" pillanatok folyamatosan jönnek. Ne feledd, sohasem késő! Tehát, a pénz teremtése a semmiből csupán nézőpont kérdése, nagyon sok pénz van a világban, nagyon sok lehetőség van a világban. Szinte kiabálnak, hogy vegyük már észre őket, mégis legtöbbször nem vagyunk hajlandóak látni őket. Az életünk során már nagyon sok dologgal jártunk úgy, amiket most csinálunk, hogy először nem akartunk észrevenni őket 5, 10, 15 évvel ezelőtt. És most csináljuk őket, és amint túljutottunk a nézőpontjainkon, az üzleteink növekedni kezdtek. Egy nagy tanácsadó cégem van; egy stratégiai konzultációs üzletem. Az volt a nézőpontom, hogy én vagyok az értékes árucikk, rendben? Két dolog hibádzik ebben a történetben.

Amint Chutisa és én elkezdtük ezt felfedezni, azt mondtuk: „Nos, mi lenne, ha másképpen teremtenénk az üzletet, úgy, hogy nem én vagyok az értékes árucikk ebben a bizonyos üzletben? Hogy nézne az ki?" Még mindig csinálom azt, amit imádok csinálni. És aztán más üzleteket is teremtettem. Tehát most már online is jelen vagyunk. Egy sor egyéb dolgunk is van. Bevontunk más embereket is. Amint túljutottam a nézőponton, hogy már elég emberem van – azon a ponton 300 alkalmazottam volt. Ennyi elég. Amint túljutottam azon a nézőponton, hogy nem akarok több alkalmazottat, az üzlet újra növekedni kezdett. Amint túljutottam azon a nézőponton, hogy további embereket kell felvennem, az üzlet újra növekedni kezdett.

Tehát az alap itt az, hogy túljutunk a nézőpontunkon?

Steve:

Ez a katalizátor.

Hol tudhatunk meg többet arról, amit teremtetek?

Steve:

Nos, széles a skála. Van egy weboldalunk: www.consciousgovernance. com. Van egy másik is: www.befrabjous.com, ami egy blog, telis-tele mindenféle fantasztikus dologgal.

A szó, „frabjous", az Alice Tükörországban című regényből származik. Ez a mondás Lewis Caroltól azt jelenti, hogy „bámulatosan örömteli". Tehát légy az! Számos menő dolog található itt, amit Chutisa írt. Emellett ott vannak még a luxproject.com, a nomorebusinessasusual.com. és a strategicawareness.com oldalaink. Ha nem lennél biztos benne, akkor csak írd be Chutisa Bowman nevét a keresőbe, őt sokkal könnyebb megtalálni, mintha a Steven Bowman névre keresnél rá.

Steve, említetted, ahogyan a mai napig képzitek magatokat a pénzről. Illetve említetted a vagyon és a gazdagság közti különbséget. Tudnál erről egy kicsit többet mondani?

Steve:

Mi újra és újra ránézünk a nézőpontjainkra, legyen szó akármiről. Tehát, évekig volt egy nézőpontom, egy darabig működött is nekünk, miszerint a pénzáramlás a tanácsadó cégünkből befolyt bevétellel volt egyenlő, és ezzel a pénzáramlással tudtunk aztán másfajta befektetéseket generálni és teremteni. Sajnos ez a nézőpont eredményezte azt, amit három-négy héttel ezelőtt ismertem fel, hogy ez lehetetlenné tette számomra, hogy a vagyon más generatív forrásaira nézzek rá, mert én a pénzáramlásra összpontosítottam. És meg voltam győződve róla, hogy igazam van, nagyjából három-négy éven keresztül. Amint Chutisa és én leültünk, és elkezdtünk arról beszélgetni, hogy: „Nos, mi van, ha a vagyon több, mint csupán pénzáramlás? Mi van, ha a pénzáramlásra egyéb módokon is tekinthetünk? Mi van, ha vannak olyan dolgok, amiket létrehozhatunk, amelyek úgy teremtenék a pénzáramlást, hogy az nem pénzáramlás lenne, ezért lehetne pénzáramlásunk, amiről nem kell eldöntenünk, hogy az?" És ez teljesen megváltozott akkor, és attól a perctől kezdve, három héttel ezelőtt, létrehoztunk két új üzletet, amelyek már elkezdtek egy másfajta pénzáramlást teremteni; mert mostantól nem is csak készpénzáramlásnak hívom.

Most hogyan írnád le a pénzáramlás, a gazdagság és a vagyon közti különbséget?

Steve:

Először is ezek mind nézőpontok. A vagyon számunkra, ebben a pillanatban – és ez folyamatosan változik – az a hajlandóság a teremtésre és a teremtésből való generálásra. Itt most bevonnám Chutisát egy pillanatra, mert ő nagy tudással rendelkezik arról, ahogyan a vagyonra ránézhetünk. A készpénzáramlás rendkívül magával tudja ragadni az embert, de egyben hajlamossá tehet arra is, hogy eltávolodjunk a teremtő játéktól. Tehát igen, fontos lehet, de nem ez a végső cél. És úgy gondolom, hogy én sokáig a készpénzáramlást tekintettem a végső célnak.

Chutisa, te miként látod a különbséget a vagyon, a gazdagság, a készpénzáramlás, stb. között?

Chutisa:

Nos, számomra a „készpénzáramlás" szóban mindig van valami furcsa energia. Nekem is, ahogyan Steve is mondta, csak három héttel ezelőtt jött az, hogy: „A készpénzáramlás majdhogynem a nem-választást hozza létre. Amint abbahagyod a munkát, illetve mindazt, amit csinálsz, akkor a készpénzáramlás is megszűnik. Tehát mi lenne, ha úgy tekintenénk az eszközeink építésére, mint generatív jövedelem, generatív bevételi forrás?" És amikor generatív jövedelemforrásról beszélünk, az folyamatosan további bevételt, generál, ugye? Tehát ennek más az energiája, mint a „készpénzáramlás"-nak. Mert a készpénzáramlást a linearitáshoz kapcsoljuk. Mi a „baby boomer" generációhoz tartozunk. A legtöbb ebben a korszakban született ember, a kollégáink, már a nyugdíjra készülnek, és Steve gyakran mondja: „Én sohasem fogok nyugdíjba menni. Örökké dolgozni fogok." Érzed ezt? Már el is kezdte befixálni, hogy ő örökké dolgozni fog, nem? Tehát azt mondtam: „Nos, ez egy másfajta választás ahhoz képest, hogy: »akkora generatív vagyonunk van, hogy azt választjuk, hogy dolgozunk, hogy megállás nélkül hozzájárulás legyünk ahhoz, hogy a világot jobb hellyé tegyük.« Ez más, mint az, hogy: »Örökké dolgozni fogok, hogy megmaradjon a készpénzáramlásom.«"

A készpénzáramlás… nem sok választás van abban, hogy „muszáj, hogy legyen készpénzáramlásod". De ha generatív vagyonnal rendelkezel, akkor az folyamatosan generálja önmagát.

Steve:

Az egyik kulcs ehhez, hogy képezd magad mindezekkel a lehetőségekkel kapcsolatban. Nos, amint kimondom ezt, hogy képezd magad mindezekkel a lehetőségekkel kapcsolatban, már hallom is, hogy megjelenik a „neee…" az emberek világában. Az, hogy képzed magad, lehet akár valami olyan egyszerű dolog is, mint hogy a Google segítségével rákeresel dolgokra, vagy megnézel „Hogyan tudok..." videókat a Youtbe-on... stb., stb., akármi lehet ez. Akár az is, hogy rákeresel a Google-ön, hogy „Mi a vagyon?" „Hogyan tettek szert a vagyonos emberek a vagyonukra?", és átnézed ezeket a nézőpontjaid fényében, majd kiválasztasz egy-két dolgot, ami értelmes számodra. Mert ez már egyfajta kezdet. Azt értettük meg három héttel ezelőtt, hogy voltak a vagyonnak olyan területei, amiket soha nem vettünk azelőtt számításba, és bár ezek mindig is ott voltak, hangosan szólongatva minket, mi nem voltunk hajlandóak tudni a létezésükről. És amint felismertük, hogy mik ezek a dolgok, és cselekedtünk, most hirtelen 1 000, 2 000 dollárt keresünk naponta olyan területeken, ahol már rég megtehettük volna, de soha nem gondoltunk rá. Ez minden egyéb, amit mi csinálunk.

Chutisa, mit tudnál még hozzátenni ehhez az egész „képezd magad a pénzzel kapcsolatban" témához? Mit ajánlanál az embereknek, hol érdemes elkezdeniük képezni magukat?

Chutisa:

Úgy gondolom, hogy a kulcs abban van, hogy amikor azt hallod: „képezd magad", akkor nem a pénzügyi tervezés alapjait kell elsajátítanod, vagy ilyesmi, vagy könyvelővizsgát tenned. Ez inkább annak a megtalálásáról szól, ami élvezetes számodra, és amivel minél többet meg tudsz tanulni *arról* az adott dologról. Ahogy az ékszerekről beszéltünk. Ha épp az tetszik, tudj meg minél többet az ékszerekről. Az antikokról, az aranyról, az ezüstről, csak kezdj el valamit, ami mókás számodra, és tudj meg róla minél többet, és légy kérdésben, hogy mi kellene ahhoz, hogy ezzel pénzt keress? Kereskedhetsz velük, vagy tervezheted őket. Mindenféle dolog lehetséges. Lehet, hogy egy nagy pénzügyi képzéssel ér fel jelen lenni azzal az egy dologgal, ami megdobogtatja a szíved, szóval menj és tudj meg róla többet. Képezd magad, és aztán adj hozzá még többet. Folyamatosan adj hozzá többet.

Az jutott még eszembe, hogy tudnál-e még beszélni arról, ahogyan a különbséget látod az adósság, és az emberek adóssággal kapcsolatos hiedelmeinek és ítéleteinek eloszlatása, illetve az adósságban levés között?

Chutisa:

Nos, amit az emberek rossz adósságnak hívnak, az nem más, mint amikor valaki más pénzét használod, például egy bankét, és fogyóeszközöket vásárolsz belőle, és ezek az eszközök nem növekednek vagy hoznak pénzt. A jó adósság az, amikor kölcsönveszel pénzt, akár banki kölcsön formájában, mondjuk 5% kamatra, és ezt arra használod, hogy 20-25%-ot generálj vele. Tehát ez jobb módja az adósság használatának; ez a jó adósság.

Steve:

Az adóssággal mindig az van, hogy ha mások pénzét használod – ami ugye az adósság definíciója – arra, hogy egy olyan eszközt hozz létre, ami aztán bevételi forrást teremt számodra, akkor az tulajdonképpen nem is adósság. Ha olyan adósságot, azaz olyan pénzt használsz, amit vissza kell majd fizetned másoknak, és ezzel egy olyan dolgot hozol létre, amit aztán egyből (f)elhasználsz, és ez nem olyan eszköz, ami pénzt hozna neked, akkor ez egy olyan adósság, amitől jobb, ha távol tartod magad. Tehát még egyszer, az a lényeg, hogy szabadulj meg minden olyan dologtól, amit mások pénzét használva szerzel meg, hogy utána csupán (f)elhasználd azt; nézd meg, hogy milyen módjai vannak annak, amikor mások pénzét használva eszközöket teremtesz további pénz teremtéséhez.

Mit tanácsolsz azoknak, akik most azon morfondíroznak, hogy miként tudnák mindezt a főiskolai tandíj után maradt adósság és mindenféle egyéb adósságuk rendezésére használni? Milyen kérdéseket, alapeszközöket [ajánlanál] az embereknek ahhoz, hogy el tudják kezdeni ezt megváltoztatni, hogy el tudjanak kezdeni kikerülni abból a reményvesztettségből, hogy ennyi lenne az élet, és semmit sem tudnak már rajta változtatni?

Steve:

Sohasem késő elkezdeni egyiket sem megváltoztatni. És sohasem késő, legyen az ember 20, 30, 40, 50, 60, 70, 80 éves. Nem számít. Mert minden alkalommal, amikor változol, akkor az az életedet is megváltoztatja. Tehát néhány gyakorlati tanács ezzel kapcsolatban. És ez most egyébként nem pénzzel kapcsolatos tanács. Ez csupán gyakorlati tanács. Mindig azt nézd, hogy miként tudod a fogyóeszközök megszerzéséből felhalmozott adósságodat csökkenteni, ahol fogyasztói cikkek megszerzésére fókuszálsz. Nézz úgy a hitelkártyádra, mint olyan eszközök megszerzésének lehetőségére, amelyek bevételi forrásokat teremtenek majd neked. Nos, mik azok az eszközök, amelyek bevételt teremtenek? Keress rá erre: „Hol vannak olyan eszközök, amelyek bevételt teremtenek?", és kezdd el megnézni, hogy ezek közül melyik lenne számodra élvezetes. És kezdd el megnézni, hogy miként tudnád aztán az egyéb módon megteremtett pénzed egy részét arra használni, hogy ezen eszközöket generáld; még akkor is, ha ez 1 000 dollár havonta, vagy 500 dollár havonta. Még ez is több annál, mintha semmit sem csinálnál. És elkezded, nos, elkezded; és úgy a legjobb elkezdeni, hogy az ember egyszerűen elkezdi.

Szerintem az ezüstkanál példája egyszerűen zseniális. Ha szeretnél egy ezüstkanalat venni, akkor képezd magad az ezüst árával kapcsolatban. Vedd meg ár alatt, és így bármikor, amikor csak akarod, beolvasztathatod azt az ezüstkanalat, és több pénzt keresel majd rajta, mint amennyiért vetted.

Az egyik dolog, ami az évtizedek során ámultba ejtett minket, hogy ha bármivel kapcsolatban képzed magad, akkor többet fogsz tudni, mint az emberek 99.99%-a a világban. Tudod, az emberek csak azt tudják, amit tudnak, és ha te egy kicsivel többet tudsz valamiről, akkor azonnal meglátod majd az értéket olyan dolgokban, amelyeket mások nem látnak. Tehát, használva az ezüstkanál példáját. Olvass utána egy kicsit az ezüstnek. Mélyedj el benne kicsit. Nézz végig egy félórás videót a Youtube-on, mondjuk arról, hogy: „Hogyan határozzuk meg az ezüst értékét?" Aztán nézd meg, egy újabb kereséssel, hogy: „Hol tudok ezüstkanalat venni?" Vegyél meg egy ezüstkanalat a beolvasztási ár alatt. Aztán keress rá arra, hogy: „Hol tudok ezüstöt beolvasztatni?" Olvasztasd be. És máris 20%-al többet kerestél, mint előtte. Képzeld el, ha ezt heti háromszor megcsinálnád!

Az rossz, ha a reakcióm az volt, hogy „Jaj, ne olvasztasd be azt a gyönyörű ezüstöt!"? Steve, lehet, hogy én vagyok az, aki megvenné tőled, hogy ne tudd beolvasztatni, mindenre lehet vevőt találni!

Sokszor hallottalak a profitról, a profit maximalizálásáról beszélni.

Steve:

Nos, az egyik gond mindig az, hogy a legtöbb ember inkább rendelkezik 100% semmivel, mint 20% valamivel. És ha az a nézőpontod, hogy maximalizálni akarod egy adott dologból szerzett profit mértékét, akkor az nem fog menni, mert mindig a *legjobb* pillanatot fogod várni az eladásra, a *legjobb* árért; a legjobb feltételekkel, bármiről is legyen szó. Mi lenne, ha igazán meg tudnál békélni azzal a ténnyel is, amikor csak 25%-al keresel többet ahhoz képest, ahonnan indultál? És mi lenne, ha ezt tennéd folyamatosan, folyamatosan, folyamatosan? Mennyit tudnál szerinted egy év alatt generálni, ha mindent, amihez csak nyúlsz, aztán el tudnál adni, vagy 25%-al többért tudnád eladni? Nem 300%-al többért, nem 500%-al többért, hanem 25%-al többért? A legtöbb ember inkább vár 3 évet, hogy eladjon valamit dupla áron, mint hogy eladjon valamit 25%-al többért tízszer egy évben.

Steve, van még valami, amit szeretnél az emberek figyelmébe ajánlani?

Steve:

Szeretném az összes hallgatót/olvasót arra invitálni, hogy vágjanak bele és kezdjenek el körbenézni, nagyon sok minden elérhető ingyenesen a vagyon teremtésével és generálásával kapcsolatban. És válassz ki egy dolgot. Amint megvan ez a dolog, akkor már előrébb jársz az emberek 99%-nál. És ez az adósságból való kikerülés egyik nagyszerű ajándéka, hogy megváltoztatod a nézőpontod. Ez mind az adósságból való kikerülésről szól. Mi lenne, ha nem az adósságról való kikerülésről szólna? Mi lenne, ha az eszközök generálásáról szólna?

Chutisa, van még valami, amit szeretnél hozzáfűzni ehhez?

Chutisa:

Tedd félre a bevételed vagy a kereseted egy részét. Nem számít, mennyire kevés, össze fog adódni. És használd ezt a pénzt arra, hogy olyan eszközöket vásárolj, amelyek bevételt hoznak neked, amik további jövedelmet hoznak neked. Kezdd el kicsiben. Tartsd meg. Tegyél félre, és azt a pénzt csak generatív eszközök megvásárlására használd. Ha szereted az ezüstkanalakat, tegyél félre egy kis pénzt és vegyél egyetlen egy ezüstkanalat, amikor megengedheted magadnak, hogy egy ezüstkanalat vegyél. És aztán ez önmagában sokkal generatívabb lesz neked és az életednek is.

INTERJÚ BRENDON WATT-TAL

A Joy of Business (Az üzlet öröme) internetes rádióműsor 2016. augusztus 29-ei, Getting Out of Debt Joyfully with Brendon Watt (Kerülj ki az adósságból örömmel Brendon Watt-tal) című adásából.

Hogyan nőttél fel a pénz tekintetében? Hogyan viszonyult a családod a pénzhez? Beszéltetek róla, nem beszéltetek róla, rejtegetnivaló téma volt, vagy nyíltan kezeltétek, volt pénzetek, vagy sem? Milyen volt ez az egész számodra?

Emlékszem gyerekkoromban gyakran megkérdeztem a szüleimet, hogy: „Ez mennyibe került?", amire mindig az volt a válasz, hogy: „Nem rád tartozik." És én aztán újra megkérdeztem, hogy: „Ez mennyibe került?" Bármit kérdeztem a pénzről, a szüleim válasza mindig az volt, hogy: „Nem rád tartozik. Nem kell ezt neked tudni." Tehát ahogy egyre nagyobb lettem, azt a képet raktam össze, hogy a pénz az valami olyan, amit az ember elkerül, valami, ami nem-létező, és fiatal felnőttként ez sokszor meg is jelent az életemben. Emlékszem, jöttek a csekkek a közműcégektől, a telefontársaságtól, vagy akárkitől, és én nem voltam hajlandó felbontani a levelet, mert azt gondoltam, hogy ha nem nyitom ki, akkor nem is fogom tudni, hogy tartozom az adott számlával. És így el tudom kerülni. Vagy például sose vettem fel, ha valaki magánszámról hívott, mert ugye ha egyáltalán nem tudok róla, akkor nem is tartozom senkinek. Tehát elkerültem, és elkerültem, amíg oda nem jutottam, hogy annyival tartoztam, akkora adósságban voltam, hogy tényleg szembe kellett néznem a helyzettel.

El tudnád mondani, hogy mit teremtett ez számodra? Mire vagy éber most, amire akkoriban nem voltál?

Emlékszem, egyszer az egyik barátommal béreltem közösen egy lakást. Épp nem volt otthon azokban a napokban, amikor a közműszámlák megérkeztek a postaládánkba, amiket én nyilván nem bontottam ki, és egyszer csak kikapcsolták az áramot. A lakás egy nagy társasházban volt, amihez tartoztak kinti fali csatlakozók, amik függetlenek voltak a lakástól. Szóval én kiszaladtam és bedugtam egy hosszabbítót, visszamentem a lakásba, és ahhoz csatlakoztattam mindent. Nem láttam semmi problémát ezzel, azt gondoltam: „Nagyszerű, újra van áram." És amikor a lakótársam hazajött, akkor csak nézett, hogy: „Te meg mit csinálsz?", mire én: „Hát kikapcsolták az áramot, és nincs pénzem kifizetni a számlát." És azt hittem, hogy ez teljesen normális. Szóval, én szegénységben nőttem fel, és a szegénység számomra valós volt. Nem éreztem úgy, hogy helytelen lenne, nem volt helyes vagy helytelen, egyszerűen abban voltam, hogy: „Nincs pénzem, mi mást tehetnék? Természetes, hogy kintről hozom be az áramot egy hosszabbítóval." Szóval ez ilyen volt számomra.

Tehát tulajdonképpen kreatívan megoldottad.

Ja. Szükségem volt áramra. Valahogy hidegen kellett tartanom a hűtőt, és a lámpákra is szükségem volt. De ez így ment nálam. Észre sem vettem, hogy adósságban vagyok, ennyire képzetlen voltam a pénzzel kapcsolatban. Az adósság nem jelentett számomra semmit. Csupán azt jelentette, hogy nincs pénzem. De emlékszem arra, amikor Simone és én beköltöztünk az első házunkba, amit közösen vettünk, és egyik nap beszélgettünk, és én felhoztam, hogy: „Ja, egyébként 200 000 dollár adótartozásom van." Mire ő: „Micsoda?" „Hát ez azért egy fontos részlet!", mire én: „Tényleg? Mi annyira fontos abban, hogy adósságban vagyok?" És ugye én nem ismertem fel, hogy adóságban lenni rossz dolog lenne, vagy bármi; ez csak pénz volt, és a pénz pedig semmit sem jelentett. Soha nem képeztem magam ezzel kapcsolatban, tehát nem is tiszteltem.

Igen, emlékszem erre a beszélgetésünkre, és arra is, hogy azt mondtam: „Vettünk közösen egy házat, együtt élünk, ez nem valami olyasmi, amit azért elmondasz a másiknak, mielőtt belevágunk? Hogy ennyi adósságod van?", mire te azt mondtad, hogy: „Áh!" Számodra ez teljesen normális volt. Jót nevettünk ezen.

Igen, de ez volt számomra a pénz, amolyan „el is felejtettem". Annyira jól megtanultam elkerülni, annyira távol helyeztem magamtól, ahogyan csak kevesen képesek rá; nagyon jó voltam ebben!

Az egyik dolog, amit korábban meséltél nekem, hogy gyerekkorodban sok veszekedést láttál, ami a pénzről szólt, és te sohasem akartad, hogy ebben részed legyen, mert számodra ez bizonyos mértékig a bántalmazással és az erőszakkal volt egyenlő. Beszélnél erről egy kicsit?

Ja, pontosan. Tudod, ezt sok embernél látom. Vegyük például a kapcsolatokat, ha valaki bántalmazó kapcsolatokkal nő fel, akkor vagy belemegy egy bántalmazó kapcsolatba, hogy megpróbálja megérteni és jobban csinálni a szüleiknél, vagy ha vesszük mondjuk a pénzt, ha a szüleid között sok veszekedés volt a pénz miatt, akkor fogsz vágyni rá? Tudod, én mindent megtettem, hogy boldoggá tegyem a szüleimet. Mindig kérdésben voltam, hogy mit tehetnék, hogy boldoggá tegyem őket? És ők folyamatosan veszekedtek a pénz miatt, és én nyilván semmit sem tudtam tenni a pénzzel kapcsolatban ahhoz, hogy boldoggá tegyem őket, de ez nem egy kognitív dolog volt. Ezt én eldöntöttem, valami olyasmi alapján, hogy: „Nos, ha ilyen érzés a pénz, és ez a pénz, akkor miért is akarnám, hogy legyen nekem?"

Említetted a boldogságot is. Ahogyan gyerekként felnőttél, egyenlő volt a pénz a boldogsággal, a boldogság a pénzzel? Vagy egyszerűen nem volt lényeges? Hogyan működik ez?

Hát, számomra a boldogságnak semmi köze sem volt a pénzhez. A boldogság számomra azt jelentette, hogy egyedül lehetek, vagy valami olyasmit csinálhatok, ami boldoggá tesz. Hány gyereket látsz, aki a pénzre alapozva teremti az életét; a pénzre alapozva teremti a boldogságát? Nem mondják azt, hogy „Ma kerestem 10 dollárt, tehát boldog vagyok." Azt mondják: „Tök jó napom volt ma, tehát boldog vagyok." De felnőttként, a jelek szerint, azt mondjuk: „Ma nem kerestem pénzt, tehát hülye vagyok", vagy „Szar napom volt", vagy bármi. „Nem lehetek boldog, a pénz miatt." Tehát hány ember döntötte el, hogy a pénz egyenlő a boldogsággal? Mert nem az. Igen, én is így gondoltam. Még egyszer, fiatal felnőttként azt gondoltam, hogy ha több pénzt keresnék, akkor boldogabb lehetnék, de amint elkezdtem pénzt keresni rájöttem, hogy a pénz lényegtelen. A boldogság csupán egy választás, amit meg kellett hozzak, és ennek egyáltalán nem volt köze a pénzhez.

Van egy olyan pont az életedben, amire azt mondanád, hogy az indította be ezt az éberséget?

Hát, amikor veled találkoztam, meg Garyvel és Dainnel találkoztam, és megismertem sok, most már közeli barátomat, és mindegyikük nagyon sok pénzt teremtett, és nem arról van szó, hogy ez teremtette a boldogságot számukra, vagy most számomra, hanem inkább a választási lehetőségek, amiket az ad az embernek. Ahogy nekünk is, például imádok első osztályon repülni, és imádok szép ruhákat viselni, és imádok jó ételeket enni, és imádom mindezt; ez boldoggá tesz, és a testemet is boldoggá teszi, de ez egyúttal egy választás is, amit meg kellett hozzak ahhoz, hogy ezzel rendelkezzek. Ez nem csak az, hogy: nos, ha lenne 1 000 dollárom itt és most, akkor boldogabb lennék. Mert ha itt és most adnál nekem 1000 dollárt, az nem tudna boldogságot teremteni. Azt teremtené, hogy: „Ó, van 1 000 dollárom. Szuper!"

Említetted egyszer, hogy a pénz több választási lehetőséget teremt. Például turistaosztályon utazol, első osztályon utazol, vagy…

Nos, mi tesz téged boldogabbá? A turistaosztály vagy az első osztály?

Mi teszi boldogabbá a testedet? Határozottan az első osztály!

Vagy a magánrepülő.

Vagy a magánrepülő, amivel az elmúlt hónapokban többször repültünk, és nagyon nagy buli volt. Tehát, a választási lehetőségekről beszélgettünk. Ahogy te felnőttél, érezted azt valaha is, hogy van választásod, vagy inkább azt, hogy nincs? Milyen volt ez számodra?

Először is nem tudtam, hogy mi az, hogy választási lehetőség. Számomra gyerekként a választás annyit jelentett, hogy figyeltem, amit mindenki más választott, és azon gondolkodtam, hogy: „Rendben, ez az, amit nekem választanom kéne? Ez az, amit nekem választanom kéne? Ez az, amit nekem választanom kéne?" Nem pedig az, hogy: „Mit választhatok, és milyen választásaim vannak itt, elérhetőek, itt és most?" Ez sosem erről szólt. Arról szólt, hogy mit választhatok másért, vagy más ellen. Tehát az, hogy megtudtam, hogy létezik választás, az valószínűleg az első lépés volt ahhoz, hogy egy másfajta valóságot teremtsek a pénzzel. És az adóssággal is. Rá kellett nézzek és azt mondani: „Rendben, adósságban vagyok. Ez nem fog eltűnni." Szóval az elmúlt 30-40 évet azzal töltöttem, hogy menekülni próbáltam ez elől, de most már itt áll az ajtó előtt, és kopogtat. Még mindig kopogtat. Még mindig kopogtat. Szóval itt az ideje ajtót nyitni és ránézni. És ezt tettem, és ez, ez csupán két évvel ezelőtt volt. Két évvel ezelőtt volt az, hogy elkezdtem rájönni, hogy mennyi adósságot halmoztam fel és feltettem a kérdést, hogy: „Oké, rendben, tehát milyen választásokat kell hoznom ahhoz, hogy kikerüljek ebből?"

Milyen volt számodra, amikor először vetted kezedbe a pénzügyi életed irányítását, és tudtad, hogy te vagy az, aki mássá tudja ezt tenni, hogy te vagy az, akinek másfajta választásokat kell hoznia?

Voltam annyira szerencsés, hogy nagyon sok jó barát vett körbe, akik visszajelzést adtak azzal kapcsolatban, hogy éppen hol tartok. Ezzel együtt olyan emberek is voltak körülöttem, akiknek nem volt pénzük; tehát képeztem magam. Rájöttem, hogy ha ki akarok kerülni ebből, akkor képeznem kell magamat a pénzről. Tehát számomra ez azt jelentette, hogy olyan emberekkel töltöttem időt, akik sokat tudtak a pénzről. Ez lehet akár az is, hogy a pénzügyi TV csatornát nézed. Vagy az, hogy olyan emberekről olvasol, akik megteremtették a pénzügyi képzést, és akik képzettek a pénzzel kapcsolatban. Tehát én szépen képeztem magamat, és aztán ránéztem: „Ha ki akarok kerülni az adósságból, akkor ezt és ezt kell tennem. Milyen választásaim vannak? Mit kell itt választanom?" És aztán: „Melyiknek a legkönnyebb az érzete?" És aztán csináld azt. Én ezt tettem, ez néhány évvel ezelőtt volt, és ez teljesen megfordult. Mára már nincsen tartozásom, a jelzálogkölcsöntől eltekintve, és a dolgok pénzt hoznak nekem.

Mesélj nekem arról, hogy milyen most elmenni a könyvelőhöz, és milyen volt eleinte, amikor járni kezdtél hozzá? Soha nem érezted jól magad, amikor eljöttél tőle, és most imádod a pénz- és adóügyi tervező találkozókat a könyvelőnkkel. Mi a különbség a teremtésben?

Nos, az a különbség, hogy már nem kerülöm el a pénzt. Ha az lenne a nézőpontom, hogy el kell kerülnöm az adósságot és a pénzt, akkor hogyan tudnék beszélgetni a könyvelővel? Nem túl könnyű úgy beszélgetni egy könyvelővel, hogy közben az a nézőpontod, hogy a pénz szívás, és számomra ez arról szólt, hogy ezen túljutottam, és megváltoztattam a pénzzel kapcsolatos nézőpontomat. Amikor most találkozunk a könyvelővel, akkor valami olyasmi van, hogy: „És most mit csinálunk? Mit tehetünk ezzel? Hogy tudnánk itt csökkenteni az adót?" Ez egyszerűen izgalmas, mert a teremtés újra izgalmas, és nem az adósság teremtéséről szól. Most már a jövő és a jólét teremtéséről szól.

Szóval, hogyan változtattad meg a nézőpontodat, Brendon? Tudnál, mondjuk, három eszközt vagy kérdést mondani?

Az első számú eszköz mindenképpen a 10%-os számla lenne. Nem is kérdés. Ez a legelső. Ha azt meg tudod csinálni, akkor ki fogsz kerülni az adósságból. És ennek az az oka, hogy ha el tudod tenni mindennek, amit keresel, a 10%-át, egyből; ha heti ezer dollárt keresel, akkor mielőtt elmész befizetni a számláidat, vagy bármit, 100 dollárt utalj át egy másik bankszámlára, vagy tedd be készpénzben a fiókodba, vagy akármi, és ne nyúlj hozzá. Ha 1 000 dollárt keresel hetente, és félreteszed a 100 dollárt, akkor az 3 éven belül mennyi pénz is lesz? 15 600 dollár. Szóval, ha 15 600 dollárod csücsül egy külön bankszámlán, akkor azt fogod érezni, hogy van pénzed, vagy azt, hogy nincs? Azt fogod érezni, hogy képes vagy pénzt teremteni, vagy azt, hogy nem? Én ötször futottam neki ennek, és amint elértem 2-3 000 dollárt, akkor elköltöttem. Aztán azt mondtam neked Simone: „Ez így nem megy. Annyira meg akarom ezt csinálni. Tényleg meg akarom változtatni a pénzügyi helyzetem." És ez már megkövetelés is volt. Szóval megkértelek, hogy tedd el nekem ezt a pénzt. Tedd el a 10%-omat.

Igen, és azt mondtad: „Ne add vissza, még akkor sem, ha kérem."

És azt hiszem, egy párszor kértem.

Igen. És én azt mondtam: „Nem." Mire te: „Micsoda?"

Igen, mert azt gondoltam: „A francba!" Szóval ez nagyjából 2-3 évvel ezelőtt volt, és azóta sem nyúltam hozzá. Tehát ez gyarapodik és gyarapodik és gyarapodik és gyarapodik. És mára van egy bizonyos összegem a bankban, ezért nem érzem azt, hogy nincs pénzem.

Megkérdezhetem, hogy mekkora összegnek kellett összegyűlnie a 10%-os számládon, mire megjött az az érzet, hogy van pénzed?

Azt hiszem, kezdetben ez a 10 000 dollár volt. És aztán elértem ezt, és akkor a 30 000 lett. Aztán 50 000. De amint elérsz egy bizonyos összeget, akkor az olyan: „Azta! Van pénzem. Most mi más?" Tehát ez volt az első dolog nekem. És ez lenne az első számú tippem az adósságból való kikerülésre. A következő pedig az, hogy írd le a kiadásaidat, mindent. Mi például néhány havonta leírjuk a mieinket, és beleírjuk a karácsonyi ajándékokat is; mint egy havi dolgot. Tehát tudjuk, hogy amikor eljön a karácsony, akkor 1 000, 2 000 vagy 3 000 dollárt fogunk költeni ajándékokra, vagy a karácsonyi ebédre, vagy vendégül látjuk a családot, ilyenek, ez is kiadás.

Emlékszem, egyik évben kiszámoltuk, hogy összesen 8 000 dollárt költöttünk karácsonykor. Tehát ehelyett, hogy azt mondtuk volna, hogy: „Ó, 8 000 dollár karácsonyra", inkább elosztottuk 12 felé...

És hozzáadtuk a havi kiadásainkhoz.

Tudnál többet mondani arról, hogy te hogyan számolod ki a havi kiadásaidat?

Rendben, szóval, ha te régivágású vagy, akkor egy darab papírra írod le. Ha modern vagy, akkor Excel táblázatba; amit én utálok, mert nem tudom használni. Simone viszont egyszerűen... ó, úgy tudok ide-oda másolgatni dolgokat, mint senki más! Szóval írd össze a dolgokat, tételesen, például: kocsi: kötelező biztosítás, üzemanyag, stb.; ház:

lakbér vagy jelzáloghitel. Aztán ott van ugye a vízdíj, az áram, a gyerekek, az iskola, a ruhák. És aztán ott vagy te. Vannak ruháid, van akármid, írj le ide minden egyes dolgot, amire költesz, mert ezek szükségesek az életed működtetéséhez. Ez az, amire a testednek szüksége van. Tehát írd le mindezt, havi vagy heti bontásban, ahogy neked ez van, és aztán nézd meg; és ha mondjuk 1 000 dollárt keresel egy héten, és a fenti összesítésben pedig az jön ki, hogy a kiadásaid 1 500 dollárt tesznek ki, akkor ez működni fog? 500 dollár mínuszban vagy. Ahelyett, hogy bepánikolnál és azt mondanád, hogy: „Oké, vissza kell vennem a kiadásaimból. Vissza kell vennem abból, ahogyan élem az életem. Nem szabad ennyire jól éreznem magam. Nem vacsorázhatok ennyiszer étteremben", ehelyett nézd meg azt, hogy: „Oké, tehát mit kell hozzáadnom az életemhez most, hogy megteremtsem azt az 500 dollárt és még többet?" Nézz rá, hogy mit tudsz hozzáadni az életedhez, ahelyett, hogy azt néznéd, hogy mit vehetnél el belőle.

Amikor először csináltad meg ezt, emlékszel, hogy mekkora volt ez az összeg, és hogy milyen volt ez neked?

Nem. Fogalmam sincs. De szerintem... Őszintén szólva nem tudom már, hogy mekkora volt ez az összeg, de az biztos, hogy nem volt sok. Azt tudom, hogy határozottan több volt, mint amit kerestem; jóval és igazán több volt, mint amennyit kerestem akkoriban. Ezért is voltam adósságban, mert nem voltam tisztában azzal, hogy mennyibe is kerül működtetni az életemet. Az 1 000 dolláros példánál maradva, mondjuk 1 000 dollárt kerestem hetente, és miután összeszámoltam a kiadásaimat, 2 500 dollár jött ki, szóval egyre mélyebbre és mélyebbre kerültem az adósságban, de fogalmam sem volt arról, hogy miért. Azt gondoltam, hogy ennek csupán a rossz szervezés az oka, vagy az univerzum... Isten nem szeretett engem, „Istenem, miért nem szeretsz engem?!" De ugye nem tudtam semmit ezekről a dolgokról, szóval amikor megírtam a listát, akkor azt gondoltam: „Á, szóval ezért vagyok adósságban. Nem keresek elég pénzt ahhoz, hogy fedezzem a kiadásaimat." Ez teljes tisztánlátást adott nekem. Azt mondtam: „Oké, rendben. 1 000 - 1 500 dollárral kevesebbet keresek hetente, mint amennyire szükségem lenne." Szóval választanod kell. Vagy visszaveszel néhány dologból az életedben, amit szeretsz csinálni, vagy: „Oké, mit kell hozzáadnom az életemhez ma, hogy több pénzt keressek? Mi mást tudok teremteni? Milyen egyéb bevételi forrásokat?"

Milyen más eszközöket és kérdéseket használtál, hogy megváltoztasd az adósságodat, és hogy pénzt generálj?

A kérdéseknek értéke van. Kérdéseket kell feltenned, mert az univerzum megadja a dolgokat. Személy szerint ezt mindig is egy lineáris dolognak tekintettem, de amint elkezdtem kérdéseket feltenni, rájöttem, hogy kérhetek valamit, és az azután elkezd megjelenni. Bizonyos mértékig hűnek kell lenned önmagadhoz. Tedd fel a kérdést: mi kéne ahhoz, hogy ez megjelenjen? És bízz magadban, hogy meg fog. Bízz az univerzumban, hogy meg fog. Mert számomra így volt. Tudtam, hogy az életem meg fog változni, és tudtam, hogy ha kérdéseket teszek fel, és elkezdek másfajta választásokat hozni, akkor ez meg fog történni. Nem tudtam hogyan, de így történt.

Azt a kérdést is tedd föl, hogy: „Mit utálok a pénzzel kapcsolatban?" „Mit szeretek abban, hogy nincs pénzem?" Lehet, hogy itt fogsz szembesülni azzal, hogy: „De én nem utálom a pénzt. Imádom, csak nincs pénzem." Ha nincs pénzed, akkor nem szereted. És ez egy másik dolog volt, amiben kíméletlenül őszintének kellett lennem magammal, és azt mondani, hogy: „Ejha, van itt valami, amit nem szeretek abban, hogy van pénzem." Tehát kérdezd meg ezt magadtól, és légy hajlandó ránézni és elismerni, hogy: „Azta! Ez fura egy nézőpont. Mi kellene ahhoz, hogy ezt megváltoztassam?"

Egy másik kérdés, amit feltehetsz, az a „Mit nem vagyok hajlandó megtenni a pénzért?", mert nagyon sok embernek vannak ilyen dolgai, hogy ezt, ezt és ezt megtenném a pénzért, de ha igazán szeretnéd a világ összes pénzét és mindent megteremteni és mindennel rendelkezni, amit csak szeretnél, akkor hajlandónak kell lenned megtenni bármit, ami ehhez kell. És ez volt számomra az egyik dolog. És egy másik, amire ránéztem, hogy bizony rendelkeznem kell ezzel a mértékű megköveteléssel a világomban. Ha ennyire meg akarom változtatni az életemet, és így rendelkezni a pénzzel, és mindennel, amire csak vágyom, akkor mindent meg kell tennem, ami csak szükséges ehhez. Az egyik dolog, amit sok embernél látok, az az, hogy nem hajlandóak megtenni azt, ami az adott dologhoz szükségeltetik.

Ha már így szóba jött, hogy tegyünk meg mindent, ami kell ahhoz, hogy megteremtsük az adott dolgot. Amikor először mentél Amerikába, akkor turistaosztályon repültél. Amikor először repültél Ausztráliából Olaszországba, ami azért egy jókora út, turistaosztályon mentél. És aztán most magánrepülőn utazol. Gondoltad volna valaha is, hogy ez lehetséges?

Mindig is tudtam, hogy ez lehetséges. De az a vicces, hogy amikor első alkalommal utaztam Amerikába, akkor a 7 napos eseményre mentem Costa Ricára. 10 000 dollárom volt félretéve a bankban, és úgy voltam vele, hogy „Amerikába utazom, és most első osztályon fogok repülni, és elmegyek erre a tanfolyamra", és aztán megnéztem az első osztályra szóló jegyek árát, és kiderült, hogy ez 6 000 dollárba kerülne nekem oda-vissza; szóval megvolt rá a pénzem, a tanfolyammal együtt. Azt mondtam: „Király!", és aztán ránéztem és valami olyasmi volt, hogy: „Miért is választanám ezt? Jelen pillanatban van 10 000 dollárom. 1 000 dollárért már kapok jegyet a turistaosztályon, részt veszek a tanfolyamon, és még mindig marad 5 000 dollárom, amivel vagy csinálok, vagy teremtek valami többet, vagy egy kicsivel nagyobb szabadságom lesz a pénzzel." Mert egy valamit tudtam a pénzről, mégpedig azt, hogy ha rendelkezel vele, akkor nagyobb szabadságod van többet teremteni. Többet tudok vele teremteni, mint nélküle. Tehát ránéztem, és azt mondtam: „Azta, hát ez őrültség!" Volt ez a fura nézőpontom, hogy ha úgy nézek ki, mint akinek van pénze, akkor több pénzem lesz. Vagy, ha az első osztályon repülnék, akkor a 13 órás repülőút alatt gazdagnak néznék ki, vagy bármi. De miután ránéztem, azt mondtam: „Rendben, kicsit pragmatikusabbnak kell lennem azzal, ahogyan a) tekintek a pénzre és b) ahogyan költöm a pénzt."

Mondjuk tényleg volt választásod. Választhattad volna azt is, hogy elköltöd az összes pénzed, és mégis máshogyan választottál.

Eleinte sokszor utaztam turistaosztályon. Tudtam, hogy első osztályon akarok utazni, és minden alkalommal, amikor beléptem a gépbe, akkor láttam az embereket az első osztályon, és nem az volt a fejemben, hogy: „Ó, nézd már ezeket az embereket, a gazdagok." Számomra ez nem ilyen volt. Felszálltam és azt mondtam: „Kérem ezt. Akármi is kell hozzá. Mi kellene ahhoz, hogy ezzel rendelkezzek?" És aztán leültem a helyemre. Élveztem az utat. Egyre több megtett kilométerem lett a különböző légitársaságoknál, és egyre többször kaptam kedvezményeket. Aztán elkezdtem „upgrade"-eket (az utazási osztály emelése, amikor turistaosztályú jegy vásárlásával az első osztályon utazhatunk – a ford.) kapni az első osztályra, és azt mondtam: „Ez bámulatos! Azt szeretném, hogy így nézzen ki az életem. Mi kellene hozzá?" Tehát összefoglalva ennyi, megköveteltem, kérdéseket tettem fel, és ez kellett ahhoz, hogy elkezdjen megjelenni.

Honnan látod jönni a pénzt? És hogyan látod megjelenni? Mi változott számodra az elmúlt néhány évben, amióta megváltoztattad a nézőpontodat a pénzről?

Nos, az első számú dolog, ahogy te is mondtad, az a pénzzel kapcsolatos nézőpont megváltoztatása. Mert a nézőpontod teremti a valóságodat. Tényleg. Ennyi. Ha az a nézőpontod, hogy 20 dolláros órabéred van, és heti 40 órát dolgozol, és az 800 dollár, akkor pont ennyit fogsz keresni. Ennyi. Ha azt mondod, hogy nekem ennyim van, ennyit tudok megtenni, akkor az annyi is lesz. Mert amint kikövetkeztetésbe mész, hogy te ennyit keresel, akkor ez fog megjeleni az életedben. De ha azt mondod: „Oké, rendben. Van egy 40 órás állásom. 20 dolláros órabérrel. Ez 800 dollár hetente. Fantasztikus. Ez elég az alapvető dolgokra. Ebből ki tudom fizetni a lakbért, az ennivalót, satöbbi. Nos, mi egyéb lehetséges? Mi mást tudok teremteni? Milyen egyéb bevételi forrásaim lehetnek?" És, még egyszer, ezek kérdések. Folyamatosan. Ha egyből, amikor reggel felkelsz, elkezdesz kérdezni, ahelyett, hogy azt mondanád: „Be kell mennem dolgozni", akkor abból működsz, hogy: „Szuper. Bemegyek dolgozni és mi egyéb lehetséges?" Garantálom neked, hogy ha őszinte vagy ezzel a kérdéssel, és őszinte vagy a „másként akarom teremteni az életemet és másként akarom teremteni a pénz áramlását az életemben, nem számít, mi kell hozzá" nézőponttal, akkor garantálom, hogy hat hónapon belül más lesz a pénzügyi valóságod, garantálom!

Amikor megismertelek, akkor burkolóként dolgoztál – melós voltál, ahogy Ausztráliában hívjuk, és egy társaddal volt közös vállalkozásotok. Beszélnél egy kicsit arról, hogy hogyan tudtál többrétű bevételi forrásokat teremteni? Amit én látok, és az életedben is ezt teszed, hogy sosincs vége, nincs egy végpontja annak, amennyi bevételi forrással rendelkezhet az ember. Tudnál erről kicsit bővebben beszélni?

Nos, elsőként arra néztem rá, hogy ugye nagyon keményen dolgoztam heti öt, öt és fél, vagy hat napot, és aztán vasárnaponként csak kidőltem, feküdtem a tévé előtt és sört ittam. Emlékszem, amikor megismertelek, még ez volt, de eljutottam egy pontra, amikor ránéztem, és elkezdtem ránézni az életemre és arra, hogy vajon kielégít-e mindez engem, boldog vagyok-e igazán azzal, amit teremtek, és rájöttem, hogy nem. Végtelenül untam. Tehát ránéztem: „Rendben, mi mást adhatok még hozzá az életemhez?", és ez az, amire most nézek rá: „mit akarok most csinálni? Menjek, és...?" Van pénzünk. Akár haza is mehetek és simán pihenhetek. Vagy hazamehetek, és jet-skizhetek, és lazíthatok. Működne ez nekem? Nagy eséllyel nem. Sok dologra van szükségem. Ha én teremtem az életemet, boldog vagyok. Ha csak üldögélek, akkor nem. Tök szuper jet-skizni, meg ilyenek, de ez nem elég nekem. Tudtam, hogy a nyolctól-négyig munka sem elég nekem. Tudtam, hogy a vasárnapi lustálkodás és sörözés sem volt elég nekem. Nem azt mondom, hogy nem lehet az. De ha nem, akkor rá kell nézned. Az első kérdés: „Mit mást adhatok hozzá az életemhez?" Ez az, amire minden nap ránézek: „Mit mást adhatok hozzá az életemhez ma?" Ahelyett, hogy „Túl elfoglalt vagyok" vagy „Nincs más választásom". Ez hazugság. Haladj előre. És amikor előjön a „Túl elfoglalt vagyok", vagy az „Én nem akarom ezt csinálni", akkor tedd fel a kérdést: „Tényleg ez a nézőpontom? Vagy valaki másé?"

Az egyik dolog, amit hozzáadtunk az életünkhöz, az egy tőzsdei portfolió volt. Mi volt a nézőpontod kezdetben, és mit kellett megváltoztatnod ahhoz, hogy egy sikeres, nagyon sikeres tőzsdei portfóliót teremts?

írta: Simone Milasas

A tőzsde nagyon izgat engem, mert van valami a gyors pénzkeresetben, ami rendkívül izgatottá tesz. Úgy értem, emlékszem, amikor 11-12 éves koromban kijártunk a TAB-ra, ami egyfajta szerencsejáték Ausztráliában, ahol lovakra lehet fogadni. Az apám adott nekem 1 000 dollárnyi készpénzt és a lovak listáját, amikre fogadni akart. Lementem, megtettem a tételeket, és aztán begyűjtöttem a nyereményeket. Hát, ő vagy elveszítette az összes pénzét, és akkor agresszív seggfejjé változott, vagy leküldött, én felvettem a 3-4 ezret, amire azt mondtam: „Óóóó, ez könnyen ment!" Szóval volt ez a dolog a gyors pénzkereséssel, ami bulis volt nekem. És ugyanez van a részvényekkel. „Azta, hogy lehet ennyi pénzt keresni úgy, hogy szó szerint csak az éberségedet használod?" És ez az, amit imádok a részvényekben. „Ha ezt megvesszük, hoz nekünk pénzt? Igen? Nem? Igen? Igen? Oké, rendben, vegyük meg."

Nos, ez a részvény portfóliónk annyira jól teljesített, hogy végül eladtuk egy jó részét, és vettünk egy házat a Noosa folyón, Queenslandben; ami nem olcsó mulatság.

Megvettük ezt a részvényt; nagyon alacsony volt az ára. Centes részvény volt, és jó sokat vettünk belőle. Tulajdonképpen akkor vettük meg, amikor magasan volt, és akkor is vettük, amikor alacsony volt, de sokat vettünk belőle, amikor alacsonyan volt, és nemrégiben nagyon felment, amit persze tudtunk előre. Folyamatosan vettük és vettük. Mindenki azt mondta nekünk, hogy őrültek vagyunk. A könyvelőnk. A barátaink. A családunk. „Ne csináljátok. Mindent egy lapra tesztek fel." És mit csináltunk? Még vettünk belőle. Miért? Mert tudtuk, hogy fel fog menni. Tehát azt akarom ezzel mondani, hogy mi lenne, ha azzal mennél, amiről tudod, hogy teremteni fogja a pénzügyi valóságodat, ahelyett, amit mások mondanak neked?

Tehát például elmentem a könyvelőhöz, aki azt mondta: „Nos, ezt kéne tennetek, mert ez biztonságos", vagy azt kéne tennetek, vagy amazt kéne tennetek. Mit tudsz a pénzről, amit senki más? Vagy mit tudsz a pénzről, amit nem vagy hajlandó elismerni? Tehát mi lenne, ha megkérdeznéd magadtól: „Mit tudok a pénzről, amit nem vagyok hajlandó elismerni?" és „Oké, mit kell tennem, hogy meg is történjen?" Ez olyan, mintha azt mondanád: „Nagyszerű! Univerzum, megadtad nekem ezt az éberséget arról, amit tudnom kell a pénzről, most hogyan tovább?" Tedd fel a kérdést: „Mi kellene ahhoz, hogy ez megjelenjen?" „Mit kell tennem?" „Kivel kell beszélnem?" „Mit kell intézményesítenem ahhoz, hogy ez gyümölcsöző legyen?" Meg kell követelned ezeket magadtól. Ezt kell tenned, ha meg akarod változtatni az életed.

Az egyik dolog, amit az Access tanított nekem, hogy tudok dolgokat. Nem gondolkozom rajtuk ahhoz, hogy tudjam. Nem olvasok könyveket ahhoz, hogy tudjam. Egyszerűen tudom. Kérdéseket teszek fel és megkérdezem: „Oké, mit tudok itt erről?", és amikor valami megjelenik számomra, akkor: „Rendben, szuper", és aztán abba az irányba megyek. Ahelyett, hogy: „Hát, xy azt mondta, hogy ezt tegyem, szóval ezt fogom tenni. Aztán azt mondta, hogy azt tegyem, szóval azt fogom tenni." Nem. Azért kérdezz az emberektől, hogy információkat kapj, ne a válaszok miatt.

Brendon, nagyon, nagyon hálás vagyok, hogy a vendégünk voltál ma. Van még valami, amit hozzáfűznél az adás végéhez közeledve?

Az egyik dolog, amit szeretnék itt hagyni, az az, hogy a pénz az örömöt követi. Ha az életedben mindenben hajlandó vagy rendelkezni az örömmel, beleértve a pénzt is, akkor a pénz követni fogja azt. Ha rendeznél egy bulit, ahova meghívnád a pénzt, és aztán azt mondanád, hogy nem lesznek italok, nem fogunk táncolni, nem fogunk nevetni, nem fogunk bulizni, akkor szerinted lesz kedve a pénznek eljönni ebbe a buliba? Tehát mi lenne, ha a buli, amibe meghívod a pénzt, arról szólna, hogy: „Hé, érezzük jól magunkat!" Ha a pénz energia lenne és te hajlandó lennél azt elhívni bulizni, akkor több lenne belőle az életedben, vagy kevesebb?

INTERJÚ GARY DOUGLASSZEL

A Joy of Business (Az üzlet öröme) internetes rádióműsor 2016. szeptember 5-ei, Getting Out of Debt Joyfully with Gary Douglas (Kerülj ki az adósságból örömmel Gary Douglasszel) című adásából.

Gary, te a leginspirálóbb emberek egyike vagy, akivel valaha találkoztam, nemcsak azért, ahogyan a pénzt látod, amilyen nézőpontod volt korábban a pénzről, amilyen nézőpontod van most a pénzről, azért a térért, ahol mindig hajlandó vagy változni, hanem természetesen te vagy az Access Consciousness alapítója is. Tehát az összes eszköz, amiről itt beszélünk, tőled jött, és te nem csak engem, hanem emberek ezreit segítetted hozzá ahhoz, hogy megváltoztassák a nézőpontjukat a pénzről. Köszönet mindezért.

Köszönöm. És ahhoz, hogy erre képes legyek, meg kellett változtatnom az én nézőpontjaimat a pénzről.

Tudnál egy kicsit mesélni nekünk arról, ahogyan te felnőttél? Milyen volt az élet a családoddal? Volt pénzetek, képeztek téged? Milyen volt ez neked?

Én a „Leave it to Beaver" (az 50-es évek végének ikonikus fekete-fehér tévésorozata az Egyesült Államokban, mely egy idealizált külvárosi család mindennapjairól szólt – a ford.) korszakban nőttem fel; és nem a „szexelj sokat" értelmében. (a „beaver" szó a szlengben vaginát is jelent – a ford.) Hanem abban az értelemben, hogy beszélhettél a dolgokról, de csinálni nem sok mindent tudtál. Egy közép, közép, közép, közép, közép, közép, közép, középosztálybeli családban nőttem fel, és amikor elhasználódott egy bútor, akkor azt kidobtuk, és vettünk egy újat, amit pontosan ugyanoda tettünk, és soha semmi nem változott, mindig ugyanaz volt. Addig használtuk a szőnyegeket, amíg egy szál ki nem jött belőlük, utána kicseréltük egy újra. És soha nem forgattuk el őket, nem kerültek új helyre, nem csináltunk velük semmit, mindig ugyanoda kerültek és ugyanott maradtak. És ahogy idősebb lettem, az anyám egy adott ponton azt mondta valakinek a fülem hallatára, hogy: „Nem

Kerülj ki az adósságból *Örömmel*

hiszem, hogy Garynek valaha is lesz pénze, mert mindig oda fogja adni a barátainak." Mert amikor kaptam 50 cent zsebpénzt, akkor mindig fogtam, és vettem belőle a barátaimnak édességet, meg üdítőt, meg ilyeneket, azokban az időkben cseszett olcsók voltak ezek a dolgok. Egy képregényt 5 centért lehetett venni. Tehát ez ad egy képet arról, hogy mennyire mások voltak a dolgok. Tehát 50 cent nagyon sok pénz volt abban az időben. Kaptam 50 centet, és elköltöttem édességre, meg üdítőre a barátaimnak és magamnak, és csak az érdekelt, hogy jól érezzem magam. És az anyám azt mondta: „Soha nem lesz pénzed, ha nem komolyodsz meg, és ha tovább költöd a pénzed másokra." Mire én: „De az bulis!"

Mit próbált megtanítani neked akkoriban? Ez a takarékoskodásról szólt?

Ez mindig a nehezebb időkre való takarékoskodásról szólt, mert ő és az apám a nagy gazdasági világválság idején nőttek fel, tehát az ő nézőpontjuk szerint nem elkölteni kell a pénzt, hanem vigyázni arra, amid van, és mindig vissza kell venni a kiadásokból, amennyire csak lehet, és soha nem volt szabad semmilyen korlátozást átlépni; soha nem választottak semmi nagyobbat ennél. Az a vicces, hogy az apám szeretett kicsit hazárdírozni, szóval 1942-ben, amikor én születtem, akkor egy Pacific Beach nevű helyen éltünk San Diegóban, és a következő falu, amit La Hoyernak hívnak, az egyik legdrágább környék volt San Diegóban. Az apámnak lehetősége volt megvenni egy telket La Hoyerban, a mai belváros kellős közepén 600 dollárért, és nekik 600 dollár megtakarításuk volt, de az anyám nem engedte neki, hogy megtegye. „Nem, nem. Várnod kell, amíg több pénzünk lesz." És mindig várni kellett, mindenre. Azt hitte, hogy várni kell, mielőtt teremt az ember.

Szóval jellemzően milyen volt a vacsoraidő a Douglas családnál: lehetett beszélni a pénzről a vacsoraasztalnál?

Nem, nem. Nem szabad a pénzről beszélni. Az undorító! A pénzről nem beszélünk. Az a vicces az egészben, hogy azok az emberek, akiknek van pénzük, úgy állnak hozzá, hogy: „Nem szabad a pénzről beszélni,

224

mert az faragatlanság." Miért undorító, ha szegény vagy, és miért faragatlanság, ha gazdag? Nem értem. Egyik sem jó. Annyira érdekes volt látni a családomat, ahogy ezt csinálták. Az anyám csinált salátát nekünk… egy salátalevelet rakott a tányérra, arra egy karika ananászt, de mindig kivágott egy darabot mindegyik karikából, és összenyomta őket, és aztán egy evőkanál majonézt rakott még bele, és a végén egy kis sajtot reszelt rá, ez volt a saláta. És mindig olyan konzervet vásárolt, amiben három szelet ananász volt, amiből aztán négy salátát készített úgy, hogy mindháromból kivett egy darabot, hogy meglegyen a négy adag saláta, hogy legyen mit ennünk. Ezt sose értettem. És aztán olyan dolgokat is adott nekem, mint a brokkoli, amire én mondtam, hogy nem kérem, amire ő mindig azt válaszolta, hogy: „Kínában éheznek a gyerekek. Edd meg az utolsó falatig." Mire én: „Akkor elküldhetem nekik?" Ezért nagyon leszidott!

Gyerekkorodban ezzel a „biztonsági játékos" energiával voltál körülvéve… Említetted, hogy a szüleid a nagy gazdasági világválság idején éltek; mindezzel magad körül, bevetted valahol az ő nézőpontjukat? Vagy mindig is tudtad, hogy más vagy? Milyen volt ez számodra?

Az egyik dolog, ami mindig érdekes volt, hogy karácsonykor mindig körbejártuk a város gazdagabbik részét, és megnéztük a gyönyörű karácsonyfáikat, mert hatalmas ablakaik voltak, meg minden, és mesés karácsonyfákat láthattunk. Úgyhogy körbejártunk és megnéztük őket. Manapság az emberek a házak kivilágítását csodálják meg így. Ők általában azt mondták: „Hihetetlen, hogy ezt megtehetik." Én meg azt mondtam: „Lehet nekünk is egy ilyen fánk? Lehet nekünk is ilyen házunk?", mire ők: „Nem, szívem. Azok a gazdag emberek amúgy sem boldogok." Mire én, magamban: „Kipróbálhatnám?"

Tehát az általános vélemény az volt gyerekkorodban, hogy a boldogság nem a pénzről szól?

Ó, a pénz nem boldogít. Tudod, az anyám mindig azt mondta: „A pénz nem boldogít." Én meg: „És mit lehet rajta venni?" Szeretném megtudni, hogy mit lehet rajta megvenni. Mire ő: „Ezt nem engedheted meg magadnak. Ezt nem engedheted meg magadnak. Ezt nem engedheted meg magadnak." Minden arról szólt, hogy mit nem engedhetünk meg magunknak. És szórakozás gyanánt, mert a szüleim annyira szegények voltak, a szórakozás az volt, hogy szombaton és vasárnap elmentünk megnézni a gazdagok házait, amelyeket eladásra kínáltak. Mindig, amikor beléptem egy ilyen házba, azt mondtam: „Ó, nagyon tetszik ez a ház. Megvesszük?" „Nem." „Nagyon tetszik..." „Nem." Miért nézzük ezeket a dolgokat? Ha nem lehet a tiéd, akkor minek nézegeted? És az lett a nézőpontom, hogy ne nézd, ha nem lehet a tiéd, hacsak nem találod meg a módját, hogy a tied legyen.

Születésedtől fogva megvolt a saját nézőpontod a pénzről? Mikor kezdted el megváltoztatni a pénzzel kapcsolatos nézőpontodat és tudni, hogy más vagy?

Nos, először is rájöttem, hogy nem így akarok élni. Volt egy gazdag nagynéném, aki Santa Barbarában élt, és sokszor elmentünk meglátogatni őt. Porcelán edényei voltak, kristálypoharai és sterling ezüst evőeszközei. Mindez szokványos volt számára. Ahelyett, hogy lement volna a boltba és megvette volna 1,79 dollárért az olcsó pékárut, elment a pékhez, és vett hatot, 6 dollárért. Mire én: „Istenem, én így akarok élni!". Operát hallgatott és rendkívül elegánsan élt.

Megköveteltem: „Tudod mit? Én ilyen életet akarok élni. Ez az, ahogy élni akarok. Gyönyörű zenét akarok. Gyönyörű helyeken akarok élni. Gyönyörű tányérból akarok enni. Gyönyörű bútorokat akarok." Az én családomban, ha valaminek nem volt gyakorlati haszna, akkor nem volt rá szükség.

Mindig megdöbbentett, hogy a szüleim milyen dolgokra nem voltak hajlandóak költeni. Fiatalabb éveimben voltak ezek a „double feature" vetítések a mozikban (amikor egy jegy áráért két filmet lehetett megnézni – a ford.), ilyenkor a szüleim elküldtek a moziba 25 centtel, és ezzel a gyerekfelügyeletet is megoldották, volt egy kis idejük jól érezni magukat nélkülem. Mindig a húgommal együtt küldtek el, egyedül, és általában cowboyos westernfilmeket néztünk. Ketten együtt vehettünk egy kis popcornt és egy kis üdítőt, mert ennyit engedhettünk meg magunknak. Különleges alkalmakkor kaptunk további 10 centet, hogy vehessünk mentolos csokit is, egyszer egy hónapban.

Amikor az anyád azt mondta, hogy sose lesz pénzed, mert mindig a barátaidra költöd, úgy látom [ez nem annyira a pénzköltésről szólt, hanem] ez inkább a szellemi nagylelkűség megnyilvánulása volt részedről, amelyből működsz... te mindig odaadsz mindent, amit csak tudsz. Számodra nincs határ ebben. Mennyire fontos szerinted a lelki nagylelkűség ahhoz, hogy több pénzt teremtsen az ember az életében? Milyen hatása van?

Az egyik dolog, amit észrevettem, hogy amikor édességet és üdítőt adtam a barátaimnak – lehet a cukor miatt – először is boldogabbak lettek, de másrészről mindig adtak nekem valamit, ami volt nekik otthon, amiről azt gondolták, hogy tetszhet nekem. Akkoriban teljesen bele voltam bolondulva a képregényekbe. Ők tehát mindig odaadták nekem a képregényeiket, amik nekik már megvoltak. Szóval nem kellett költenem képregényekre. Így is vettem képregényeket, de azzal, hogy édességet és üdítőt vettem nekik, ők odaadták nekem a képregényeiket, és végül sokkal több képregényem lett, mintha az összes pénzemet képregényekre költöttem volna édesség helyett.

Gary, az egyik dolog, amiről az Accessben beszélsz, az az adás és kapás, illetve az ajándékozás és befogadás közötti különbség. Tudnál erről egy kicsit többet mondani?

Azt vettem észre, hogy ha igazán odaajándékozol valamit, és nincs semmilyen elvárásod, akkor a dolgok a legfurcsább helyekről érkeznek el hozzád. Az egyik dolog, amit észrevettem, amikor édességet vettem a barátaimnak, hogy egyrészről kaptam tőlük dolgokat, de ugyanakkor másoktól is kaptam ajándékokat. Úgy értem, voltak például olyan szomszédaink, mivel valószínűleg nagyon cuki voltam, ami persze igaz, szóval a szomszédok folyamatosan különleges ajándékokat adtak nekem. Én is megtettem nekik dolgokat, például amikor véletlenül hozzánk dobták be valamelyikük levelét, akkor átvittem nekik, ilyenek. És ők mindig adtak nekem valami kis ajándékot, mert én annyira nagylelkű voltam az időmmel, az energiámmal és a mosolyommal. Ez volt minden, amit abban az időben tennem kellett, kisgyerek voltam még, tudod? 8, 9 éves voltam. Ebben a korban nem sok minden mást tudsz adni, csak ezt. És ugyanakkor, ha odaadod, amit adsz, mert ez az, amit adni tudsz, akkor az emberek sokkal többet adnak neked, mintha nem tennéd meg ezt, és elkezdtem rájönni, hogy létezik valami más is a szüleim nézőpontján túl.

Az apámat, aki mindig nagylelkű volt, kizárólag akkor láttam aggódni, amikor valaki olyat látott, akinek nem volt mit ennie. Mindig adott ételt nekik, annak ellenére, hogy mi úgy működtünk, mintha nem lenne ennivalónk. De nálunk mindig volt desszert. Mindig volt hús, krumpli, saláta és desszert, ez mindegyik étkezésnél volt. És az anyám egy farmon nőtt fel, tehát ebből a perspektívából látta az életet. Az apám úgy nőtt fel, hogy az apja elhagyta az anyját, szóval ő elment egy puskával, valahogyan sikerült egy 22-es kaliberű fegyvert vennie, szóval fogta a puskát, elment és nyúlra vadászott, hogy legyen mit ennie az egész családnak. Az apja 6 gyerekkel hagyta ott egyedül az anyját, és ezért utálta az apját. Ezért elment és halálra dolgozta magát, tulajdonképpen, és ezt azért csinálta, hogy mi soha ne legyünk ennivaló híján, és hogy soha ne kelljen szenvednünk. Szerintem ez egészen bámulatos volt, mert a nagybátyám főiskolára ment, a nagynéném is főiskolára ment, de az apám nem. Minden idejét lekötötte, hogy eltartsa a családot, ezért sose tanult. Estére mindig kimerült volt. Nagyszerű sportoló volt, és rendkívül ügyes is volt ezekben a dolgokban, de sohasem tanulta meg, hogy hogyan lehet pénzt teremteni. Az apjától csupán azt az éberséget kapta, hogy gondoskodni kell a családról, és biztosítani kell az ételt az emberek számára. És ez volt a pénzről alkotott nézőpontjainak összessége.

Tehát nagyjából ezzel a nézőponttal jöttem el, és amikor családom lett, ugyanezt akartam csinálni. De arra is rájöttem, hogy: „Várjunk egy percet, több pénzt tudtam teremteni azáltal, hogy hajlandó voltam nagylelkű lenni." És láttam az apámat, ahogy nagylelkű volt azokkal, akiknek semmijük sem volt, és láttam, ahogy ezek az emberek visszatértek hozzá a kedvesség, a törődés és a szeretet ajándékával, amit sehol máshol nem láttam. A szüleim igazán rendkívüliek voltak. Nagyon örülök, hogy őket kaptam szüleimnek. Az anyám kedves volt. Az apám kedves volt. Nem tettek velünk szörnyűségeket. Nem ütöttek minket, életemben összesen háromszor pofoztak meg. Igyekeztek gondoskodni rólunk, és igyekeztek mindent megtenni értünk, és azt akarták, hogy jó életünk legyen. És ez az egyik dolog, amire rájöttem, hogy kevés ember ismeri ezt el a szüleivel kapcsolatban. Azt nézik, hogy a szüleik mit nem adtak meg nekik. És nem nézik azt, hogy mit adtak nekik a szüleik. És már látom, hogy a szüleim tényleg mindent megtettek a maguk eszközeivel. Tehát amikor a nagynéném házába mentem, akkor azt mondtam, hogy: „Én így akarok élni. Nem érdekel, mi kell hozzá, én így fogok élni."

Az egyik dolog, amit az embereknél látok, hogy folyamatosan beveszik azt a nézőpontot, amit a szüleik / a nagyszüleik / az emberek, akik felnevelték őket képviseltek a pénzzel kapcsolatban, ahelyett, hogy igazán kérdéseket tennének fel, hogy milyen lehetne a pénzügyi valóságuk. Látom, ahogy te elismerted azt, amit ők ajándékoztak neked, és ezzel együtt megteremtetted a saját nézőpontodat és a saját jövőképedet a pénzzel.

Nos, én már korán elkezdtem kérdéseket feltenni. „Hogy-hogy nem kaphatom meg ezt?" „Miért? Miért? Miért?" Ahogy az anyám mondta, mindig: „Abba tudnád hagyni a folyamatos kérdezgetést?"

„Rendben. Miért nem…" 10 másodpercig sem tudtam csendben maradni.

Semmi sem változott, még mindig ilyen vagyok. Folyamatosan kérdéseket teszek fel. És akkoriban is folyamatosan kérdéseket tettem fel, mert ránéztem a dolgokra, és azt gondoltam: „Ez miért van így?" Néztem a barátaimat, ahogy olyanokat mondtak, hogy: „Ezt nem kaphatod meg. Ezt nem lehet megcsinálni." Mire én: „Miért?" Erre ők: „Nos, azért, mert nem." Én meg feltettem a kérdést: „Miért nem? Csak ezt kell hozzá tenned, én is így csináltam." Mire ők: „Aha, de azt nem lehet megcsinálni."

„Miért nem?" – kérdeztem mindig. Egy olyan korszakban nőttem fel, ahol a szülői tisztelet megkérdőjelezése kirívó esetnek számított. De én mégis úgy nőttem fel, hogy mindent megkérdőjeleztem.

Mik azok a pragmatikus, praktikus eszközök, amelyeket át tudnál itt adni az embereknek, bármilyen kérdés, kedvenc kérdések vagy eszközök, hogy elkezdjék megteremteni a saját jövőképüket a pénzzel kapcsolatban?

Nos, az egyik első, amit saját magamnak kitaláltam még gyerekként, az a „Rendben. Mit kell tennem ahhoz, hogy megszerezzem a pénzt, amire szükségem van?" Elkezdtem ezt kérdezgetni. Egy dologban biztos vagyok, hogy a szüleim bizonyára erős munkamorált igyekeztek belém nevelni, mert ők mindketten folyamatosan dolgoztak, tehát nekik ez biztos megvolt. Tehát én azt mondtam: „Mi tudok tenni, hogy pénzt szerezzek?", és akkor jött, hogy: „Rendben, végül is nyírhatok füvet." Nem voltam nagy gyerek, inkább vékonyka és vézna voltam, és amikor odamentem a szomszédokhoz, hogy megkérdezzem, lenyíratom-e a füvet náluk, megkérdezték: „Persze. Mennyit kérsz érte?" „Amennyit fizetsz nekem." És néhányan egy dollárt adtak, néhányan 50 centet. És én örültem, hogy van 50 centem, meg hogy kaptam egy dollárt. Sose néztem, hogy mennyit kellett volna, hogy kapjak. Nem volt meg ez a konklúziókra épülő valóságom, mint a legtöbb embernek: többet kellett volna, hogy keressek, többet kellett volna kapjak, több kell. Én csak azt mondtam: „Oké, ez megvan. És most?"

Tehát te inkább a hála teréből működtél?

Igen. Hálás voltam, hogy kaptam dolgokat, és észrevettem a hálát, amikor édességet vettem a barátaimnak; hála volt bennük, ami energetikai hozzájárulás volt nekem és a testemnek, amit soha máskor nem éreztem. És ezt nem éreztem akkor, amikor az embereket dolgozni vagy egyéb dolgokat csinálni láttam, és én nagyon szerettem volna ezt.

A másik dolog, amiről beszélni szoktál, és amiről nagyon szívesen hallanék többet, az a pénz használata arra, hogy kitágítsuk vele az emberek valóságát. Mikor jött először ez az éberséged?

írta: Simone Milasas

Nos, ez igazából sokkal később jött az életembe, mert én szó szerint átmentem azon a korszakon, hogy: „Ó igen, drogdíler leszek és pénzt fogok keresni." Tehát marihuánát termesztettem és sok pénzt kerestem, de ez sem tett boldogabbá. Megfigyeltem, hogy azok az ismerőseim, akik sokat drogoztak, végül mind börtönben kötöttek ki, úgyhogy azt mondtam magamnak: „Tudod mit, én nem akarok eddig eljutni. Tehát azt hiszem ezt most befejeztem." Sokféle embernek dolgoztam és mindent megtettem, hogy jól csináljam, hogy mindent jól csináljak, és mindig, amikor nagylelkű voltam, furcsa módon valami nagyszerű dolog történt az életemben. Emlékszem, a húszas éveimben jártam, amikor ennek a lovasiskolának dolgoztam, és lovagoltam. Volt ott ez a hölgy, aki rendkívül gazdag volt, és egy szép telivér lova volt, amit bemutatókra vitt, elegáns volt, és egy nagyon szép kocsija volt. Én napi öt dollárt kerestem, plusz teljes ellátást kaptam. Szóval az istálló előtt ült a szerszámos ládán és sírt. Megkérdeztem tőle, hogy mi a baj. Azt felelte: „Elfogyott a pénzem. Nincs pénzem. Semennyi pénzem sincs. Fogalmam sincs, mihez kezdjek." Azt mondtam neki: „Elvihetlek vacsorázni?" Szóval elvittem vacsorázni, ültünk az étteremben, és a vacsora 25 dollár volt, öt napi keresetem. És amikor felállt, hogy kimenjen a mosdóba, a csekkfüzete kiesett a tárcájából, le a földre, nyitva, és láttam, hogy 47 000 dollárja van a számláján.

„Azt a rohadt életbe! Álljunk meg egy pillanatra. Az ő világában a „nincs pénzem" fogalma 50 000 dollár alatt kezdődött. Egy idő után rákérdeztem: „Szóval láttam a csekkfüzetedet. Miért gondolod azt, hogy nincs pénzed?" „Mindig, amikor 50 000 dollár alá megyek, akkor tudom, hogy nincs pénzem. Legalább 50 000 dollárnak kell lennie a számlámon, különben úgy érzem, hogy nincs pénzem." Csak annyit mondtam: „Azta, ez menő!". És rájöttem, hogy számomra a „nincs pénzem" azt jelentette, hogy 100 dollár adósságban vagyok.

Tehát mindenki máshonnan nézi a dolgokat.

Ja.

A könyv, amelyet Dr. Dain Heerrel közösen írtál: Money Isn't The

Problem, You Are (Nem a pénz a probléma, hanem te) – a könyvben lévő eszközök szó szerint kiszedtek az adósságból, mert elkezdtem megváltoztatni a pénzről alkotott nézőpontomat. Úgy látom, hogy egy dolog abszolút szükségszerű: a nézőpontod megváltoztatása. Meg kell változtatnod azt, ahogyan a pénzre tekintesz, ahogyan a pénzzel létezel, és ahogyan elkezded magad képezni a pénzről.

Ez volt a legfontosabb dolog. Itt vagyok ezzel a hölggyel, akinek 47 000 dollárja és egy 20 000 dolláros lova van, nekem alig van pénzem bármire is, a klubház egyik szobájában lakom, és napi 5 dollárt keresek, de azt csinálom, amit szeretek. Felismertem, hogy ő nagyon sok pénzt költ arra, hogy azt csinálja, amit szeret. Én kevés pénzt kerestem, hogy azt csináljam, amit szeretek. Tehát feltettem a kérdést: „Oké, mi kellene hozzá, hogy egy másfajta valóságom legyen?" Elkezdtem kérdezgetni: „Mi kellene hozzá, hogy egy másfajta valóságom legyen?" Olyan akartam lenni, mint ő, ahol teremtem a pénzem, hogy aztán sok pénzt tudjak költeni arra, hogy jól érezzem magam. Jól akarom magam érezni, de szeretnék valamennyi pénzt is, és ez volt az, amikor a dolgok elkezdtek megváltozni számomra. Azt kérdeztem: „Rendben, tudod mit? Ennek meg kell változnia." És ez az egyik dolog, amit meg kell tenned, ránézni a helyzetedre, és megkövetelni, hogy: „Oké, elég volt! Ennek változnia kell." És csupán azáltal, hogy ebben az egy dologban kiállsz magadért, mert erről van itt szó, kiállsz magadért. Csak beleállsz ebbe a nézőpontba; és ez az, ami te, Simone csináltál, amikor azt mondtad: „Elég volt! Kikerülök az adósságból!" Ilyenkor tulajdonképpen kiállsz magadért, és a világ elkezdi ahhoz igazítani magát, amire neked szükséged van. Ez rendkívüli.

Tehát azt mondod, hogy a világ elkezdi ahhoz igazítani magát. És ez az egyik dolog, amire eleinte azt mondtam, hogy: „Fogalmam sincs, hogy miről beszélsz." Azoknak, akik először hallják ezt, tudnál egy kicsit többet mondani arról, hogy „a világ elkezdi ahhoz igazítani magát?"

Nos, Dr. Dain Heer és én nemrégiben vettünk egy farmot. Amikor Japánban jártam és először ettem Kobi marhát, akkor azt gondoltam: „Ebből többet akarok. Hogy kaphatnék ebből többet?", és aztán valaki azt mondta, hogy ezt a fajtát csak Japánban tenyésztik. Aztán megtudtam, hogy néhány országban, például Ausztráliában is megtalálhatóak, tehát feltettem a kérdést: „Vajon Amerikában is lehet kapni ilyeneket?" Az egyik barátom körbenézett online, és talált egy helyet Amerikában, ahol ezek kaphatóak voltak, és 7 tehén eladó volt. Mire én: „Azta, imádom, hogy vannak ilyen teheneim. Annyira gyönyörűek." Gyönyörű fekete tehenek. Kedvesek, gyengédek és bámulatos jószágok, szinte nem is akarom megenni őket.

Volt ez a fickó, aki elment és megvette nekem a teheneket. Öt nap múlva felhívott és azt mondta: „Találtam hét ilyen tehenet", úgyhogy megvettem mind a hetet. „A hét tehén csak 6 500 dollárba került." Mire én: „Az kevesebb, mint 1 000 dollár tehenenként. Átveszem őket."

Azt látom ebben Gary, hogy te folyamatosan teremtesz. Te nem a gazdagságot vagy a vagyont nézed, amit ez létrehoz, hanem azt nézed, hogy mit tudsz teremteni.

Igen. És arra gondoltam, hogy a legrosszabb esetben 8 évig van mit ennem. Tudod, 8 évre elegendő marhahúsom van élőállat formájában...

Sok ember nem gondolja úgy, hogy lehet gazdag, nem gondolja úgy, hogy lehet vagyonos. Úgy értem, sokszor hallottalak már beszélni arról, hogy egy nagyon, nagyon kicsi szobában laktál a fiaddal, és semmi másra nem tellett, mint kukoricapehelyre.

Az nem egy szoba volt. Az egy kicsike gardróbszoba volt. Egy gardróbban laktam, szó szerint, valakinek a házában, mellettem aludt a fiam egy polifoamon. A ruháim a gardrób egyik végében lógtak, én pedig a másik végében laktam, és nem volt pénzem, és mindössze kukoricapelyhet és tejet engedhettem meg magamnak, meg amúgy is ez volt minden, amit a gyerekem akkoriban hajlandó volt megenni. Heti 50 dollárt fizettem azért, hogy ebben a kis gardróbszobában lakhassak.

És aztán mi volt az, amit megköveteltél magadtól?

Azt mondtam: „Tudod mit? Elég volt! Soha többé nem akarok így élni, soha többé. Nem számít, mi kell hozzá. Pénzt fogok keresni. Pénzt fogok szerezni." Ezután azonnal megváltoztak a dolgok. Mindig is szerettem a régiségeket és bementem ebbe a régiségboltba, hogy eladjak valamit. Azt mondtam: „Hm, nagyszerű dolgai vannak ebben a boltban, de elkélne itt egy kis átrendezés!" A nő rám nézett és azt mondta: „Ismer valakit, aki ért ehhez?" „Igen. Én!" – feleltem. „Mennyit kér ezért?" „Hmmmmm, 25 dollárt óránként." Ez ugye sokkal több volt, mint amit abban az időben kerestem, és úgy voltam vele, hogy miért ne? A nő azt mondta: „Fizetek 35 dollárt óránként, ha jól csinálja." „Rendben." Tehát bementem és átrendeztem a boltot, és másnap öt olyan dolgot eladott, amik már két éve ott voltak, és ezeket olyan emberek vették meg, akik számos alkalommal jártak a boltban ezalatt a két év alatt. Azt mondták: „Ó, ez valami új?" „Igen!" – feleltem. Mire ők: „Ó, ez tökéletesen mutat majd otthon." Azt tanultam meg a reklámmal kapcsolatban, hogy folyamatosan át kell rendezned a dolgokat, hogy az emberek másképp lássák őket. Egy másfajta megvilágítás másfajta hatást hoz létre. És nézz rá így az életedre; „Mit kell átrendeznem az életemben ahhoz, hogy többet teremtsek, hogy jobban el tudjam adni magam, hogy több pénzt teremtsek, hogy több lehetőségem legyen az életben?" Bámulatos, ahogyan ez végbemegy, amint elkezded feltenni azokat a kérdéseket, hogy: „Hogyan rendezzem el magamat és az életemet, hogy másként jelenjek meg az emberek számára, akik aztán meg akarják majd tőlem venni azt, amit én kínálok, és meghallgatni azt, amit én mondok?"

Tehát, újfent, ez a pénzzel kapcsolatos nézőpontod megváltoztatásáról szól, folyamatosan. És arról is, hogy azt csinálod, amit imádsz csinálni. Te például szeretsz régiségekkel foglalkozni. Ezt a munkát valószínűleg ingyen is megcsináltad volna.

Igen, megcsináltam volna ingyen is, és pontosan ebből tudtam, hogy meg tudom csinálni.

Az életed során ezek szerint voltak különbségek, hogy mikor mennyit kerestél. Sok embert látok, aki: „Óóó, megvan a ház – pipa", és kipipálják. Vagy: „megvan a kocsi", és kipipálják azt is, és olyan, mintha abbahagynák a teremtést. Mit mondanál az embereknek, vagy milyen eszközöket tudnál adni az embereknek ahhoz, hogy ne legyen náluk ez a határ?

A legfontosabb dolog, amire rá kell nézned, hogy konkrét célkitűzésed van-e vagy célirányod. A célkitűzésről nekem mindig a börtön jut az eszembe. (A „cél" az angol nyelvben két szóval is kifejezhető: „goal", illetve „target". Mivel az angol nyelvű szövegben mindkettő szerepel, a magyar fordításban a „goal"-t (konkrét) célkitűzésként, míg a „target" szót célirányként használjuk. A „goal" szó a „gaol" szóhoz áll közel, ami börtönt jelent angolul – a ford.) Ha van egy konkrét célkitűzésed és eléred, és nem ismered el, akkor elindulsz visszafelé, hogy el tudd érni a célkitűzést, amiről azt hiszed, hogy még nem érted el. Tehát én azt mondtam: „Álljunk meg egy pillanatra. Nem fogok célokat kitűzni. Célirányaim lesznek." Tehát meghatároztam a célirányaimat és amint elértem őket, kilőttem az újabb nyilat, hogy újra a tábla közepébe találhassak. Azt mondtam: „Képes akarok lenni a folyamatos változásra." A változás az egyik legfontosabb dolog számomra az életben, és változás nélkül nincs teremtés. Ha igazán teremteni szeretnéd az életed, kezdj el változni és változtatni.

És ezzel a változással, amikor a folyamatos változás terében vagy, akkor pénz jelenik meg. Vagyon jelenik meg.

Pontosan. Fura, mi?

Meg tudnád magyarázni, hogy meglátásod szerint mi a különbség a gazdagság, illetve a bőség és vagyon között?

A vagyon nem más, mint olyan dolgok felhalmozása, amiket más emberek megvennének tőled egy bizonyos összegű pénzért. A gazdagság az, amikor van elég pénzed ahhoz, hogy arra költs, amire csak akarsz.

Ha igazán szeretnél vagyont, akkor vedd körbe magad olyan dolgokkal, amelyek egyre többet és többet érnek, akármi történjék. Ha gazdagságra hajtasz, akkor épp csak annyit akarsz, amennyit el tudsz költeni és megvenni mindazt, amiről eldöntötted, hogy kell neked.

Mindenki, akit ismerek, gazdagságra hajt, megveszik ezeket a dolgokat és aztán hirtelen már nem vágynak többre, mert valójában nem vagyont teremtenek, hanem gazdaságot. Amint felismered, hogy: „Várjunk egy percet, a vagyon és a bőség olyan dolgok összessége, amelyek értékesek mások számára. Mi az, ami értékes mások számára, amiért fizetnének neked?" És amint ez megvan az életedben, akkor akárhova mész, akármit csinálsz, az mind az életed bőségéről fog szólni, nem pedig arról a fajta gazdagságáról, amit aztán elkölthetsz.

Tehát akkor az életnek nem a pénzről kell szólnia, hanem arról, amiről beszéltünk, a lélek nagylelkűségéről, a kreativitásról, a befogadásra való hajlandóságról, az ajándékozásra való hajlandóságról?

És arról, hogy megengeded magadnak, hogy nagylelkű legyél magaddal. Mert a legtöbben nem nagylelkűek önmagukkal. Amikor megítéled magad, akkor nem vagy nagylelkű magadhoz. Amikor bármilyen szempontból rossznak látod magadat, akkor nem vagy nagylelkű magaddal. Nagylelkűnek kell lenned önmagaddal. És ez nem arról szól, hogy mennyi pénzt költesz magadra, hanem, hogy mennyire gondoskodsz magadról.

Legtöbben úgy gondoljuk, hogy problémánk van valamivel, de nincs. Ez csak valami, ami kitalálunk, hogy folytathassuk azt, ami korlátoz minket, és azon a helyen tart, ahova tartozunk. És ez az egyik dolog, amire rájöttem a családom kapcsán, hogy ők ugyanott, ugyanazon a helyen szeretnék tartani magukat. Volt egy kis házuk és minden kontrollálható volt. Mindig minden a kontrollról szólt. És én szerettem volna kicsit kontrollon kívül lenni. Én akartam valami mást is csinálni. Tehát elég korán elkezdtem mást teremteni, és ez bámulatos változás volt az életben, hogy rájöttem, hogy rendelkezhetek valami mással, és választhatok valami mást. És így tettem.

Azt már látom, hogy máshogy kell néznünk a dolgokra, és az egyik dolog, amire rá kell néznünk az a „mi a jó ebben, és mi a jó bennem, amit nem veszek észre?"

Valamelyik nap például, amikor kinn voltunk lovagolni, és valaki hirtelen közvetlenül a te lovad mögé jött, amire a te lovad megriadt és megugrott – ma megkérdeztelek, hogy mondhatnék-e még ehhez valamit, hogy mi is történt akkor. Azt mondtam neked, hogy „meg kell értened, hogy a lovaknak az a nézőpontja, hogy amikor egy másik ló hirtelen közvetlen mögéjük jön, akkor nekik is fel kell készülniük a vágtára. Tehát felkészülnek erre. Ültél a lovon és kontrolláltad őt, és így nem kezdett el vágtázni. Tisztában vagy vele, hogy ez nem egy rosszaság? Ez egy zseniális képesség? Mert a legtöbb ló megpróbál elszaladni, mivel a többi ló is gyorsan halad. Te nem engedted ezt neki. Te az irányításod alatt tartottad." Fantasztikusan csináltad, és csak aztán kezdtél el remegni, és úgy érezted, hogy rosszul vagy, és leszálltál.

Ahogy ma beszélgettünk és láttalak lovagolni, éreztem azt a kis remegést benned amiatt, hogy hátha ma is csinál valami hasonlót. Szeretném, ha tudnád, hogy gyönyörűen bántál azzal az állattal. Az a helyzet a lovas emberekkel, hogy ritkán mondják meg neked, ha valamit ügyesen csináltál. És ez, tudod, imádom a lovakat, de nem annyira kedvelem a lovas embereket, mert legtöbbjük sohasem mondja, ha valamit jól csinálsz, csak azt akkor, ha rosszul. És én azt mondtam: „Tudnod kell, hogy ezt cseszettül ügyesen csináltad!" És te ültél a lovon, szorosan a lovon. Nem estél le. Semmi sem történt. És ez a mén annyira szeret téged, ő vigyáz rád. Ha megkéred, hogy vigyázzon rád, amikor ráülsz, akkor mindig azt teszi.

Nagyon hálás vagyok, hogy ezt elmondtad nekem. És rájöttem, hogy hányszor nem törekszünk többre, hányszor nem követelünk többet magunkból. Ehelyett leszállunk a lóról, és azt mondjuk: „rendben van."

Leszállsz az üzletedről.

Leszállsz az üzletedről. Abbahagyod a pénz teremtését. Miért? Mert pénzt vesztettél? Valami történt, aminek hatására negatívba mentél, mínuszba mentél? És akkor mi van? Mi van, ha most van itt az idő ezt megváltoztatni?

Eddig négyszer jelentettem csődöt életemben, és tudod, nagyon utáltam. De eldöntöttem, hogy: „Elég volt." Az igazi fordulópont a pénzügyi helyzetemben 55 éves koromban következett be, amikor kölcsön kellett kérjek az anyámtól, hogy menteni tudjam a házamat.

Azelőtt mindig hagytam, hogy a feleségeim kezeljék a pénzt, és akkor azt mondtam: „Elég volt! Soha többet nem fogok kölcsönkérni az anyámtól. Ez nevetséges. Túl öreg vagyok én már ahhoz, hogy ez legyen a valóságom." Szóval elkezdtem dolgozni és elkezdtem pénzt teremteni, és azóta is pénzt teremtek. És ez fenomenális azóta is. Nem várok. Mindig teremteni fogok. Vártam a feleségeimre, vártam a társaimra, vártam mindenkire, hogy csináljanak valamit. Most már nem várok senkire. Megyek és elvégzem a munkát, itt és most, magamnak. Mert megbecsülöm magam. Meg kell becsülnöd magadat, tudod miért? Mert ha jól csinálod, akkor nem azt nézed, amit rosszul csináltál, hanem amit jól. Mindig tedd fel a kérdést: „Mi a jó bennem, és mi a jó ebben, amit nem veszek észre?", és meg fogod változtatni az életed; nem nehéz.

Még akkor is, amikor adósságban voltam, én [Simone] akkor is teremtettem, és soha senki nem mondta volna meg, hogy nincs pénzem. És most, hogy van pénzem, ez egy nagyon, nagyon más energia. Tudnál beszélni arról az energiáról, ami megváltozott számodra, amikor tényleg lett pénzed, és van pénzed, és hogy mit teremt ez számodra? És a bolygó számára?

Igen. Imádok itt lenni Costa Ricán. Vannak itt lovaim, és vettem is ide lovakat. Eljutottam arra a pontra, ahol rá kellett jönnöm, hogy minden egyes alkalommal, amikor szemet vetek egy lóra, megduplázódik az ára. Mindig kétszer annyiba kerül, ha tetszik nekem. Tehát mindig igyekeztem más embereket megkérni, hogy vegyék meg helyettem, de ez sose működött. Az egyik ember, Claudia, aki egy csomó dolgot csinál nekünk a spanyol közösségben, azt mondta nekem: „Tisztában vagy vele, hogy gazdag vagy?" Mire én: „Nem vagyok gazdag." Mire ő: „Gazdag vagy." Mire én: „Nem vagyok gazdag! Nincsenek dollármillióim a bankban." „Gazdag vagy." Ránéztem, és azt mondtam: „Ó, sok pénzt keresek, amitől gazdag vagyok az emberek szemében." Ez olyan volt, mint a hölgy, akinek 47 000 dollárja volt és nekem pedig 5 dollár naponta. Az ő elképzelése a gazdagságról és az enyém különbözött. Nem rossz. Csak különböző. Tehát fel kell tenned a kérdést: „Mit tudok itt megváltoztatni? És ha ezt megváltoztatom, akkor hogyan teremtem másképp az életem?"

Köszönöm ezt a kérdést. Még egy percünk maradt, van még valami, amit szeretnél elmondani az embereknek a világban?

Menjetek és teremtsetek. Ne várjatok.

Ha túl szorosan tartod a pénzt a markodban, akkor el fogod veszíteni. Ez garancia arra, hogy elveszíted. Nem tudod megtartani a pénzt, csupán teremteni tudsz vele. A pénz teremtő erő a világban, nem folyamatos erő.

INTERJÚ DR. DAIN HEERREL

A The Joy of Business (Az üzlet öröme) internetes rádió műsor, „Getting Out of Debt Joyfully (Kerülj ki az adósságból örömmel) Dr. Dain Heerrel" 2016. szeptember 12-i adásából.

Az volt ezzel az ötletem, hogy mélyebben megmutassam az embereknek azt, hogy nem csak én, Simone vagyok az, aki adósságban volt és az Access Consciousness eszközeinek használatával változtatott a dolgokon. Nagyon sokan vannak a világban, akik megváltoztatták a pénzzel kapcsolatos nézőpontjukat, és változtattak a pénzügyi helyzetükön, Dain, téged is beleértve.

Meg kell mondjam neked - a találkozásunk első pillanatától kezdve, amíg te az Access Consciousness világszintű koordinátora voltál, miközben én éppen az Access társalapítói szerepébe vágtam bele - annyira érdekes volt számomra az, hogy te tényleg élvezed, amit csinálsz. Én egy családi vállalkozásban nőttem fel, amit mindenki utált, utálták az ületet. Tényleg igazán utálták a pénzt, a nagyapámat kivéve, aki az üzlet létrehozója volt. Ebből a tapasztalatból néhány igazán furcsa, fix nézőponttal kerültem ki.

Épp ezzel szerettem volna kezdeni, amiről elkezdtél beszélni. Hogyan nézett ki a gyermekkorod a pénzzel kapcsolatban? Gazdag voltál, vagy szegény? Milyen volt a pénzügyi helyzet körülötted miközben felcseperedtél?

Fiatal éveim legnagyobb részében - körülbelül a 10 éves korommal bezáruló személyiségformáló években - valójában a gettóban éltem az anyukámmal. Amikor azt mondom, hogy a gettóban, akkor tisztázzuk, hogy miről beszélek - amennyi pénzük volt, azt ezzel tudnám körülírni; egyszer elromlott a WC-nk, és majdnem egy hónapot kellett várnunk, arra, hogy egy vizes szaki kijöjjön, merthogy nem engedhettük meg magunknak. És nem fogom az orrodra kötni, hogyan oldottuk meg a köztes időt. Maradjunk annyiban, hogy valahogy kiürítettük azt, amit a WC-be kellett volna ürítenünk, minden reggel a hátsó kertünkben. Hé, jó kis visszatekintés a régi időkre. Talán olyan volt, mintha a kastélyunkban éltünk volna, nem tudom! Szóval volt ez a része, és közben a másik oldalon, volt egy olyan családom, akiknek tényleg volt pénze, akik valójában tehetősek voltak, viszont sohasem lettek volna hajlandóak nekünk segíteni. Sohasem adtak nekem vagy az anyukámnak, hogy megkönnyítsék az életünket. Na szóval, ez alakította ki bennem ezeket az igazán furcsa nézőpontokat a pénz körül.

Tanítottak téged a pénzről? Volt részed bármilyen képzésben? Megengedett volt beszélni róla?

Valójában már 11 éves koromtól kezdve elkezdtem dolgozni. A nagyapám üzletében dolgoztam, azon belül a raktárban, és ezt úgy képzeld el, hogy mit is tud egy 11 éves gyermek csinálni? Mindent! Úgy értem, csak rendben tartottam a helyet. Segítettem a takarításban. Bármit megtettem, amire szükség volt. Nagyszerű és csodálatos tapasztalat volt, és amikor egész nyáron át dolgoztam, akkor sok száz dollárt kerestem vele. És annyira izgatott voltam ettől, hogy mindenhova, ahova mentem, magammal vittem. A táskámban tartottam. A családommal lementünk a folyóhoz - az apukám és a mostohaanyukám - ahol a vakációnkat töltöttük, és a mostohaanyukám meglátta. Látta a több ezer dollárt, mivel készpénzre váltottam a fizetési csekkjeimet, és készpénzben tartottam magamnál, és azt éreztem, hogy „Ez olyan csodálatos!" Nem költöttem belőle, mert szerettem, hogy van pénzem. És benyúlt a táskámba, kivette, és azt mondta: „Egy ilyen fiatal gyereknek nem kell, hogy pénze legyen." 11 vagy 12 éves voltam akkor, és ezzel ettől a ponttól kezdve elvágta bennem a hajlandóságot arra, hogy pénzem legyen. Na persze, ezt már azóta nyilvánvalóan megváltoztattam, hála Istennek.

De ez tényleg kialakította a világomban azt a helyet, ahol igazán konfliktusban és összezavarodottságban voltam a pénzzel; mintha nem lenne szabad, hogy pénzem legyen. Mintha ez egy rossz dolog volna. És ez egyike volt azoknak a meghatározó pillanatoknak az életemben, ahol a pénz ezzé az igazán őrült dologgá vált számomra. Miközben előtte olyan könnyed volt. Előtte úgy éreztem: „Hurrá, megyek dolgozni." És ne mondd el senkinek, de szó szerint, talán heti 30 órát is dolgoztam, 11 évesen. Mivel a nagyapámnál voltam, ezért ez elfogadható volt, meg minden. Viszont egy csomó zavarodottság létezett akkoriban a világomban a pénzzel. És aztán, amikor kamaszodtam, a családomnak azon részénél, ahol volt pénz, ahol a családi üzlet volt, ott bebukott az üzlet, mert nem voltak hajlandóak előrenézni a jövőbe, és olyan választásokat hozni, amelyek a jövő teremtését szolgálják.

A nagyapám, aki az üzletet alapította elfáradt. Abba is belefáradt, hogy támogassa a nagybátyámat és az apámat, akik magától értetődőnek gondolták, hogy jogot formálnak a nagyapám összes pénzére. És így, az üzlet szó szerint csődbe ment. És ez érdekes, mert a családom mindkét felét, a szegényt is, amelynek tagjai leginkább lakókocsikban nőttek fel szanaszét a világban, és a „tehetős" részét is meghatározta a pénz. És amikor a nagyapám üzlete bedőlt, és a pénz odaveszett, oh anyám! Az aztán a legtraumatikusabb és legdrámaiabb volt, amit csak el tudsz képzelni. És évekig tartott! Az a tény, hogy elvesztették a pénzüket, és nem tudtak többé több pénzt keresni, és nem tudták az üzletet úgy alakítani, ahogy akarták volna... Tökéletes zavarodottság a gyakorlatban.

Tudnál kicsit beszélni az összezavarodottságról? Még mindig úgy látom, hogy nem számít mi volt az, ami zavart okozott benned, attól még elérted, hogy megteremtsed a saját valóságodat a pénz körül.

Azt hiszem, hogy sokunknak tulajdonképpen saját valósága van a pénz körül, ami különbözik a családunkétól, ami különbözik attól, amiben felnőttünk, ami különbözik a fiúnkétól és barátnőnkétől, és a férjünkétől, és a felségünkétől, és azokétól, akik körül felnőttünk, és a barátainkétól is. De soha nem szántunk rá egy percet sem, hogy ezt elismerjük. És hogy elismerjük ennek a másságát, vagy a benne rejlő nagyszerűséget. És ez számomra óriási. Mindig is hajlandó voltam arra, hogy megtegyek bármit, ami ahhoz kellett, hogy megteremtsem, amit akartam. Hajlandó voltam olyan keményen dolgozni, amennyire szükséges volt. És ebben végül megtaláltam... És te meg én együtt vettünk részt ezen az utazáson, és tudom, hogy egy csomó olyan részét láttad az utamnak, ahol megállított az, hogy korlátozásokat hoztam létre. És innen nézve érdekes látni, hol léptem be a saját valóságomba a pénzzel és a pénzügyekkel, és valójában elkezdtem nagyon dinamikus ütemben előre mozdítani a dolgokat.

Tudnál mondani egy példát arra, amikor korlátozást hoztál létre, és hogy hogyan változtattad meg úgy, hogy a saját valóságodat alakítsd ki a pénz körül?

Szóval a családomnak az a része, akiknek sosem volt igazán pénzük, bármikor, amikor hozzájutottak, elvesztették, elherdálták. Például úgy, hogy befektettek egy embernél, aki azt mondta, hogy: „Van egy olyan gépem, ami ingyenes energiát fog előállítani. Adjál hozzá 10 000 dollárt", erre ő: „Nekem csak 5 dollárom van. Viszont össze tudom hívni a családomat és odaadhatnák nekem a megtakarításaikat." És ilyenekkel megtalálták annak a módját, hogyan szabaduljanak meg attól a kevés pénztől, amijük volt.

Én másképpen működtem. Szerettem, ha van pénzem, és takarékoskodtam vele. 10%-át eltettem, és a képességeimhez mérten legjobban mindig biztosítottam, hogy legyen pénzem. De minden, amit a családom választott igen erőteljesen korlátozta a kreativitásomat. Korlátozta a hajlandóságomat arra, hogy amikor megjelent egy lehetőség, elrugaszkodjak a sziklaszirttől.

Nemrégiben még így működtem az Accessben. És ezért az egyik dolog, amiről szeretném, hogy az emberek tudjanak, hogy a káosz és a rend léteznek. Egyik sem rossz. Legyél hajlandó beleélni magad a káosz potenciáljába és a kaotikus lehetőségekbe, amik lehetségesek a pénzzel, és hagyd abba, hogy mindent annyira megpróbálsz kontrollálni.

És észrevettem azt, hogy nagyon is hajlandó vagy bármit megtenni, azért, hogy pénzt keress.

Igen. Hiszen akár azt is ki lehet próbálni, ugye? A legrosszabb, ami történhet, hogy kudarcot vallasz, elveszted az összes pénzedet vagy a dolgok nem vesznek repülőrajtot. És több ezernyi dolgot kipróbáltunk az elmúlt 16 évben. Főleg az Access-szel, mert ez annyira más, mint amit a hagyományos módszerek kínálnak, hogy annyi mindent meg kell próbálnod, amennyit csak tudsz, mert a hagyományos cuccok nekünk nem működnek. Ami egy elképesztő ajándék.

Richard Branson jutott eszembe. Körbenézett és azt mondta: „Nos, vannak a hagyományos dolgok, amit mindenki csinál, és van ez a másik hely, ott arra, amerre én tartok." Nézd meg, mit alkotott. Bármely iparágba tette be a lábát, azon keresztül hullámokat keltett a világban; vagy legalábbis azokban, amikről tudunk. Valószínűleg százával vannak olyanok, amikbe megpróbált betörni, amik nem igazán működtek, és azt gondolhatta: „Oké. Tovább a következőbe." És azt hiszem, ez az egyik az igazán nagy dolgok közül, amit meg kell, hogy érts: „Oké, ha ez nem működik, valami más majd fog. „Ne add fel. Sose állj meg. Sose szállj ki. Sose dobd be a törölközőt. És, ne engedd meg magadnak, hogy bárki megállítson." És ami nagyon életbevágó és alapvető, hogy elkezdd megérteni a saját valóságodat a pénz körül. És számomra az egyik felismerés az volt, hogy amikor megváltoztattam a „pénz" szót „készpénzzé", akkor valahol a világomban ez több értelmet nyert. És nagyon sokan beszélnek a pénzről, de fogalmuk sincsen arról, hogy mi a fene az. És én ekkor elkezdtem azt gondolni: „Oké, amit mostantól kérni fogok, az a pénz helyett a készpénz lesz. Elkezdtem a készpénz teremtését kérni." És most, dollár címletekben és hasonlókként bukkan fel? Nem. Nem szükségszerűen. De amikor a „készpénz" terminológiáját használom, számomra az valami sokkal rugalmasabb; nem csupán villogó számok egy számítógép képernyőjén, és nem is ez a furcsa gyalázatos koncepció, amit nagyon fiatal koromban vettem be, és így egy másfajta lehetőséget nyújt. És ez nekem sokkal kreatívabb érzés.

Az egyik kedvenc mondásom Dain, amit állandóan idézek az, amikor azt mondtad: „A pénz az örömöt követi, az öröm nem követi a pénzt." Tudnál erről egy kicsivel többet mondani és arról, hogyan jutottál először erre a felismerésre?

Nem is igazán emlékszem arra, mikor is volt ez először. Arra emlékszem, hogy egy kocsiban ülök négy szegény családtagommal, és utaztunk ebben az autóban, amire igazán ráfért volna a szerviz, de senki nem tudta megfizetni, és egy Mercédesz mögött haladtunk; egy kabrió Mercédesz volt. Néztem azt az autót, és annyira vicces volt, mert abban a pillanatban, ahogy megnéztem, a fejembe ez villant be: „Ez kicseszett csodálatos, alig várom, hogy egy ilyenem legyen egyszer." Valószínűleg fiatal kamasz voltam akkoriban, és odafordultam az egyik családtagomhoz, és azt mondtam neki: „Az a kocsi csodálatos." Az egyik nagynéném gyorsan rávágta: „Dain. Azok a gazdag emberek nem boldogok." Körbenéztem a családomon, amelyikben éltem, és láttam, mennyire boldogtalanok, és azt gondoltam: „Ühüm... Ez már nem lehet ennél rosszabb..."

Azt kezdtem el észrevenni a saját életemben, hogy azokon a napokon, amikor lehangolt voltam és boldogtalan, és nem akartam felkelni, nem jött be pénz. Erre akkor jöttem rá, amikor csontkovács voltam. Ha lehangolt és boldogtalan voltam, ha nem volt életenergiám, életigenlő energiám és nem voltam lelkes azért, hogy élek, ami mellesleg a legfontosabb oka annak, hogy csontkovács lettem, mert oda akartam adni ezt az energiát az embereknek. És amikor bennem nem volt ez meg, azt vettem észre, hogy senki nem akart bejelentkezni. Az emberek azt gondolták: „Miért akarnám azt, ami neked van?" Igaz? És így azt kezdtem észrevenni, hogy tényleg így van, a pénz az örömöt követi. Minél boldogabb vagy, annál több pénzt fogsz keresni.

Érdekes, hiszen mindannyian ismerünk sok embert, akiknek sok pénzük van, akik annyira boldogtalanok. Látom ezt, és ennél a pontnál annyira kicseszett áldott vagyok. Leginkább business osztályon utazom, és amikor elég szerencsés vagyok még első osztályon is, bárhova is utazom, mert az az örömteli számomra. És azt vettem észre, hogy amikor nem volt meg rá a pénzem, amikor semmi könnyedség nem volt ennek megfizetésében, akkor is megtettem, mert annyi örömöt hozott nekem. Tudtam, hogy több pénzt hoz nekem; éreztem. És azt hiszem, hogy mindannyian megtehetjük ezt, és azt hiszem ezt feladtuk már kicsi gyerekkorunkban. De az egyik dolog, amit megfigyeltem, hogy ha odakint a világban küzdesz a pénzzel, vagy csak nincs belőle annyi, amennyire vágysz, talán az egyik hiányzó elem hozzá az öröm az életedben, és talán az egyik hiányzó elem az az öröm, amit megélsz a pénzzel és a készpénzzel, ahogy arról az előbb beszéltünk.

Azt figyeltem meg a business osztályon való utazáskor, hogy hány ember mérges, ideges, totálisan felsőbbrendű vagy teljesen seggfej, és úgy viselkednek, mintha mindenki az ő seggüket kellene csókolgassa, mert nekik van pénzük. Nem boldogok. Nem viselkednek kedvesen a repülőgép személyzetével. Nem hálásak azért a tényért, hogy ingyen italokat kapnak. És amikor ezt láttam, azt gondoltam, hogy létezhet ez? Ezeknek az embereknek megvan az, amire mindenki más vágyik, feltehetőleg. Azt hiszik, hogy megvan mindenük, amire mindenki más vágyik, ami a pénz, de nincs semmi örömük, ami ezzel járhatna. És ez azért érdekes, mert annyi ilyen embert láttam, és nem értem meg... Úgy értem, megértem, mert annyiszor láttam, és értem, hogy ez az, ahogy annyiak világa működik. De valójában, nekem a pénz igazán nem a pénzről szól. Szeretem, amit Gary Douglas mondott az egyik első tanfolyamomon, amin részt vettem vele. Azt mondta: „Nézd, a pénz célja, hogy az emberek valóságát nagyszerűbbé változtassa." és én erre: „Ez annyira király. Végre, találtam valakit, akinek tényleg hasonló nézőpontja van."

Tudnál többet mondani arról, hogy megváltoztatni az emberek valóságát a pénzzel? Hogyan néz ez ki?

Én mindig ezt próbáltam, már kisgyerekként is, tudod? Amikor gyerek voltam, és volt pénz a zsebemben, és valaki koldult az utcán, és ha nem csak tetették, ha nem úgy tűnt, hogy csak azért csinálják, hogy megtömjék a zsebüket, ha tényleg szükségük volt rá a világukban, akkor ezt tettem: „Itt van 10 dollár", és ez akkoriban volt, amikor 10 dollár annyi volt, mint ma egy millió. Tudod, akkoriban, nagyon az akkori időben! Amikor 10 dollár tényleg ért valamit. És odaadtam nekik, mert azt érzékeltem, hogy „Itt van, talán ez változtat a világodon. Nem tudom." És a vicces az, hogy minden alkalommal, amikor valami ilyesmit tettem és adtam nekik 10 dollárt, legalább 10 dollárt kaptam vissza.

Emlékszem, egyszer sétáltam az utcán, és volt megtakarított pénzem, körülbelül 20 dollár, és szerettem volna édességet venni, amilyenre vágytam, és egy játékot venni, amire vágytam, és legalább 25 olyan dolog volt, amit a 20 dolláromon venni készültem. Istenem! Emlékszel ezekre az időkre? Na mindegy, ott voltam és ott volt egy férfi, aki szembe jött és érezni lehetett a szükséget a világában, és azt mondta: „Hé, haver. Van valamennyi pénzed?" És én akkor még kamasz sem voltam. És azt feleltem: „Hú." És egy nagy mosoly jelent meg az arcomon, és azt mondtam: „Persze. Itt van." És azt éreztem, hogy oké, azt hiszem, nem most fogok elmenni édességet és a játékaimat megvenni. Így elkezdtem hazafele sétálni. Szó szerint, befordultam a sarkon, és ott volt egy 20 dolláros bankjegy a földön. És azt gondoltam: „Hűha. Ez csodálatos." És így, az, amit az öröm nyújt, az az élet és a megélés varázslatának az észlelése. Valóban csak így fel tud bukkanni, és legtöbbünk elfelejtkezett arról, hogy ez meglehetett, még amikor gyermekek voltunk. De ha vissza tudsz térni hozzá, a pénz a legfurcsább helyeken jelenhet meg.

És ez az a dolog, aminek a megértése azt hiszem igencsak életbevágó, hogy nem a pénz mennyiségéről van szó. Arról az örömről beszélek, amit az nyújt neked, amit vele teszel, akármi is az. És ez ugyanaz a dolog, ami velem volt, amikor volt 20 dollárom. Odaadtam a 20 dolláromat, érted?

Ebben egy olyan mértékű szellemi nagylelkűség van. Tudnál többet mondani a lelki,- szellemi nagylelkűségről, és arról, hogy mit teremt?

Érdekes, hogy amikor először találkoztam Gary Douglasszel, akkor neki nem volt túl sok pénze. Elmentünk valahova, csináltunk valamit, és azt gondolhattad, hogy ő egy milliárdos, amiatt a szellemi nagylelkűség miatt, amilyen volt. És ez a lényeg, a belülről fakadó nagylelkűség, amid a pénzzel is lehet, a készpénzzel is, és az ajándékozással is. És az is, ahogyan a világban létezel, az egy másik módja annak, amiként behozhatod a pénzt és a készpénzt magadhoz, mert az történik, amikor a szellemi nagylelkűséggel rendelkezel, az olyan, mint amikor nyitott vagy az ajándékra, és amit nem veszünk észre, hogy az ajándékozás és a befogadás egyidejűleg történik. Legtöbbünk megpróbálta kizárni ezeket. Megpróbáltuk beletenni az „ajándékozásba" és a „befogadásba", vagy az „adásba" és „kapásba". Vagy ami valójában mindannyiunk nézőpontja az „adok és elveszek"-be. És megértem, hogy a világ így működik, de neked nem muszáj így működnöd.

És így te, én, és majdnem az egész Access csapat, van bennünk ez a szellem nagylelkűsége, amitől örömünket leljük abban, hogy valamit odaajándékozzunk valaki másnak. Örömmel tölt el minket, ha valaki valami olyan gyönyörűt visel, amiben nagyszerűen mutat, és kimondjuk, hogy: „Azta bébi. Ma nagyon dögös vagy!" Fiú vagy lány, mindegy. De amit ez magával hoz, hogy tényleg megteremti magától az univerzumtól való befogadás energiáját. És amikor az univerzumról beszélek, nem a „habos babos univerzumra" gondolok. Azt értem alatta, hogy mindannyian a kibaszott univerzum részei vagyunk, tudod? És így, nem csak az univerzum az, aki a készpénzedet biztosítja. Más embereken keresztül és más helyeken keresztül is érkezik, és ez egy olyan energiát teremt, amelyben a bejövő pénz folyamatossá válhat az egyidejűleg jelenlévő ajándékozás és befogadás miatt. Ez valójában nem egy adok-kapok világ, csak mi alkottuk meg ezt ilyennek.

Arról beszélsz, hogyan volt két különböző családod; az egyik, akinek nem volt pénze, és a másik, akinek volt pénze. A kettő energiája más volt. Milyen különbséget figyeltél meg?

Alapvetően, számomra az tűnt fel, hogy az a család, akinek nem volt pénze, annak volt egyfajta büszkesége a szegénységével, és azt látom, hogy sokaknál van ez így.

A szegénység büszkesége az egyik legnagyobb dolog, amit azoknál az embereknél látok, akik folyamatosan elutasítják a pénzt. Úgy teszik ezt, hogy: „Te nem tudod, min mentem keresztül. Te nem tudod, hogyan kell szenvednem." És pedig nem kell ám ahhoz a szarsághoz ragaszkodnod. Mi az értéke annak? Csak azért, mert a családod ebben volt, nem jelenti azt, hogy neked is ebben kell lenned.

A családom azon részénél, ahol volt pénz, ők is fösvények voltak; csak éppen egy szebb életstílusuk volt. A nagyapámat kivéve. Ő volt az, aki eleve létrehozta az üzletet, aki ténylegesen hatalmas mennyiségű készpénzt és pénzt teremtett, amit az apám, a nagybátyám, a nagymamám, és a család többi tagja később elköltöttek és a végletekig feléltek. Ennek a felismerése megváltoztatta az életemet, mert benne megvolt a lélek nagylelkűsége, és hajlandó volt folyamatosan ajándékozni, és mindig több lett neki.

Tudnál egy kicsit többet mondani a nagyapádról? Mi volt ez az üzlet és ő hogy volt az üzlettel?

A nagyapámnak volt egy eredendően benne rejlő szellemi nagylelkűsége. És kamasz koromban egyik nap odaadtam neki a bizonyítványomat, és azt mondta: „Oké" és visszaadott helyette 600 dollárt. Ez a gimnáziumi éveimben történt. És elkerekedtek a szemeim, mert készpénz volt, ugye? Imádom a pénzt. És nekem ez csodálatos volt. Király volt. És a szemeim igencsak nagyra kerekedtek, és megkérdeztem: „Ezt miért kaptam?" Azt felelte: „Minden egyes A osztályzatodért." Nekem hatból hat A volt, és azt feleltem: „Tényleg?" Azt felelte: „Igen. És minden alkalommal, amikor kapsz egy A osztályzatot, adok neked 100 dollárt, a B osztályzatért pedig adok 50 dollárt." Kitalálhatod, ki volt az, aki egyfolytában A osztályzatokat szerzett végig a gimnáziumi évek alatt?

És tudod, ez olyan érdekes. Néha nem ismered fel, hogy mi befolyásolta az életedet, amíg valaki arra nem kér, hogy mesélj az életedről. Most épp ez történik. Nagyon sok mindenen megyek keresztül, miközben felismerem, hogy az a hatalmas pénzügyi valóság, amivel itt és most vagyok képes rendelkezni, az abból jön, aminként őt létezni láttam, amiért a családunkban senki nem tisztelte és senki nem ismerte el a nagyszerűségét. Valóban nagyszerű volt ezen a területen. És így, ez az egy dolog, ez a szellemi nagylelkűség számomra csodálatos volt, mint ahogy annak a hajlandósága is, hogy kiadja a kezéből a készpénzt és a pénzt, amit nem valami haszontalan dologért adott ki. Tudta mikor változtatja ez meg valaki más valóságát. Ugyanaz volt a nézőpontja, mint Garynek.

Amit az első bizonyítványommal tett a gimnáziumi éveim alatt, azzal mutatott nekem valamit, amiért tényleg dolgozni akartam, és amit választani akartam, és szó szerint szinte egyhuzamban A osztályzatokat kaptam. Talán volt köztük a gimnázium alatt két B+ osztályzat is. De minden másban alapvetően jó jegyeket kaptam. És ez a motivációm része volt, de nem csak a pénzért csináltam. Azért csináltam, mert valaki ténylegesen elismert engem ezáltal az ajándék által, és látott engem, és látta, hogy ennek értéke van. Amikor hazavittem a bizonyítványomat az apukámnak, és a mostohaanyámnak, ránéztek és azt mondták: „Oh király. Aláírom, hogy igazoljam, hogy láttam." és nem volt benne energia. Nem „Hűha, Dain, nagyszerű teljesítmény! Mi erre nem lettünk volna képesek. Sose tudnánk ezt megcsinálni." Szóval, amit a nagyapám tett, azzal rávett, hogy többet akarjak magamtól, és még egyszer, ez az egyik, amit a pénzünkkel tehetünk – hozzájárulás lehetünk vele embereknek, ami lehetővé teszi számukra, hogy többre vágyjanak.

Vannak meghatározó pillanatok, amikor éberré váltál arra, hogy a pénz körüli energia mit teremthet, vagy mit nem teremthet?

Ez érdekes, mert a nagyapám családi üzletével kapcsolatban, amit Robotronicsnak nevezett el, az emberek mindig érdeklődtek, hogy: „Vannak robotjai?" és ő azt felelte: „Nem, nem igazán." Irodai gépekkel kapcsolatos szolgáltatásokat nyújtott. Már nagyon fiatalon meglátott egy igényt, amit ki lehetne szolgálni, és létrehozta ezt az üzletet, amikor még senki másnak nem volt ezzel foglalkozó üzlete, mindenféle nagybani ügyfelei voltak, nagy bankok, nagy intézmények még abban az időben, amikor írógépet és fénymásolót és ilyesmiket használtak. Nos, ahogyan a számítógépes világ felé ment a fejlődés, be akart volna szállni abba is, és a nagybátyám és az apám, akik akkoriban valamennyire érdekeltek voltak az üzletben azt mondták: „Ne. Mi ezt nem tudjuk megcsinálni." Bla, bla, bla. Nem voltak hajlandóak látni a jövőt. Ez egy másik olyan dolog, ami a nagyapámban megvolt. Hajlandó volt látni a jövőt, és meglátni azt, amit a választásai teremtenek üzleti szempontból és magánszempontból, és megtenni amit tudott, hogy a legnagyobb eredményt érje el.

írta: Simone Milasas

És sokaknál látom, akik először is nem ismerik fel ezt a képességüket, és azt hiszem ennek a nagy része abból adódik, hogy bele vannak ragadva a családjuk pénzügyi valóságába. De ott van az is, hogy egyszer a nagybátyám valóban létrehozott egy olyan üzletet, mint a Kinkos, ami jelen van legalábbis az Egyesült Államokban, és úgy tudom a világ más helyein is. A Kinkos alapvetően egy közösségi iroda, ha bérelned kell egy teret, ha szükséged van egy fénymásolóra, ha fénymásolatokat kell készítened, ha bannereket kell kinyomtatnod, bla, bla, bla. A nagybátyám tényleg létrehozta ezt körülbelül 15 évvel azelőtt, hogy a Kinkos megjelent, de annyira elkötelezett volt ahhoz, hogy ne legyen pénze, és annyira elkötelezett volt ahhoz, hogy tönkretegye magát, hogy bebizonyítsa, hogy igaza volt a fix nézőpontjával, hogy belebukott. Most láthatod, hogy megelőzte a korát. Megelőzte. De ugyanakkor ha meglett volna benne az az elszántság, ami a nagyapámban, akkor most egy multi- milliárdossal beszélgetnél, mert tényleg megalkotta ezt a koncepciót, még mielőtt bárki más megtette a világban.

Annyian megragadnak a családjuk nézőpontjánál. Nálad hogy volt, bevetted ezt? Létrehoztad a saját valóságodat? Hogyan tudnak az emberek kijönni abból, amiben a családjuk nézőpontjánál fogva bele vannak ragadva?

Erre az összes dologra pénzügyileg ránézve látom, honnan jön egy csomó nézőpont, mind a jók és mind a rosszak, vagy a kiterjesztőek és a korlátozóak, de akkor a másik dolog, ami tényleg igazán elkerülhetetlen, hogy akkor most túlmenjünk mindezen, túlmenjünk a múlt dolgain. Valahogy így, hogy: „Király. Ezt a családom anyai oldaláról hozom. Ezt a családom apai oldaláról. Itt van egy őrületem a szegénységgel kapcsolatban. Itt van egy őrületem abból az időből. amikor hajlandóak lehettek volna arra, hogy legyen pénzük, amikor volt pénzük és elvesztették és felélték, de tudod mit? Mit szeretnék én ma teremteni? Igen, vannak ezek a dolgok bennem, és azt ajánlanám nektek emberek, hogy ténylegesen menjetek vissza és írjátok le az összes nagyszerű dolgot, amit a körülöttetek lévőktől tanultatok a pénzről, amikor gyerekek voltatok a pénz körül. Milyen éberséget kaptál, amit igazán soha nem használtál fel, vagy aminek a jelenlétét sohasem ismerted el? És mindeközben milyen korlátozásaid vannak? És menj végig az egész listán, és csináld meg ezt 10 alkalommal, 20 alkalommal, 30 alkalommal, ameddig majd ránézel és már nem lesz rajta töltés számodra. Mert amire igazán szükség van, hogy ne csak ránézzünk a múltunkra és újraéljük azt, és ránézzünk, és azt mondjuk: „Nos, ezért van ez a nézőpontom. Oké, jól van. Tovább megyek és megtartom ezt a nézőpontot még egy ideig", hanem ismerjük fel, hogy az a nézőpont egy korlátozás: „Hűha. Ez király. Most már legalább tudok néhány részéről annak, miért van ez a nézőpontom. Most túlteszem magamat rajta." És utálom ezt mondani, de a nézőpontom ezekről a nézőpontokról és a korlátozásainkról a múltúnkból ez: „Tudod mit, baszd meg!" Igen, Így éltem. Gyerekkoromban megtapasztaltam néhány borzalmas bántalmazást; fizikait, érzelmit, mentálist, és életem nagyobb részében a körülöttem lévők legtöbben utáltak. Tudod, a mostohaanyám és a család, akikkel anyukámmal együtt a gettóban éltem, oké, rendben. Nagyszerű. Megéltem ezt. És akkor? Most, ma mit akarok létrehozni az életemmel? Van ez a 10 másodpercem, ami hátra van az életemből, mit fogok innentől, erről a helyről választani? Nem arról beszélek, hogy: „Ez már bennem van, ezért már ezt kell tovább vinnem", hanem, hogy: „Itt van ez a dolog. Most mit tehetek azért, hogy ezen túltegyem magamat?"

Van bármilyen másik igazán gyakorlatias eszköz, amit azoknak tudnál ajánlani, akik abban vannak, hogy: „Igen, igen, igen. Ő megcsinálta. És ő is megcsinálta. De mi van velem?" Van valami más, amit még hozzá tudnál tenni ehhez, hogy az emberek megvilágosodjanak, hogy az erejükbe emeld őket, hogy valami mást válasszanak a pénz körül, és az életük körül?

Abszolút. És teljesen komolyan gondolom, amikor ezt mondom: vedd meg Simone új könyvét! És azt ajánlanám, hogy írd fel ezt a kérdést: „Mi az, ami beragaszt a múltamból a pénzzel és a készpénzzel?" És írj egy kicseszett novellát róla, ha kell. És aztán égesd el a kibaszott regényt. Oké? Ez a múltad volt. És van itt még más is, amire szeretném, hogy ránézz, és talán le is írhatod, ha hajlandó vagy rá, de amire jó lenne, ha ránéznél: „Milyen ajándékot adott nekem, hogy életben vagyok?" Látod, állandóan úgy látjuk ezt, mintha egy átok lenne. Nem az.

Van egy ösztönös éberségem arról, ahogyan a nagyon kispénzű emberek működnek. Van egy ösztönös éberségem a bizonytalanságukról és a vágyaikról, és arról a hiedelmükről, hogy nem képesek valamire. Nos, mi az én dolgom a világban? Embereket facilitálni arra, hogy kijöjjenek ebből a kakiból. Szóval, van ez az ösztönös éberségem, és nem tudom, hogy képes lennék-e azt csinálni, amit csinálok, anélkül a bántalmazás nélkül, amit megtapasztaltam. Valószínűleg tudnám, de nem úgy, ahogy most teszem. Nem úgy, ahogy az tényleg működik nekem, és néha amolyan elég intenzív módon. És a pénzügyi cuccal kapcsolatosan is, olyasmi módon működik, azáltal, amin átmentem, hogy rendelkezem egy olyan térrel, ahonnan beszélhetek, ami megengedi számomra, hogy megtegyem azt, amiért itt vagyok a világban. És amire ráláttam a sok száz és sok ezer emberrel, akik azóta kapcsolódtak be az Accessbe, amióta mindketten benne vagyunk, az az, hogy mindenkinek van valami, amiért itt vannak. Mindenkinek van valami az életében, ami hozzájárulás volt számukra ahhoz, hogy itt vannak és ahhoz, amit itt csinálnak. Amint megérted ennek az ajándéknak a mikéntjét és a miben létét, a dolgok dramatikusan elkezdenek megváltozni, mert kijössz abból az ítélkezésből, amit a megtapasztaltakkal kapcsolatban használtál, és elkezded meglátni annak az ajándékát, amin átmentél, és akkor elkezded úgy látni, hogy: „Hűha." És akkor a másik kérdés, amit feltehetsz, hogy: „Hogyan használhatom ezt pénz,- és készpénzteremtésre?"

Valójában a gyermekkorodat, azt, ahogyan felnőttél, a kultúrát, a családot, mindent az előnyödre kezdesz fordítani.

Pontosan. És használj bármilyen más eszközt, amid van. Ha szeretnél pár dolgot még leírni, akkor talán írd is le: „Milyen más eszközeim és ajándékaim vannak, amik lehetővé teszik nekem, hogy egy csomó pénzt teremtsek, több pénzt és több készpénzt, mint amit valaha lehetségesnek tartottam?" És írd le azt is, mi minden mással rendelkezel még.

Ezen kívül van egy olyan része is, hogy ne vedd magadat annyira fenemód komolyan. Tudod, ezt annyira nagyon csináljuk, és amiről már az adás legelején beszéltünk, a könnyedségről és az örömből való cselekvésről. És neked ott van egyik vállalkozásodként Az üzlet öröme, és egy könyv is ugyanezzel a címmel, és amikor én hallottam erről, amikor azt láttam, hogy te örömből csinálod az üzletedet, az pontosan erről szólt. Ne vedd magadat annyira komolyan. Érezd magadat sokkal jobban. Tedd azt, amiben jól érzed magadat, és ne vedd magad annyira kicseszett komolyan, és akkor tényleg elkezdesz majd több pénzt teremteni, mint amit valaha lehetségesnek tartottál.

Az emberek most rád néznek, és látják, hogy sikeres vagy, van pénzed, világszerte ismert vagy. De igazából nem így indultál el. Hogyan láttad a jövőd megteremtését, és milyen volt annak az energiája, amilyen voltál, és annak, amivé válnod kellett? Mit választottál, amikor ténylegesen elkezdtél többet elkérni a munkádért, amikor több pénzt kezdtél el befogadni az életedben azért, amit valójában csinálsz, és amiként létezel?

Amikor elkezdtem, 25 dollárt kértem egy kezelésért a csontkovács rendeléseim keretén belül, a legtöbben azt kapták, amit ezért a 25 dolláros árral hajlandóak voltak megfizetni, ami olyan volt, mint egy filmnézés. És kicsit olyan, hogy: „Oh, ez kellemes szórakozás volt. Köszönöm szépen", és távoztak. És aztán jött Gary Douglas, aki besétált a rendelőmbe és azt mondta: „Messze túl keveset kérsz azért, amit csinálsz." Csináltam rajta egy kezelést, és azt mondta: „Ez szó szerint megmentette az életemet." Erre azt feleltem: „Tényleg? Én?" Mert a magabiztosságom szintje akkoriban nagyon alacsonyan volt. Micsoda fejlődés volt számomra az elmúlt 16 év! És amit az emberek nem ismernek fel, hogy amikor látnak valakit, aki rendelkezik egy bizonyos szintű sikerrel vagy gazdagsággal, vagy akinek egy bizonyos mértékű akármije van, amire ők azt gondolják, hogy vágynának rá, és nem látják meg, hogy mennyi időbe került azoknak az embereknek eljutni arra a szintre. Nem látják, mennyi hibát vétettek. Nem látják, mennyi bizonytalanságot kellett legyőzniük.

És ezért szeretném azt elmondani az embereknek, hogy bárhol is vagy most, kezdd el. És érezd meg milyen lenne az, ha magad elé vennéd annak az energiáját, amilyen érzés lenne talán háromszor, négyszer annyit keresni, mint amennyit most keresel, és fogd meg ennek az energiáját. És ragadd meg annak az energiáját, milyen lenne a világban utazgatni, ha szeretnéd. Vagy legalább az utazáshoz szükséges idővel és pénzzel rendelkezni. Érezd meg annak az energiáját, amilyen ez lenne, amikor nem csak a számláidat fizeted ki, hanem egy olyan szintű gazdagságban és pénzügyi bőségben vagy, amilyenben szeretnél, és extra készpénzed is van a bankban vagy a párnahuzatodban vagy bárhol is tartod otthon.

És emellett érezz bele abba is, milyen lenne valami olyat csinálni, ami ténylegesen hozzájárulás az embereknek, és mindig más, ahol szórakoztató emberekkel dolgozol együtt, és tényleg élvezed az életedet és az életformádat. És érezd meg ennek az energiáját és aztán húzz bele energiát mindenhonnan az univerzumból, és engedj ki kicsi energiaszálakat mindenkihez és mindenhez, aki és ami, bár még nem is ismered, ám segít neked ezt megvalósítani. Tudod, ez egy gyakorlat a Létezz önmagadként és megváltozik a világ könyvből, amit írtam. És ez tényleg az önmagadként való létezésről szól. Mi az az egyedi dolog számodra, aminek ilyen lenne az energiája, amikor mindezek a dolgok megjelennek? És aztán bármi, ami ilyennek érződik, menj annak az irányába. És az emberek nem ismerik fel, hogy van valami olyan, ami ténylegesen vezetni fogja őket, ami valójában az éberségük, ha úgy tetszik, a kapcsolódásuk mindennel, ami van. És ami annyira vicces, a sikeres üzletemberek ezt mintha ösztönösen csinálnák. És sokan közülük lenézik az energetikai dolgokat. Én azt mondom: „Igen, de itt van az, amit te csinálsz energetikailag." És erre ők azt felelik: „Igen, igen, igen. Nem. Nem. Ne használd az „energia" szót. Köszi szépen."

Ám ha megérzed ennek az energiáját, az elkezdi létrehozni, hogy hajlandóvá válj a jövő fele fordulni. Tehát belehúzod ebbe az energiát mindenhonnan az univerzumból, amíg igazán nagyra nő, és kérd az univerzum hozzájárulását. És itt van még valami. Sokakat hallom úgy mondani, hogy „univerzum", mintha ez valami rajtuk kívülálló dolog lenne. Te része vagy az univerzumnak! Tehát vedd észre, hogy arra alapozva kérsz valamit, hogy össze vagy vele kapcsolódva, és aztán küldj ki energiaszálakat mindenkihez és mindenhez, aki és ami segíteni fognak abban hogy ezt megvalósítsák neked. És ahogy ezt csinálod, elkezded létrehozni azt az energetikai jövőt, amit szeretnél, és a fura és gyönyörű része ennek, hogy minden darabja és része annak, amilyen ennek az energiának a megteremtése lehet, elkezd feléd áramolni. De hajlandónak kell lenned befogadni őket, amikor megjelennek.

És ekkor kezdünk el belemenni abba a dologba, ahol arról beszéltem, hogyan próbáltam meg egyfolytában rendezni a családomat, és amikor valami olyan jelent meg, ami túl „nagy" volt, azt éreztem, hogy: „Oh ne. Ezt nem tudom megcsinálni", ahelyett, hogy feltettem volna egy kérdést. És ez a következő, amit tegyél meg, amikor valami felbukkan, hogy *ne* mond, hogy „Nem tudom megcsinálni" hanem „Mi kellene ahhoz, hogy ezt megcsináljam?" Valójában ez a működőképes nézőpont: „Mi kellene ahhoz, hogy ezt megteremtsem?", ahelyett, hogy annak a bizonytalanságában lennél, hogy mit nem tudsz, és mit nem tudsz megteremteni.

Tehát van, ahol ezek a bizonytalanságaid vannak, vagy okok, amiket valóssá tettél, vagy dolgok, amiket megteremtettél, amikre hibákként tekintesz, de valójában nem azok. Látok egy olyan dolgot veled kapcsolatban Dain, hogy folyamatosan valami nagyszerűbbet választasz, nem számít, mire van hozzá szükség.

Igen, pontosan. Az egyik, amit sok embernél látok, amikor egy új lehetőség jelenik meg, akkor automatikusan eldöntik, mielőtt még egyáltalán belefognának, hogy nem tudják megcsinálni. Szóval ez az egyik olyan hely, ahol annyira dinamikusan megállítjuk magunkat. És ha megnézed az életemet, rengeteg okom van arra, hogy nemet mondjak. Rengeteg okom van arra, hogy megállítsam magamat. Rengeteg okom van arra, hogy miért nem lennék képes valamit megtenni. De, meg kell hogy mondjam, az Accessnek és az Access Consciousness eszközöknek köszönhetően, hiszen ez valóban a dolgok megváltoztatásához szükséges eszközök egy csodálatos kincsestára, ennek köszönhetően, és a veled való közeli kapcsolatnak, és a Garyvel való közeli kapcsolatomnak, és a barátaimnak, akik tényleg támogatnak, és akik ott vannak számomra, amikor felismerem egy korlátozásomat, és meg akarom változtatni, mindezeknek köszönhetően már úgy vagyok vele, hogy a múltam nem uralja többé a jövőmet. És azt hiszem, ez az egyik legnagyobb nehézsége az embereknek, hogy a múltjuk uralja a jövőjüket. Megjelenik egy nagyszerű lehetőség, és azt mondják: „Nem. Ez túl kaotikus. Ez túl sok." Nos, tudod mit? A káosz az teremtés. És a káosszal kapcsolatban az van, hogy folyamatosan azt hisszük, hogy a rend az jó, és a káosz az rossz. A tudatosság mindent magában foglal, és nem ítél meg semmit sem; ezért csináljuk az Access Consciousness-t. Mindent magában foglal, és nem ítél meg semmit sem.

Úgy értem, hogy ha egy pillanatra megnézed a belsőégésű motort, tudod, ami a fránya autódat hajtja, az a káosz alapján működik. A motorban történő robbanások azok, amik hajtják az autódat. Ha megpróbálnád teljesen kiiktatni belőle a káoszt, a kocsid nem menne tovább. Ugyanez van az életed járművével is. Amennyire tudod, vedd bele a káoszt és a rendet is a teremtésedbe, hogy egy koherenciát teremts a káosz és a rend között, ami lehetővé teszi számodra a haladást. És amikor ezt mondom, sokan így reagálnak: „Oh, mi? Nem értem…"

De ez a szépsége, hogy nem kell tudnod, hogyan működik. Viszont hajlandónak kell lenned arra, hogy feladd a próbálkozást arra, hogy elkerüld a megjelenő káoszt, és azokat a dolgokat, amikről azt hiszed, hogy túl sok, és amikről azt hiszed, hogy kontrollon kívül esnek, mert a kontrollon kívüliség pontosan az, amire a következő lépéshez szükséged lehet.

Tehát, milyen kérdéseket tehetnek fel az emberek, mint amikor azt gondolják, hogy: „Oh igen, igen. Ez a fickó meg tudja tenni, de hogyan tudom én megtenni?"

Ah, épp észrevettem, hogy nem tudtam, hogy meg tudnám tenni, azt sem hittem, hogy képes vagyok rá, de hajlandó voltam megpróbálni. És ez az, amit igazán hajlandónak kell lenned megtenni, hogy ráhajts.

Tudod, a legrosszabb, ami történhet, hogy nem működik. Nos, tudod mit? Hány másik dolgot tettél, ami nem működött? És még egy másik dolog, hogy mindegyik olyan dolog, amik a bizonytalanságaink, és ahol nemet mondunk, azok azok a helyek, ahol megpróbálunk valamit rendezni a múltunkból. Minden egyes dolog ezek közül. És ha ránézel ezekre és azt tudod mondani, hogy:„Itt most rendbe tenni próbálok valamit?"

Vedd észre, hogy az, hogy megpróbálsz valamit rendbe rakni a múltadból, az megállít abban, hogy a jövődet teremtsd.

Mi mást szeretnél elmondani, mielőtt befejezzük a beszélgetést?

A nézőpontod teremti a valóságod, a valóságod nem teremti a nézőpontodat. Ezek az eszközök megváltoztatják a nézőpontodat, így a valóságod másképpen jelenik majd meg. Nem kell szenvedned a pénzzel. Veled vagyok.

Mindenki képes megváltoztatni a pénzügyi helyzetét. Te megtetted. Én is megtettem. És sok embert láttunk, akik az Accessbe jöttek, és megcsinálták, de igazán hajlandónak kell lenned megtenni. Hajlandónak kell lenned elvégezni a munkát; ez nem egy varázspirula, de tényleg úgy működik néha, mint egy kicseszett varázspálca!

Megváltoztathatod a csillagaidat, tényleg. Bármit megváltoztathatsz. És mi van akkor, ha te, igazán önmagadként létezve vagy az az ajándék, a változás, és a lehetőség, amire ennek a világnak szüksége van? Választod azt, hogy ezt tudd? Mert az vagy.

www.ingramcontent.com/pod-product-compliance
Lightning Source LLC
Chambersburg PA
CBHW011302210326
41599CB00035B/7089